Geschichten der Kopfjäger

MYTHOS UND KULTUR
DER IATMUL
AUF PAPUA-NEUGUINEA

AUFGEZEICHNET UND ERFORSCHT
VON MILAN STANEK

EUGEN DIEDERICHS VERLAG

Mit 10 Fotos aus der Sammlung Florence Weiss

CIP-Kurztitelaufnahme der Deutschen Bibliothek
STANEK, MILAN:
Geschichten der Kopfjäger
Mythos u. Kultur d. Iatmul auf Papua-Neuguinea
aufgezeichn. u. erforscht von Milan Stanek.
1. Aufl. – Köln: Diederichs, 1982.
ISBN 3-424-00752-8

Erste Auflage

Umschlaggestaltung: Eberhart May unter Verwendung
eines Fotos aus der Sammlung Weiss
Satz: Lichtsatz Fanslau, Düsseldorf
Druck und Bindung: May & Co, Darmstadt
ISBN 3-424-00752-8

Inhalt

Eintritt

Wir werden mit mythischen Bruchstücken zu tun haben, da es nicht anders geht. Noch nie erschien jemandem die Mythologie anders als ein Spiegel, der in Stücke gegangen ist. Lesen wir behutsam die Scherben auf, die nach dem mythischen Unglück geblieben sind. Sie sind scharf genug, um sich daran zu schneiden.

Was veranlaßt mich, diese Geschichten, die mir meine schwarzen Bekannten dort im tropischen Melanesien erzählt haben und die ich nun weiter erzählen will, als Mythologie zu bezeichnen? Warum diese altgriechische Chimäre meiner Gymnasialbildung? Und was beabsichtigen wir, wenn wir diese Geschichten Märchen oder besser: Mythen nennen? Werden sie nicht von einem Volk erzählt, das von den deutschen Kinder- und Hausmärchen sowie vom antiken Inzest und Mord gleich weit entfernt ist?

Diesem Wortgebrauch liegt eine Neigung zugrunde, im Märchen und im Mythus etwas Allgemeinmenschliches zu sehen, eine Sprache, die einst allen Menschen gemeinsam war, bevor wir sie verloren haben und bevor sie uns als kindischer Unsinn oder als eine zauberhafte Kraft erschienen ist. Ich glaube, daß diese Neigung einer tiefen Wahrheit und einer handgreiflichen Realität entspringt. Jedesmal, wenn ich die Geschichten der Iatmul hier in Europa wieder erzähle, überrascht mich, wie starke Wirkung sie ausüben. In den Augen der Zuhörer glaube ich immer wieder die gleiche Ergriffenheit zu erkennen, die ich selbst den Volksmärchen meiner Heimat gegenüber, aber auch den dramatischen Vorwürfen von Aeschylos und Sophokles *und* den Erzählungen der Kopfjäger gegenüber verspürt habe. Dennoch kann es nicht unser Ziel sein, den Glaskasten des Allgemeinmenschlichen zu betreten. Umgekehrt soll jedes mythische Bruchstück, das ich hier nacherzähle, in seiner Einmaligkeit erscheinen; die Zufälligkeit der Bruchlinien ist unser Leitfaden. Wenn es uns gelingt, so nahe wie möglich am Unwiederholbaren zu bleiben, könnten wir vielleicht erleben, daß wir den besagten Glaskasten nie verlassen haben.

Woher meine Liebe zu all den Geschichten gespeist wird, und was meine Ergriffenheit bedeutet, müßte sich noch zeigen. Im System meiner Absichten bekam sie aber die Form einer soziologischen Fragestellung: welche Art der Gesellschaft ist es, in der die Mythen ihren Ursprung nehmen konnten, in der sie zuhause waren? Die mythischen Vorwürfe, mit denen mich meine jugendliche Lektüre bekannt machte, schienen von einem zeitlich und räumlich entfernten Ort zu kommen, wie Fremdkörper in meine gewöhnliche Erfahrung hineinzufallen. Am Hintergrund der Schulweisheit erschienen sie mir verrückt und dreist, ohne eine vernünftige Zweckmäßigkeit und ohne eine edlere Ethik.

Der gesellschaftlichen Struktur der altgriechischen Stadtstaaten, wie wir sie aus den erhaltenen Quellen rekonstruieren können, entspricht diese dreiste Verrücktheit nicht; mit Überraschung und Genugtuung stellte ich fest, daß bereits die ältesten Autoren, deren Schriften die mythischen Vorwürfe bearbeiteten, ihnen ähnlich befangen und verlegen gegenüber standen. Auch für sie waren diese mythischen Vorwürfe Boten aus einer anderen, scheinbar entfernten Welt, und ihre Ratlosigkeit ähnelte sehr der meinen und jener meiner modernen Begleiter, der klassischen Philologen der Neuzeit. Wie war wohl die Gesellschaft beschaffen, in der es niemand verwunderte, wenn die Götter einen Menschen zum Muttermord zwingen und einen anderen Unschuldigen listig zum Vatermord verführen? Wie konnte ich über die gesellschaftlichen Verhältnisse der Urzeit, aus der diese glühenden Phantasiebilder stammen müssen, etwas Verläßliches erfahren? Dieselbe Schulweisheit, die mich dem Mythos gegenüber im Stich ließ, bot aber eine plausible Geschichtsphilosophie an. Die Ethnologen reisen doch zu Völkern, die sich noch in dieser Urzeit befinden und weder eine zentrale Regierung noch die Schrift kennen. Dort könnte man sich vielleicht ein Bild über jene Art Gesellschaftsverhältnisse machen, dort könnte man eine rein orale mythische Tradition im lebendigen Zustand antreffen.

Als ich im Jahre 1972 in Papua Neuguinea ankam und mich bei dem Volk der Iatmul, im Dorf Palimbei niederließ, begann ich ihre Sprache zu lernen und die gesellschaftliche Organisation der Dorfgemeinschaft zu untersuchen. Ich wollte mir ein Bild darüber machen, was sich die Iatmul gegenseitig für Geschichten erzählen, und dieses dann mit dem soziologischen Forschungsergebnis in Beziehung setzen. Als ich am Anfang des Jahres 1974 Neuguinea wieder verließ, wußte ich genau, auf welche Weise die mythischen Geschichten der Iatmul mit ihrem Verwandtschaftssystem funktionell verknüpft sind. Gleichzeitig blieb die alte Frage nach den Quellen ihrer unmittelbaren, wahrhaftig transkulturellen Wirksamkeit immer noch unbeantwortet und die mythischen Dreistigkeiten erschienen nicht vernünftiger. Dennoch ist eine neue, entscheidende Erfahrung hinzugekommen.

Die mythischen Motive, die in den Erzählungen auftauchten, standen manchmal in einem unverkennbaren, mehr oder weniger direkten Bezug zu mir und zum Erzähler, zu unserer wechselseitigen Beziehung. Die Erzählungen der Iatmul sind zweifacher Art: einerseits Geschichten mit einer geschlossenen literarischen Form, genannt *sagi*. Diese zeichnen sich durch die Einheit der Handlung aus, die meistens durch eine Hauptgestalt getragen wird, und lassen sich in eine Exposition, einen mittleren Hauptteil und einen Schluß gliedern. Die zweite Art der mythischen Erzählungen, genannt *pabu*, ist ohne eine solche interne Organisation; es handelt sich immer um einen offenen Dialog oder zumindest um eine Aufforderung zum Dialog, in dem äußerlich unzusammenhängende mythische Fragmente einander ablösen, ohne daß ein einheitlicher Handlungsablauf entstünde. Es sind mythische Andeutungen, mythische Abkürzungen, mythische Geheimzeichen, die zum Ziel haben, den Partner zu verwirren, seine Kenntnis der mythischen Stoffe zu prüfen, seine Reaktionen offen legen. Wer nicht eingeweiht und bewandert ist, wird bald an die Grenzen seines Einfallsreichtums stoßen. *Pabu* ist vor allem ein Gespräch unter den Mythologie-Experten. Der Erzähler greift dabei frei aus seinem mythischen Vokabular irgendein Motiv heraus, um etwas, woran ihm liegt und was in einem direkten Bezug zur momentanen Situation steht, auszudrücken. Bei den *sagi* geht man mit den Sequenzen weniger frei um, der Umstand aber, daß man überhaupt eine Geschichte erzählt, und die Wahl einer besonderen Geschichte, nehmen doch einen mehr oder weniger offensichtlichen Bezug auf den Partner und auf die gegebene aktuelle Beziehungsstruktur. Ist es verwunderlich? Meine einsame Lektüre der Volksmärchen drückte nichts anderes als meine eigenen Neigungen aus. Wenn mir aber mein Freund an einem Nachmittag beim Kaffee darüber zu erzählen beginnt, was er gestern im Theater gesehen und gehört hat, dann ist diese seine Erzählung mit der Gestalt unserer Freundschaft unzertrennbar verbunden.

Ich lebte bereits ein Jahr in Palimbei, als ein Filmer aus Europa zu Besuch kam. Er wollte mit meiner Hilfe charakteristische Ereignisse im Leben der Iatmul filmen. Die ursprüngliche Phantasievorstellung, in ein urzeitliches Dorf verpflanzt zu sein, verwitterte mit der Zeit unter dem Einfluß meiner Beziehungen mit Menschen von Palimbei und ist dorthin verwiesen worden, wohin sie gehört: in die Rumpelkammer der Vorurteile. Nun, mit der Ankunft des Besuches aus Europa schien ein Sturm ausgebrochen zu sein, ähnlich jenem, der am Tage meiner eigenen Ankunft wütete. Mehrere Zentner Gepäck mußten aus dem Boot zum hohen Ufer hinaufgetragen werden: eine große 16-mm-Kamera, ein monumentales Stativ, Filmrollen kistenweise, vier Lampen besonderer Konstruktion, um in dunklen Innenräumen aufnehmen zu können, vier Akkumulatoren, um diese Lampen mit Strom zu speisen, ein großes Tonbandgerät für synchrone Tonaufnahmen – ein ganzes mobiles Filmstudio, um die urzeitlichen Taten meiner Freunde und Bekannten von Palimbei zu dokumentieren.

Oh, was für eine lästige Aufgabe! Die Sonne steht hoch, es ist fast Mittag, und das kostbare Material des weißen Besuchers, in Schachteln aus Aluminium verborgen, darf nicht hier am Ufer liegen bleiben. Was für ein Mensch: Er reist weit, ohne sein Gepäck selbst tragen zu können: nur um seine Dinge in den Schatten des nahen Baumes zu schaffen, muß er schon Alarm schlagen. Die Palimbei-Bewohner, die hier am Ufer mit Gartenarbeit beschäftigt waren und gerade damit Schluß machen wollten, da der Sonnenschein so unerbittlich herunterfällt, kamen zusammen und schauten sich den Ankömmling an. Nachdem sie ihm geholfen haben, die Kisten in den Schatten zu bringen, sitzt er nun auf einer, sein rotes Gesicht im Schweiß gebadet. Zufrieden ist er nicht. All die Zentner müssen noch vor dem Abend nach Palimbei gelangen, und der Weg vom Sepik Ufer ins Dorf ist fast zwei Kilometer lang. Könntest du nicht bis drei oder vier Uhr nachmittags warten? Er scheint nicht zu verstehen. Er organisiert, überredet, zahlt. Die schwarzen Kolonialsubjekte, die bereits so oft die herrschaftlichen Gepäcke getragen haben, montieren die Kisten auf lange Bambusstöcke, im nahen Hain geschnitten, damit sie jedes Stück zu zweit auf die Schulter nehmen können. Sie behalten gute Laune – der Neue zahlt nicht schlecht. Angeblich ist er nur deswegen gekommen, um Bilder von ihnen, den Palimbei-Bewohnern, zu machen.

Der Weg führt durch eine weite, offene, vollständig ebene Sumpflandschaft, aus der nur die Uferdämme des Hauptstromes und seiner Zuflüsse emporragen. Diese länglichen Erhöhungen bilden den einzigen bewohnbaren und bebaubaren Boden. Der ganze große Rest des dorfeigenen Gebietes ist die Domäne von Wassertieren und Wasserpflanzen, von Krokodilen und Insekten. Hier und da entlang des Weges gibt es eine lichte Baumgruppe, sonst geht man vor Sonne ungeschützt; nach drei Viertelstunden kommt man im Dorf an. Ein etwas dichterer Wald säumt die Siedlung. Die ersten, ziemlich großen Häuser tauchen aus dem Meer des Grünen entgegen. Wegen der jährlichen Überschwemmungen sind sie auf hohen Pfosten erbaut. Das ganze Dorf Palimbei mit seinen rund achtzig Bauten ist der Klanorganisation entsprechend in klaneigene Bodenstreifen eingeteilt. Die Häuserreihen, die je eine Verwandtengruppe beherbergen, sind nicht voneinander getrennt, wohl aber durch gartenartige, längliche Beete, die zwischen ihnen liegen, markiert. Hier wachsen Kokospalmen, frucht- und schattenspendende Bäume, verschiedene Zier- und Nutzsträucher. Die Dorfanlage wird durch eine ziemlich breite, zweihundert Meter lange Allee, den Zeremonialplatz, dominiert. An ihrem oberen Ende steht ein Männerhaus, auf dem gegenüberliegenden unteren Ende ein zweites; hier haben die Kinder und die Frauen keinen Zutritt. Den Bereich der letzteren, aus dem sich die Männer in ihre Männerhäuser flüchten, bilden die Wohnhäuser, rechts und links des Zeremonialplatzes angeordnet. Unser Haus, in dem wir den erschöpften Gast und sein Gepäck empfangen, liegt am oberen Ende des Dorfes, nicht weit vom Männerhaus Nambareman, dessen Seite wir von unserer Veranda sehen können.

Diese Invasion der Apparate ließ mit aller Klarheit hervortreten, wie primitiv die technische Ausrüstung der Iatmul-Kultur ist. Alle Werkzeuge, die zur Sicherung des Lebensunterhaltes gebraucht werden, lassen sich auf einem größeren Tisch zusammenstellen und überschauen. Jedes Ehepaar, in lockeren Tauschverhältnissen mit einigen weiteren Familien, kann alle Produktionsmittel selbst herstellen und alles, was es verbraucht, selbst produzieren. Wenn uns aber diese Technologie primitiv erscheint, ist es die Folge eines einseitigen, beschränkten Vergleiches. Ihre Leistung ist nämlich bemerkenswert und sie beruht auf einer hervorragenden Kenntnis der natürlichen Umgebung und der Verwendbarkeit ihrer Bestandteile; auf einer professionellen und vielseitigen Handhabung der wenigen Werkzeuge wie Axt, Messer, Speer, die eine jahrzehntelange Übung voraussetzt; und auf einer gesellschaftlichen Organisation, die zu keiner Überproduktion zwingt und keine weitgespannten Netze der Abhängigkeiten schafft, sondern bei der Zuspitzung der Konflikte kleinen Gruppen ermöglicht, sich abzutrennen und ein selbständiges ökonomisches Leben zu führen. Dieses scheinbar so primitive Wirtschaftssystem verlangt im Durchschnitt nicht viel mehr als einen halbtägigen Arbeitsaufwand und schafft einen bedeutenden Freizeitraum, in dem die mythologischen Spiele gedeihen.

Nur wer bereits versucht hat, Dokumentarfilme zu drehen, weiß, was für eine unbefriedigende, ja aufreibende Beschäftigung es ist. Dem Filmer gelingt es selten, eine gesellschaftliche Tätigkeit zu filmen, ohne daß er ihren Ablauf nicht wesentlich gestört hätte, ohne daß er ihren eigensten Rhythmus und die Stimmung, die zu ihr gehört, mit seiner schwerfälligen, komplexen Apparatur nicht in alle Winde geschlagen hätte. Die Aufgabe des Filmens, mit allen ihren technischen Zwängen und mit der Vielzahl der Akteure kann man ohne eine manipulative Besessenheit gar nicht bewältigen. Es ist schon möglich, einen guten Dokumentarfilm zu drehen, es sind aber seltene Sternstunden, die seltene Begabungen voraussetzen. Die Filmarbeit ist stumpf und abtötend, man wartet auf die Sonne, oder bis die Lampen richtig gerichtet sind, schätzt die Distanz, stellt die Blende ein, sucht den geeigneten Winkel, den geeigneten Ausschnitt und dann, wenn das Geschehen, das man filmen wollte, nicht längst verflossen ist, kann man endlich aufnehmen, um vielleicht die Szene doch nochmals wiederholen zu müssen, weil ein unerwartetes, störendes Geräusch die erste Aufnahme unbrauchbar machte. Die stärksten Filme, die unser Freund aus Europa gedreht hatte, waren vor allem solche, bei denen er das Geschehen von weitem aufnahm, ohne daß er darauf seinen Einfluß nehmen konnte – Geschenke des schönen Wetters. Oder waren es solche, bei denen die Situation des Filmens zugestandenermaßen im Vordergrund stand und die gefilmten Menschen in direkten, aktiven Kontakt mit den Filmenden getreten waren. So sind unsere Aufnahmen der Mythenerzähler entstanden.

Die weibliche Macht

Ich habe Masoabwan, den engsten und wichtigsten meiner Freunde in Palimbei gebeten, eine Geschichte in die Kamera zu erzählen. Durch die Aussicht erfreut, nahm er es freundlich an. Zusammen mit dem Filmer und der Equipe, die seine Apparate trug, schritten wir von unserem Haus zwischen Palmreihen zum Dorfrand und durchquerten den Wald. Dahinter befindet sich eine große Wiese, wo der Geräuschpegel des Lebens in der Siedlung nicht mehr hörbar ist. Dort, im Halbschatten eines Bambusgestäude fanden wir einen geeigneten Platz. Man wird die Szenerie mit Hilfe von zwei spiegelnden Platten aufhellen müssen. Die Kamera wurde auf dem Stativ befestigt, und der Freund aus Europa machte ein paar horizontale Probebewegungen und veränderte die Brennweite hin und her, um sich einen Überblick über die möglichen Ausschnitte zu verschaffen. Ich besprach mit Masoabwan das Vorhaben, und wir entwarfen gemeinsam einen Plan für die Aufnahme. In diesem Moment erinnerte ich mich meines ursprünglichen Planes, die Mythologie der Urzeit zu studieren, und er erschien mir töricht.

Wenn ich heute den Film anschaue, der damals am Wiesenrand entstanden ist, stelle ich immer wieder fest, wie echt und wahrhaftig die künstliche Studioanordnung, die wir gewählt haben, wirkt. Der Mythenerzähler Masoabwan sitzt auf einem Hocker und schaut direkt in das Objektiv. Wir haben keine Erzählersituation inszeniert, es gibt keine Zuhörer im Bild, keine wahrscheinlichen aber fiktiven Partner. Masoabwan erzählt die mythische Geschichte uns, den realen Partnern, dem Kameramann und mir, der am Tonbandgerät sitzt und für die Tonaufnahme sorgt.

Masoabwan: »Ich erzähle euch die Geschichte von Norim. Die Wesen, oder das Volk, das Norim genannt wird, haben ihr eigenes großes Dorf. Das Dorf liegt aber nicht so, daß man es sehen könnte; Menschen aus anderen Dörfern können es nicht sehen. Diese Wesen wohnen in einem Bambushain, ihr Dorf ist der Innenraum von Bambusästen. Junge Buben, erwachsene Männer, Greise, alle sind im Bambus versteckt und es sind alles Männer. Es gibt keine Frauen unter ihnen. Während der Nacht kommen sie heraus und feiern ein Fest. In den vielen Dörfern in der Umgebung wiederum gibt es nur Frauen. Sie hören die Trommel und den Gesang aus der Dunkelheit, einen Gesang, der folgende Verse enthielt:

»O! Wutpuru, nachts bin ich ein tolles Wesen,
oi oi oi – oi oi!
O! Wutpuru, am Tage geht's mir schlecht,
oi oi oi!«

So feierten die Männer ihr Fest, und die Frauen in den umliegenden Dörfern, wo es keine Männer gab, hörten ihnen zu.

Sie hörten zu, in all den Dörfern, wo nur Frauen lebten, und wunderten sich: ›Was für ein Festgesang ist es? Was für Stimmen hört man in der Nacht? Es ist Trommelschlag und Männergesang! Wer singt da? In jener Gegend gibt es doch kein Dorf!‹ fragen sie sich, und da sie keine Antwort wußten, beschlossen sie: ›Kommt, gehen wir in der Nacht hin und schauen wir!‹ – ›Nein, laßt uns schon am Tage gehen, wir verstecken uns, und am Abend, wenn die Dunkelheit einbricht, wird der Trommelschlag ertönen, sie werden erscheinen und wir werden ihre Gesichter anschauen können!‹ sagten andere Frauen. ›Gut, so machen wir es.‹ – ›Zunächst ist es nicht nötig, daß viele hingehen. Die jüngeren Jahrgänge bleiben zuhause, nur ein paar ältere Frauen, fünf oder sechs, sollten gehen‹, sagten sie. Nachdem so beschlossen wurde, brachen sie an einem Nachmittag auf und gingen hin. ›Hier können wir bleiben!‹ – ›Ach nein, nicht dort!‹ sagten andere. Schließlich fanden sie einen geeigneten Ort und versteckten sich alle. Sie warteten, bis die Nachmittagssonne erlosch und die Umgebung in der Dunkelheit versank. Sie lauschten. Die aus dem Bambus kamen heraus und begannen zu tanzen. Die großen Trommeln ertönten zusammen mit den kleinen Handtrommeln:

»O! Wutpuru, nachts bin ich ein tolles Wesen,
oi oi oi – oi oi!
O! Wutpuru, am Tage geht's mir schlecht,
oi oi oi!«

Sie tanzten, schlugen die Trommeln und sangen. Die versteckten Frauen sahen sie herauskommen, die schöne und anmutige jüngere Generation, ältere Männer auch, alle kamen sie heraus. Die Frauen sahen sie und sagten: ›Ach! Diese Menschen sind es, die hier jede Nacht herauskommen und tanzen! Woher sind sie denn gekommen? Sie sind aus dem Bambushain herausgekommen, ich glaube, sie wohnen im Bambus! Das muß ihr Dorf sein!‹ – ›Geht nicht hervor! Zeigt euch nicht!‹ flüsterten die Frauen. ›Gehen wir nicht hervor, bleiben wir im Versteck und am Morgen wollen wir sehen, wohin sie verschwinden!‹ sagten sie und blieben im Versteck bis zum Tagesanbruch. In der Morgendämmerung verschwand plötzlich das ganze tanzende und singende Volk, mit einem klappernden Geräusch, einer nach dem anderen verschwanden sie im Inneren der Bambusäste, jeder in seinem eigenen, bis keiner mehr da war. Alle waren wieder im Bambus verschwunden, als die Frauen, die alles gesehen haben, aus ihrem Versteck hervorkamen. Sie drängten sich um die Bambusgestäude, schauten es an und sprachen: ›Ach! Das sind sie! Da in diesem Bambus wohnen sie und da kommen sie heraus und feiern ihr Fest!‹

Danach kehrten sie ins Dorf zurück, schlugen die große Signaltrommel und alle Frauen, auch aus den benachbarten Dörfern, versammelten sich. ›Wir haben sie gesehen!‹ berichteten sie. ›Die Trommelrhythmen und die Gesänge kommen von Menschen, die im Bambus wohnen. Es gibt dort einen großen Bambushain!‹ – ›Wir sind ja ohne Männer! Gehen wir doch in den Hain und schlagen uns jede einen Bambusast ab und jede wird einen Ehemann nehmen!‹ – ›Ja! Gut!‹ sagten sie und beendeten die Versammlung, nachdem sie beschlossen hatten, Morgen hinzugehen. Die ganze Nacht hörte man noch die Trommelrhythmen und den Gesang, bis es dämmerte. Noch vor dem Tagesanbruch machten sie sich auf den Weg, alle Frauen aus allen Dörfern. Erwachsene, heiratsfähige Frauen, aber auch junge Mädchen; reife Frauen mit entwickelten Brüsten; ältere Frauen, die aber immer noch einen Mann nehmen konnten; nur die ganz alten, deren Körper schon eingefallen und deren Haut ganz verrunzelt war, gingen nicht; so ging man also. Sie gingen. Sie kamen zusammen aus diesem und jenem Dorf, alle aus allen Dörfern zogen sie hin. Jede von ihnen trug eine Steinaxt. Damals gab es noch keine Metalläxte. Die weißen Menschen sind erst später aufgekommen und mit ihnen die Metallaxt. Früher gab es dies nicht. Was ich erzähle, ist nach der Art von *sagi*. Damals gab es nur die Steinäxte von Samburi. Jede also mit einer Steinaxt in der Hand kamen sie an und riefen: ›Der gehört mir! Der gehört mir!‹ Ein junger Bambussproß, noch ganz aufgerichtet – ein Bub; ein längerer und ein wenig schon geneigter Bambusast – ein junger Mann; ein noch längerer mit einer größeren Neigung – ein Mann; ein ganz geneigter mit einem trockenen Wipfel – ein Greis; so waren sie alle da. Der gerade jetzt sprießende Ast – ein Kind; solche, die schon groß genug waren, um eine Frau zu nehmen, aber auch solche, die noch zu jung waren; so waren sie alle da. Die Frauen kamen heran, und jede von ihnen rief: ›Der gehört mir! Der gehört mir!‹ und sie schlugen mit den Steinäxten zu. Sie hauten zu, und die Bambusäste brachen und fielen hin, die Männer sprangen heraus und umarmten die Frauen. ›Ach, komm nur, mein Ehemann!‹ riefen ihnen die Frauen zu und alle eilten zu zweit davon. Den jungen Bambus hatten sie ganz geschnitten, den festeren, älteren Bambus hatten sie auch geschnitten; die Männer sind alle herausgekommen und jeder hat eine Frau gefaßt, bis der ganze Hain leer war. Nur einen großen, dicken, schweren Bambus, mit dem Wipfel tief zur Erde geneigt und ganz trocken, hatte man nicht abgeschnitten, da es augenscheinlich ein Greis war. ›Oh, das ist bereits ein überreifer Bambus, in dem kann nur ein

Greis stecken!‹ sagten die Frauen und ließen ihn stehen. Ein kleines Mädchen, ihre Brüste sind noch kaum erkennbar, ein Kind noch, zeigt ihren Wunsch an: ›Oh, Mama! Ich bin nicht zufrieden! Schau, alle in meinem Alter sind schon weg mit ihren Männern! Ich will auch! Komm! Ich will diesen da schneiden!‹ Sie geht zu dem alten Bambusast, faßt ihn und schüttelt ihn: ›Ich will diesen abschneiden!‹ sagt sie und rüttelt an ihm. ›Den willst du doch nicht schneiden! Das ist ein alter Bambus! Wenn du den schneidest, kommt ein Greis heraus!‹ sagt die Mutter. Das Kind sträubt sich aber und weint. Und da nichts hilft: ›Gut. Höre mal, was ich dir sage. Es ist deine eigene Angelegenheit. Mach was du willst. Soll dich doch ein großer, alter Mann nehmen‹, sagt sie. ›Hier ist die Axt. Nimm!‹ Sie gibt die Axt dem Kind. Die Kleine nimmt sie, ist aber nicht stark genug, um das Werkzeug zu führen. Wie die Mutter die erfolglosen Versuche ihrer Tochter sieht, läßt sie ihren neuen Ehemann stehen, nimmt selbst die Axt in die Hand und haut auf den großen Bambus, bis er bricht und fällt. Der Ast fällt runter, ein Greis springt heraus! Er fällt vor Schwäche um, steht auf und fällt sofort wieder: ›Komm! Du bist meine Ehefrau!‹ ruft er und versucht das kleine Mädchen zu umarmen. ›Mama! Ich will nicht! Diesen alten will ich nicht! Mama! Ich will nicht! Mama, komm und halte mich! Ich will diesen Mann nicht!‹ schreit das Mädchen. ›Was habe ich dir gesagt? Du wolltest nicht auf mich hören! Es ist deine eigene Angelegenheit. Bleib nur mit ihm. Du stirbst nicht davon. Bleib nur zusammen mit dem Alten, bis du groß wirst!‹ Die Mutter wandte sich ab, nahm geschwind ihren Mann, und schon waren sie weg. Das Kind verzweifelte, wälzte sich auf dem Boden, weinte, es half aber nichts. Der Alte nahm sie. Alle sind so in die umliegenden Dörfer gegangen, auch der Mann aus dem alten, trockenen Bambusast, den das kleine Mädchen abschneiden wollte. Sie lebten zusammen unter einem Dach, bis sie erwachsen wurde. Dann hat er sie geheiratet und viele Kinder mit ihr gezeugt.

Dies war die Geschichte von Norim, die Geschichte von den Männern, die im Bambusinnern lebten. Jetzt ist sie zu Ende. Jetzt ist die *norim-sagi* zu Ende.«

Könnte man sich auch in diese Geschichte gut einfühlen, sie enthält ja nichts Unverständliches, so weist sie doch Züge auf, die uns fremdartig vorkommen müssen. Auf dem Hintergrund unserer Tradition würden wir eher weibliche Feen erwarten als diese männlichen Wesen, die des Nachts im lichten Bambushain ihre verführerischen Tänze treiben und von den Frauen bewundert werden. Die aktive Rolle der Frauen fällt uns auch auf.
Wenn wir bei der Betrachtung dieser Geschichte vom Alltag der Iatmul ausgehen, stellen wir fest, daß sie ein realistisches Bild der Verhältnisse entwirft. Es sind dort tatsächlich die Frauen, die bei der Anbahnung der Liebes- und Heiratsverhältnisse im Einklang mit der Norm die Initiative ergreifen. Die räumliche Trennung der Bereiche der zwei Geschlechter kann man auf allen Ebenen der gesellschaftlichen Struktur beobachten: die täglichen Arbeiten werden, wenn nicht im Alleingang, in gleichgeschlechtlichen Gruppen durchgeführt – die Frauen gehen gemeinsam zum See fischen oder zum Markt; die Männer organisieren Bauarbeiten und Jagdexpeditionen. Nicht nur, daß der Männerhausbereich vom Wohnbereich abgehoben wird, auch die Wege, die durch das Dorf führen, werden in weibliche und männliche Wege eingeteilt. Die Geschichte von Norim spiegelt auch die typische Anordnung der größeren Rituale: die Männer, aufwendig geschmückt, bilden das Zentrum des Geschehens. Nachdem sie sich im Männerhaus vorbereitet haben, zeigen sie sich den Frauen und den Kindern, indem sie auf den weiten Zeremonialplatz in einer choreographischen Formation heraustreten und dort tanzen. Die Frauen sind in diesem Moment entweder Zuschauerinnen oder nehmen am Ritual teil, um den prachtvollen Ahnengestalten, die von den Männern dargestellt werden, auf ihre besondere Weise als

eine geschlossene Gruppe gegenüberzutreten. Die Jungen hoffen, daß bei solch großen Festen ihre Liebeswünsche in Erfüllung gehen; die männlichen Tänzer verzaubern ihren Schmuck, damit das Verlangen der Frauen geweckt wird und sie entsprechende Schritte unternehmen.

Die Haltung der Mutter ihrem starrköpfigen Kind gegenüber entspricht sehr gut den wichtigsten Erzieherhaltungen der erwachsenen Iatmul in ihren beiden Aspekten: einerseits der Nachgiebigkeit, andererseits der Ablehnung jeder Verantwortung für die Folgen des kindlichen Entschlusses. Trotz allen diesen Übereinstimmungen der mythischen Geschichte mit der gesellschaftlichen Realität beschränkt sich ihr kunstvoller Aufbau keineswegs auf einen soziologischen Realismus. Die anfängliche Vision der Einsamkeit in der Trennung und der erotische Wunsch, an die nächtlichen Stimmen geknüpft, erzeugen in uns eine Spannung, die Schlag auf Schlag, mit der Axt in der Hand, befriedigt wird. Die entschlossene Handlungsfreiheit der Frauen und die etwas passive Stellung der Männer, von ihrem exhibitionistischen Mut abgesehen, stoßen bei uns, bei den europäischen Lesern, auf ein anderes Echo als bei den Iatmul-Frauen und -Männern; sie können kaum jenen Zauber der Verkehrung erleben, den diese Geschichte für uns hat.

Das auffälligste phantastische Element der Geschichte, nämlich der Aufenthalt der Norim-Wesen im Bambusinnern, findet seine Entsprechung in der Idee, daß die Melodien der großen Bambusflöten die Stimmen der Ahnen sind; das Iatmul-Wort *wutpuru*, das im Gesang als Anrede erscheint, bezeichnet die strömende Luft, d. h. die Luftbewegung des Flötenblasens. Diese *sagi* hat scheinbar keine Verbindung mit der großen, lebenswichtigen Mythologie, die von der ganzen Dorfgemeinschaft sehr ernst genommen wird, vielleicht vergleichbar mit dem Ernst, den unsere Vorfahren unter bestimmten Umständen dem christlichen Glauben entgegenbrachten. Diese große Mythologie, wenn sie auch von der christlichen Ethik weit entfernt ist, gibt es wirklich; während der großen Rituale, an denen alle Dorfbewohner teilnehmen, ertönen die Trommeln und Bambusflöten, Männer und Frauen verkörpern tanzend die Ahnen, die mythische Urzeit wird auf dem Zeremonialplatz inmitten des Dorfes inszeniert. Wenn man ein Jahr hier gelebt hat, weiß man, daß es geheimnisvolle mythische Geschichten gibt, die das urzeitliche Geschehen und die schöpferischen Taten der Ahnen zum Thema haben und mit den großen Ritualen in enger Beziehung stehen, die aber nie laut erzählt, sondern esoterisch tradiert werden: innerhalb einzelner Familien, vom Vater an einen ausgewählten Sohn, im Laufe von Jahrzehnten, stückweise, nach und nach, abgetreten werden. *Sagi* sind eben nur *sagi*, jedermann kennt sie, jedermann erzählt sie, Frauen, Kinder, Männer, sie sind herrenlos und unterhaltsam, ein öffentliches Gut. Dennoch sind sie alle auf eine besondere Weise mit der großen Mythologie verbunden, jeder könnte man eine Fortsetzung anhängen, die diesen Zusammenhang klarlegt. Masoabwan wäre imstande, wenn er dazu einen Anlaß hätte, die Geschichte von den Norim im Handumdrehen in die zentralen thematischen Bereiche des Geheimnisses zu versetzen: der greise Norim verwandelt sich in einen strahlenden Jüngling, die Kraft der ursprünglichen Schöpfung dauert unendlich an. Aber Masoabwan hat keinen Anlaß, die neugierigen europäischen Bekannten in seine intimsten Gespräche mit seinem Vater einzuweihen – er erzählt ihnen nur eine *sagi*, eine kleine literarische Komposition, die zuerst eine Spannung hervorzaubert, um sie anschließend zu lösen. Die schöne Schlußepisode, welche der Rücksichtslosigkeit der Frauen die Ängste des kleinen Mädchens gegenüberstellt, läßt uns die Widersprüchlichkeit unserer Wünsche erleben.

An jenem Tag, als die Filmaufnahme entstanden war, habe ich bestimmt, welche *sagi* erzählt werden soll. Das erste Mal hörte ich die Norim-Geschichte fast vor einem Jahr, am Anfang meiner Freundschaft mit Masoabwan.

Warum und unter welchen Umständen er sie mir damals erzählte, weiß ich nicht mehr. Als es aber darum ging, eine Mythenerzählung zu filmen, und er in Verlegenheit war, welche er erzählen soll, habe ich die Norim vorgeschlagen. Wenn ich heute darüber nachdenke, warum mir gerade diese Geschichte eingefallen ist, bin ich sicher, daß es mit meinem Verhältnis zu aktiven, mutigen Frauen zusammenhängt.

Florence verfolgt ihre eigenen Forschungspläne; sie organisiert Rendezvous mit Frauen und Kindern, interessiert sich für die Alltagsverhältnisse in den Wohnhäusern, bei der Arbeit und beim Spiel. Sie möchte ein Bild der Familienstruktur in der klassenlosen Gesellschaft von Palimbei entwerfen und ist gerade dabei zu entdecken, daß die Kinder und Jugendlichen den größten Teil des Tages in autonomen Gruppen ohne Aufsicht der Erwachsenen verbringen. Meine Partner sind die alten Mythologie-Experten, ihre Partner sind diese selbständigen Kinder; während der nächtlichen Gespräche auf der Veranda unseres Hauses tauschen wir unsere Tageserfahrungen aus und versuchen, einen einheitlichen Sinnzusammenhang zu konstruieren. Das Haus, in dem wir wohnen, liegt auf dem Boden des Klans Mbowi, dessen Ältester Masoabwan ist. Er und sein Bruder Nagwan waren die ersten Männer, die mit uns am Anfang unseres Aufenthaltes engere Kontakte geknüpft haben. Eines Vormittags stand eine alte Frau unten bei der Treppe, die hinauf in unser Haus führt. Es war Amuyaragwa, die Ehefrau von Nagwan. Sie sprach kein Melanesisches Pidgin und so war es, neben ihrer eigenen Iatmul-Sprache, die wir damals kaum verstanden, vor allem ihre Gestikulation, die uns klar machte, was sie will. Sie wollte zu Florence eine Beziehung haben. Sie zeigte, Florence soll das Tonbandgerät mitnehmen und herunterkommen; lachend schaute sie mich an und machte keine Anstalten, zu unserer Veranda hinaufzusteigen, wo sie sich auch mit mir befassen müßte. Beide ließen sich im Schatten einer

Kokospalme unweit des Hauses im Gras nieder: zwei Frauen im Schneidersitz und zwischen ihnen das Gerät, zwei sich drehende Spulen und das langsam laufende Band. Nachdem die Aufnahme übersetzt wurde, sahen wir, daß wir mit einer starken Erzählerin zu tun haben. Was sie Florence an jenem Vormittag erzählte, war die erste *sagi*, die uns bekannt wurde. Bereits einige Tage nach unserer Ankunft besuchten selbstbewußte Männer unser Haus, um uns mit ihren mythischen Fragmenten in der Art von *pabu* zu verwirren und unser Interesse zu wecken; so faßten wir die Mythologie der Iatmul als eine geheimnisvolle, politisch und existentiell überaus wichtige, leider aber etwas unverständliche Anspielung auf. Die Geschichte dagegen, die Amuyaragwa erzählte, stand in keinem solchen dringenden Zusammenhang, auch der Vortrag deutete nicht Geheimnisvolles an; laut, öffentlich, mit Witz und Schauspielkunst wurde sie erzählt.

Amuyaragwa: »In alten Zeiten lebte Morondawa, die Ehefrau von Abran. Ich erzähle dir nun, was sie machte und was mit ihr geschah. Ich will dir erzählen, wie sie im Dorf der *winsumbu* (einer besonderen Art der Geistwesen) Besuche machte. Bevor Morondawa ihr Haus verließ, begann sie sich wie ein Mann herauszuputzen. Sie legte das Kleidungsstück ihres Mannes, seine Schambedeckung aus Fledermaushäuten an, bemalte ihr Gesicht schwarz mit Ruß, wie es die Männer machen, wenn sie Rituale veranstalteten, eine Muschelkette legte sie um ihre Hüften, kleinere Muschelketten band sie an ihre Fuß- und Handgelenke; schließlich hängte sie die Tasche, in der ihr Mann sein Essen versorgt, auf ihre Schulter und begab sich zu den *winsumbu*, die ihr Dorf in den Baumkronen haben.

Nicht nur die Schambedeckung ihres Mannes, die mit seinem Penis in Berührung kam und von Sperma und Harn befleckt wurde, legte sie an, sondern sie nahm auch seinen Kalkspatel, den er abzulecken pflegt, wenn er beim Betelkauen den Kalk aus dem Kalkbehälter in den Mund führt. Morondawa bewegte den Kalkspatel, schob ihn heftig in

der Öffnung des Kalkbehälters auf und ab, so daß ein rhythmisches Ratschen ertönte, genau wie es die Männer im Männerhaus bei Festen machen. Ein und aus! schob sie ihn, *ngram-ngram* tönte es, als sie zu den *winsumbu* ging, *ngram-ngram* tönte es, als sie in die Baumkronen stieg.«
Amuyaragwa lacht herzlich, aber beunruhigend. Die Kinder, die sich inzwischen rund um die zwei erwachsenen Frauen niedergelassen haben, lachen mit, andere nähern sich der Gruppe auf der Wiese, ein Mädchen ruft: »Kommt, kommt, sie erzählt über Menschen aus alten Zeiten! Sie erzählt *sagi!*« Amuyaragwa fährt fort.
»Sie trägt eine festlich geschmückte Netztasche und zwei Körbe mit sich und es ertönt *ngram-ngram*, wenn sie den Spatel betätigt; *muru-muru-muru miri-miri-miri muru-muru-muru* antworten die *winsumbu*. Sie steigt in die Krone des riesenhaften Feigenbaumes, wie der da, den du gerade am Waldrand siehst, siehst du? Den großen Feigenbaum? Zu einem solchen geht sie hin, schaut zu der Krone auf und *ngram-ngram* ertönt es. *Ngram-ngram*, die Muschelketten rasseln, als sie tanzt, ihr schwarz bemaltes Gesicht bewegt sich im Rhythmus; sie wartet zuerst unten am Baumstamm, bis *winsumbu* sie bemerken und ihr eine Leiter herunterlassen, daß sie hinauf kann. Sie kommt oben an und stellt ihre Körbe ab. *Muru-muru-muru miri-miri-miri muru-muru-muru miri-miri-miri* erschallt es überall im Geäst. Man füllt ihre Körbe mit Schweinefleisch und Vogelfleisch, man füllt sie bis zum Bersten mit Sagomehl, mit Fischen, mit Aalen, alle möglichen Lebensmittel legen die *winsumbu* in ihre Körbe und in ihre Netztasche, rohes Schweinefleisch, aber auch gekochtes und geräuchertes füllt man ihr ein. *Muru-muru-muru miri-miri-miri muru-muru-muru* sagen die *winsumbu* in der Krone des Feigenbaumes.
Morondawa geht nun beladen zurück, steigt hinunter und kommt in ihrem Dorf an. Es ist schon später Nachmittag und die Sonne steht ganz niedrig am Horizont. Ihr Mann, der seine Zeit im Männerhaus verbrachte, weiß nichts,

merkt nichts. Morondawa steigt die Leiter hinauf in ihr Haus, legt die Schambedeckung ihres Mannes und seinen Kalkbehälter ab, löst alle Muschelketten und geht zum See baden. Nachdem sie sich gewaschen hat, bindet sie sich einen Faserrock um, setzt sie sich zur Feuerschale und legt eine Tonplatte aufs Feuer. Jetzt backt sie ein paar Fladen aus dem Sagomehl, die sie dann mit dem Fleisch, das sie gebracht hat, für ihren Mann bereit stellt. Die übrigen Reichtümer steckt sie in ein Bambuskästchen, das über der Feuerstelle hängt. Nachdem sie mit allem fertig ist, schmückt sie sich schön, indem sie auf ihre Stirn Muster mit weißer Erde malt.
Der Ehemann kommt herauf ins Haus, schaut sich um und sieht die reichen Vorräte im Kästchen. Es gibt dort Schweinefleisch und allerhand anderes. ›Woher hat sie denn so viel Essen? Wohin geht sie immer, wo ist es, wo man ihr Schweinefleisch gibt?‹ fragt er sich. Dann nimmt er aber sein Täschchen, in dem eine Portion Essen für ihn bereit liegt, hängt es über die Schulter und geht wieder. Und so wiederholt es sich, wie ich es dir schon erzählt habe: sie geht in das Dorf der *winsumbu*, holt dort Nahrung und kehrt zurück in ihr eigenes Dorf, wäscht sich im See, bindet sich einen schönen Faserrock um, backt die Sagofladen und schließlich bemalt sie sich die Stirn.
Einmal war es dem Ehemann nicht mehr geheuer und er beschloß, das Geheimnis zu entschleiern. Er steigt die Leiter hinauf ins Haus und fragt: ›Du, Morondawa! Sag mir, woher holst du das Essen?‹ Sie antwortet nicht. Sie sitzt nur da in ihrem schönen reichen Faserrock, ein Muster auf die Stirn gemalt. ›Du! Ich muß es erfahren, wohin du immer gehst! Ich habe keine Ahnung, wo der Ort ist!‹ Es kommt aber kein einziges Wort, sie antwortet nicht, sie sitzt nur da. Der Mann packt einen Besen und nähert sich ihr: ›Wer ist es? Wer gibt dir das Essen?‹ Und er schlägt zu, schleift sie auf dem Boden herum, prügelt sie. Ihr Herz erstarrt, ihre Augen verdrehen sich, sie bleibt bewegungslos liegen. ›Oh, ich habe meine Frau getötet!‹ –

›Kommt und bestattet sie!‹ ruft er die Nachbarn zusammen. Man gräbt ein Grab, man bemalt ihren Körper mit Kalk, auch die Muster auf der Stirn nun zur Bestattung, ihren Faserrock bindet man ihr um. Man bringt sie zum Grab, legt sie hinein und deckt sie mit Brettern und mit einer dünnen Schicht Erde zu, wie man es früher mit den Toten immer machte. In der Nacht entwich Morondawa zu den *winsumbu,* sie entfloh in das Dorf, das sie in der Baumkrone hatten. Im Dorf der Menschen brach der Morgen an, man stand auf und sagte: ›Schaut! Was ist denn mit dem Grab?‹ sagte jemand. Man entfernte die Deckschicht: ›Leer ist das Grab! Sie stand bereits auf und weg ging sie in das Dorf der *winsumbu!* Ah, Morondawa ist schon längst bei den *winsumbu!*‹ sagten sie und vom Waldrand dort drüben erschallte *miri-miri-miri muru-muru-muru!* Es redeten die *winsumbu* mit Morondawa.«
Amuyaragwa lacht wieder, herzlich, zufrieden mit sich selbst und mit ihrer Erzählkunst.
»Die Geschichte, die ich dir erzählt habe, kannst du dann weitererzählen, wenn es dir danach ist. Sie handelt von Menschen aus alten Zeiten, von Morondawa, der Ehefrau Abrans, von ihm und von seinen Verwandten, zu denen sie als Ehefrau ging. Ich selbst habe das alles nicht erlebt. Nur was man mir erzählt hat, erzählte ich dir weiter. Ich habe ihn, Abran, nicht mehr gesehen, längst ist er einer unserer Ahnen, längst ist er gestorben.«

Die Iatmul-Frauen erledigen die Haushaltarbeiten, darüber hinaus nehmen sie aber täglich am eigentlichen Produktionsprozeß teil: während die Männer vor allem Handwerker sind, mit Bearbeitung von Holz und mit Bauarbeit beschäftigt, deckt die Produktion der Frauen über 80 % des Lebensmittelbedarfs. Das Bild der Frau-Ernährerin trifft also bei den Iatmul im zweifachen Sinn zu: aus ihrer Hand empfangen sowohl die Kinder als auch die erwachsenen Männer ihre tägliche Portion Nahrung; auf der anderen Seite beobachtet die ganze Familie täglich, wie ihre Mutter am Morgen ins Kanu steigt, um in der undurchdringlichen Sumpflandschaft zu verschwinden – am frühen Nachmittag wird sie mit Beute wieder erscheinen.

Auch der Transvestitismus ist ein gewöhnlicher Bestandteil der gesellschaftlichen Wirklichkeit. Bei verschiedenen rituellen Gelegenheiten verkleiden sich die Männer als Frauen, legen die Faserröcke ihrer Schwestern oder Ehefrauen an, künstliche Brüste aus halben Kokosschalen, tragen typische Werkzeuge der weiblichen Arbeit wie Fischereigeräte und veranstalten Pantomimen, in denen sie sich wie Frauen benehmen. Die Frauen wiederum bemächtigen sich wie Morondawa der männlichen Attribute. Der konsequenteste Transvestit war aber Florence: sie trug die männliche Bekleidung nicht nur im Ritual, sondern immerfort, machte die gleiche Arbeit wie ich, mit Tonbandgerät und mit Notizblock ausgerüstet, verließ sie am Morgen unser Haus, um mit ihren Partnern Gespräche zu führen. Ja, in ihrer Maßlosigkeit ging sie sogar im Männerhaus ein und aus, was eine Iatmul-Frau nur bei besonderen rituellen Gelegenheiten täte. Was für eine Mitteilung wollte ihr Amuyaragwa machen, als sie diese Morondawa-Geschichte erzählte? Was für eine Bedrohung wollte sie bewußt machen und was für eine Warnung aussprechen? Oder wollte sie sagen: du gefällst mir, wir beide sind ähnlich! Auf jeden Fall hat sie sie als Freundin gewonnen. In den nächsten Wochen besuchten wir fast jeden Abend das Haus von Amuyaragwa und Nagwan und lernten das erste Mal im größeren Umfang die Erzählkunst der Iatmul kennen.

Wenn wir kommen, finden wir Amuyaragwa meistens bei ihrer Feuerschale sitzen, nur das Licht des Feuers beleuchtet das Hausinnere. Babrundu, ein junger Sohn von Nagwan und Amuya, hat vor kurzem geheiratet und wohnt mit seiner Frau bei den Eltern. Sapmagwi, so heißt sie, sitzt in ihrer Ecke an ihrer Feuerschale. Amuya beendet ihre Arbeit. Sie weiß, daß wir gesapnnt sind, und daß wir uns auf die Erzählung freuen. Sie verläßt den weiblichen Bereich des Hauses und setzt sich in den mittleren Raum, der als Aufenthaltsraum für alle Familienmitglieder verwendet wird. Da liegen wir halbwegs oder sitzen auf dünnen Matten, Nagwan, sein Sohn, ich, Florence und Amuya. Die junge Braut bleibt im Hintergrund, sie mischt sich nicht unter die Gesellschaft; sie ist ja neu im Haus. Manchmal kommen auch andere Söhne von Nagwan, ihre Frauen, oder seine Brüder, die in den Häusern nebenan wohnen. Jedesmal erscheinen die neugierigen Enkelkinder. Amuya fixiert einmal mit ihrem Blick das Mikrophon, das vom Hausgebälk herabhängt, um es dann während des ganzen Abends nicht mehr zu beachten. Selbstsicher beginnt sie zu erzählen, gestikuliert frei und paßt ihre Stimme dem Charakter der jeweiligen handelnden Gestalt an. Sie erzählt in der Iatmul-Sprache und wir verstehen nur Bruchstücke.

Nachdem sie eine Geschichte zu Ende erzählt hat, ergreift Nagwan das Wort und erzählt dieselbe Geschichte noch einmal im Melanesischen Pidgin. Es handelt sich nicht um eine Übersetzung, aber auch nicht um eine Nacherzählung. Nagwan kennt die Mythen, die Amuya erzählt, auch, jedoch in seiner eigenen Version, d. h. in der Version seiner Kindheit. Dieselben Motive werden bei ihm mit seinen Müttern und Großmüttern verknüpft, durch seine Erfahrung haben sie eine besondere Färbung bekommen; er erzählt nicht nach, was Amuya erzählte, er erzählt seine eigenen Geschichten. Er spielt sich aber nicht auf und überläßt Amuya die erstrangige Stellung. *Sie* brachte die weißen Gäste ins Haus, *sie* hat eine Beziehung zu Florence. Der erste Besuch dauerte gegen zwei Stunden und Amuya erzählte Florence drei mythische Geschichten. Die Hauptgestalt von allen drei ist jedesmal weiblich, ganz wie in der Geschichte über Morondawa. Und immer geht es um die Beziehung des Mannes zu der zentralen Frauengestalt.

Die erste von diesen drei mythischen Erzählungen des ersten *sagi*-Abends führe ich in einer Übersetzung an, die sich an den ursprünglichen Iatmul-Vortrag von Amuyaragwa hält. Sie handelt von der Ahnfrau namens Kapmakwatembe. Am Anfang seiner Pidgin-Version erklärte Nagwan: »Kapmakwatembe ist eine Ahnfrau des Klans von meiner Frau ... sie heißt Kapmakwatembe, sie ist aber auch ein *kwatembe* und sie wird zu einem See ...« *Kwatembe* ist ein Wort der Umgangssprache und bedeutet »Wald«; das Wort *kapma* hat eine individualisierende und konkretisierende Funktion. Der Ausdruck *kapma kwatembe* würde heißen »der Wald«, oder »der besondere Wald«. Die Ahnfrau, die tote Mutter, erscheint zuerst als ein Wald und am Ende der Erzählung verwandelt sie sich in einen See. Im Gegensatz zum grammatikalischen Geschlecht dieser Wörter im Deutschen fassen die Iatmul die Wälder und die Seen als weibliche Wesen auf. Es ist etwas störend, wenn ich in der Übersetzung *die* Mutter als *den* Wald bezeichnen muß.

Amuyaragwa beginnt: »Ich erzähle dir eine *sagi*, die meiner Verwandtschaft gehört und die von einer wichtigen Ahnfrau handelt. Kapmakwatembe ist ein Wald, ein hoher Wald mit vielen Bäumen, Sagopalmen und Tieren. Sie hat eine Tochter, die hierher ins offene Grasland geheiratet hat. Als diese wegging, sagte die Mutter zu ihrer Tochter: ›Wenn du etwas brauchst, komm her in den Wald, und ich gebe es dir.‹ Die Tochter fährt regelmäßig zu ihrer Mutter und bekommt dann Kokosnüsse, Betelfrüchte, Sagomehl, Eier der Krontauben und der Kasuare. Der Wald ist dicht, die Stämme der hohen Bäume sind mit Kletterpalmen und Lianen verwachsen, die Melodien der großen Bambusflöten ertönen über dem Sagosumpf.«

Wo ich in der Übersetzung über Bambusflöten rede, hat Amuyaragwa nur den Eigennamen des Flötenpaares genannt, das ihrem Klan Yatmel gehört: »Die Stimme der Mariyamensawa ertönt über dem Sagosumpf.« Der Name bezeichnet gleichzeitig die Flöten und die Ahnfrau, die Flötenstimme ist die Stimme der Ahnfrau. Ihr männliches

Pendant heißt Mariyame und beide erscheinen in der Gestalt des Kasuars, sie als ein weibliches und er als ein männliches Tier. Man könnte auch übersetzen: »Die Stimme des Kasuars ertönt ...« Daß der Hauptteil des Namens der Erzählerin, *amuya,* ein Wort der Umgangssprache ist, das den Kasuar bezeichnet, ist ein Beispiel für die systematische Verflechtung der Mythologie mit dem alltäglichen Leben.

Amuya spricht Florence an: »Ah, diesen großen See kennst du ja nicht! Er liegt drüben auf der anderen Seite des Sepik. Die Bewohner von Kanganamun, von Tegawi und von Kararau fischen dort. An dem See bist du noch nicht gewesen.

Auf diesen See also fährt sie hinaus, die Kapmakwatembe, der Wald. Der ganze Wald, mit allen seinen Bäumen und Sagopalmen, so kommt sie auf den See hinaus.«

Nagwan: »Auf den See Lembambe.«

Amuyaragwa: »Sie fährt auf den See Lembambe hinaus, die Krontauben gurren, die Stimme der Mariyamensawa ertönt, der Kasuar erscheint. Mariyame beginnt zu tanzen. Die langen Stämme der Kletterpalmen neigen sich herunter und schlagen auf die Wasserfläche, dann richten sie sich wieder zu den Baumkronen auf. So kommt sie in der Gestalt des Waldes auf den See hinaus, trifft dort ihre Tochter und gibt ihr Nahrung.

Die Tochter geht immer alleine, alle Bemühungen ihres Mannes, auch mitzugehen, lehnt sie ab. Sie nimmt ein großes langes Kanu und paddelt fort. Zur verabredeten Zeit ist sie am gewohnten Ort und wartet auf ihre Mutter. Diese füllt ihr Kanu mit allen möglichen eßbaren Dingen, sie bringt Sagomehl, Kokosnüsse, Betelfrüchte, Eier der Krontauben und der Kasuare, Schweinefleisch und Hundefleisch, geräuchertes und frisches. Sie bringt schmale Bambusstreifen mit, die eine messerscharfe Kante haben, und schneidet ihr die Haare. Wenn das große Kanu ganz gefüllt ist, geht sie wieder, und ihre Tochter paddelt zurück ins Dorf.

Die Menschen im Dorf wundern sich immer: ›Woher holt diese Frau so viel Essen? Gibt ihr vielleicht ihre Mutter das Essen? Was für eine Mutter ist das, die ihr so viel Essen gibt?‹ So redet man im Dorf, und sie geht und verteilt das Essen an alle Verwandten ihres Mannes, jeder bekommt etwas. Nach einer gewissen Zeit ist alles aufgegessen.
Zur verabredeten Zeit nimmt sie ihr Kanu und paddelt wieder hin und die Mutter kommt wieder. Der Wald löst sich vom Ufer und gleitet auf den See hinaus, er bewegt sich auf dem Wasser des Lembambe-Sees. Die langen Stämme der Kletterpalmen neigen sich herunter und schlagen auf die Wasserfläche, dann richten sie sich wieder auf, und wieder neigen sie sich, sie peitschen die Wellen. Die Stimme der Mariyamensawa ertönt, die Krontauben gurren *mh! mh!*, Mariyame tanzt. Zwei Augen groß wie Kokosnüsse schauen aus dem Wald heraus, während er sich nähert, ein Augenpaar erscheint inmitten des Waldes, zwei Augäpfel, groß wie Kokosnüsse. Sie bringt Essen. Die Tochter sieht sie kommen und klagt: ›Oh, das ist meine Mutter, jetzt kommt sie.‹ Sie läßt ihren Kopf hängen und weint. ›Das ist meine Mutter, jetzt kommt sie.‹ Die Tochter wartet, bis sie nahe an ihrem Kanu ist. Sie kommt dicht an ihr Kanu heran und lädt es mit Essen voll, bis es keinen Platz mehr gibt. Dann fährt die Tochter ins Dorf ihres Ehemannes. Wie sie ankommt, ruft sie die Verwandten ihres Mannes, und sie helfen ihr, die Dinge aus dem Kanu ans Ufer zu tragen. Sie verteilt wieder alles Essen an seine Verwandten, jedem gibt sie etwas. Man ißt und genießt, bis alles aufgegessen ist. Zur verabredeten Zeit geht sie wieder, und wieder hat man eine Zeitlang zu essen.
Einmal nimmt sie ihr Kanu, um wieder ihre Mutter zu treffen, da sagt ihr Mann: ›Komm, gehen wir doch zusammen. Noch nie habe ich gesehen, wie deine Mutter kommt. Ich will sie sehen.‹
›Nein! Du darfst nicht mitgehen. Ich werde alleine gehen. Du kannst nicht in die Nähe meiner Mutter treten. Nein,

es ist besser, wenn ich alleine gehe‹, sagt seine Frau und läßt ihn zu Hause.
Er überlegt hin und her: ›Wie sieht wohl diese Mutter aus, die uns Essen gibt? Sieht sie etwa wie eine Frau aus? Ist es eine Frau, die uns immer Essen gibt?‹ Solche Gedanken machte er sich über Kapmakwatembe, die ihrer Tochter zu essen gibt. ›Immer wieder bringt sie Nahrung!‹ denkt der Mann und beschließt, die Sache aufzuklären. Einmal, als seine Frau wieder verabredet war, schleicht er vor ihr aus dem Haus. Vor der Morgendämmerung, seine Frau liegt noch tief im Schlaf, nimmt er sein Kanu und fährt hin. ›Aha, hier muß der Ort sein, wo sie sich treffen‹, sagt er zu sich und will sich dort verstecken. Er wendet sein Kanu und schiebt es unter die Pflanzendecke, die auf dem Wasser schwimmt. Er selbst steigt in die verästelte Krone eines mächtigen Baumes. Der Baum war gerade voll erblüht, so daß er sich in dichtem Gezweig und Geblüm gut verstekken konnte. Er sitzt oben in der Baumkrone und wartet, bis die Mutter seiner Frau kommt.
Seine Frau paddelt in ihrem großen Kanu und denkt sich: ›So ist es besser, wenn ich alleine gehe.‹ Sie kommt am gewohnten Ort an und wartet. Sie wartet, und er wartet auch, ohne daß sie ihn bemerkt hätte. Da erscheint die Mutter inmitten des großen Sees, den man Lembambe nennt, sie nähert sich. ›Ai, was kommt da? Ai, ein Wald? Das ist kein Mensch, was da kommt!‹ Die Krontauben gurren, Mariyame tanzt, die Stimme der Mariyamensawa ertönt. ›Ai! Es kommt ein Wald! Das ist keine Frau, das ist ein Wald‹, sagt sich der Mann und schaut aus seinem Versteck zu. Ein Augenpaar, groß wie Kokosnüsse, schaut ihm aus dem Wald entgegen, und in dem Moment, in dem er sie sieht, erzittert er. Wie er ihre Augen sieht, erzittert er vor Angst. Seine Frau hat ihn noch nicht bemerkt. Sie läßt den Kopf hängen und weint über ihre Mutter: ›Ah, da kommt meine Mutter und bringt mir zu essen‹, sagt sie unter Tränen und wartet, bis ihre Mutter näher kommt. Diese hat aber den versteckten Mann schon von weitem

gesehen. Er sieht die Augensterne inmitten des Waldes, er sieht sie, wie sie sich nähern. Sein Penis und seine Hoden ziehen sich vor Angst zusammen. Sie kommt ganz nahe, und der Mann fällt herunter und verschwindet im Wasser. Sie kommt dicht an das Kanu ihrer Tochter heran und sagt: ›Dies ist das letzte Mal, daß du Nahrung essen wirst, die von mir kommt. Warum hast du es zugelassen, daß dein Mann kam? Jetzt hat er mich gesehen. In der Zukunft bekommst du kein Essen mehr von mir, das du ins Dorf bringen könntest.‹ Das sagt sie und lädt das letzte Mal das Kanu voll, bis es keinen Platz mehr gibt, und geht weg. Sie gleitet auf der Wasserfläche dahin, auf einmal hält sie aber an, kippt plötzlich um und taucht im Wasser unter. Der ganze Wald stürzt um. Der Mann hat sie gesehen, so hat sie sich von ihrer Tochter abgewendet.
Die Tochter jammert und weint: ›Ai du meine Mutter, ai-ai-ai-ai!‹ Und über ihren Mann, der im See verschwand, sagt sie: ›Ich habe dir doch gesagt, du sollst nicht mitgehen, ich würde alleine gehen! Meine Mutter hat mir jetzt das letzte Mal Nahrung gegeben und hat sich verwandelt.‹ Sie ist jetzt entrückt und nahm eine andere Gestalt an. Der ganze Wald stürzte um, die Kronen der Bäume haben sich nach unten gewendet und ihre Stämme mit Wurzeln nach oben. Dann ging sie im Wasser unter. Sie stürzte um und versank im See Lembambe. So geschah es mit dem Wald, von dem ich dir erzähle. Sie versank und ihre Tochter fuhr mit dem vollen Kanu weg, sie paddelte aber nicht, sie ließ sich nur treiben und weinte, bis sie im Dorf anlegte und das Kanu anband. Während der Fahrt im Kanu schimpfte sie über ihren verschollenen Ehemann: ›Wozu bist du nur gekommen! Dies ist das letzte Essen, das sie mir gegeben hat, damit ich es euch bringe. Wolltest du meine Mutter sehen? Ja? Hast du dir vorgenommen, daß du sie anschaust? Um meine Mutter anzuschauen, bist du hingegangen? Du bist ein elender Taugenichts! Nur wegen dir bin ich in dein Dorf gekommen und habe dich geheiratet! Ich brachte immer Essen von meiner Mutter! Ich werde

ein Kind haben, ich bin schon schwanger, und du, was hast du dir vorgestellt, was du erreichst, wenn du meine Mutter anschaust! Du hast sie angeschaut, und meine Mutter gab mir dieses letzte Essen und versank im See. Nur weil du sie angeschaut hast, stürzte sie um und versank im See, meine Mutter ist nun im See verschwunden. Die Kronen der Bäume haben sich nach unten gewendet und ihre Stämme mit Wurzeln nach oben.‹ So sprach sie und jammerte, bis sie ins Dorf ihres Ehemannes kam.
Die letzten Worte ihrer Mutter klingen ihr immer noch in den Ohren: ›Das Essen, das du mitnimmst und essen wirst, ist das letzte Essen, das ich dir gegeben habe. Meine Tochter, ich wende mich von dir ab. Geh, in der Zukunft werde ich dich nicht mehr sehen und du wirst mich auch nicht mehr sehen. Deine Mutter wird sich jetzt von dir abwenden, geh! In Zukunft wirst du diesen Wald nie mehr sehen.‹ So sprach die Mutter, glitt hinaus auf den See und stürzte um. Das ist der Schluß.«
Anschließend an Nagwans Version, die er im Pidgin erzählte, hat ihm Florence ein paar Fragen über das Aussehen von Kapmakwatembe gestellt. Er sagte: »Sie ist einfach ein großer Wald. Sie hat nur Augen, aber keinen menschlichen Körper.«
Florence: »Und kann sie essen?«
Nagwan: »Ja, natürlich kann sie essen, reden kann sie auch, sie hat nur keinen menschlichen Körper, sie ist ein Wald und dennoch redet sie. Sie hat sehr große Augen. So berichtet die *sagi.* Nachdem sie versank, verwandelte sie sich in den See Lembambe. Jetzt ist sie der See.«
Florence: »Dieselbe Frau?«
Nagwan: »Ja, diese Frau, diese Mutter ist jetzt der See. Viele Fische gibt es dort.«
Florence: »Wirklich, sie ist jetzt ein See geworden?«
Nagwan: »Ja, jetzt ist sie ein See. Es gibt noch viele Geschichten über sie, sehr viele! Wenn wir ein zeremonielles Streitgespräch im Männerhaus veranstalten, dann wirst du hören!«

Florence: »Alle Seen in der Dorfumgebung waren also Frauen. Es gibt keine, die früher Männer waren?«
Nagwan antwortet flüsternd und mit Nachdruck: »Alle Seen haben ihre Namen! Glaube nicht, sie hätten keine! Mensch! Ich habe dir schon gesagt, wenn ihr einmal unsere Sprache gelernt habt, so in ein oder zwei Jahren, dann wirst du alles begreifen. Es gibt Zauberlieder, mit denen wir sie ansprechen, wenn sich die Fische vermehren sollen. Sie werden sich nicht ohne unser Zutun vermehren, wir müssen die Namen jedes besonderen Sees singen! Es sind alles Namen der Frau, die sich in den See verwandelt hat. Gleichzeitig richten wir einen Appell an das Dorf; das ist auch eine Frau. Das Dorf ist auch eine Frau, nicht ein Mann! Alle Dörfer sind Frauen und alle Seen sind Frauen. Alle haben weiblichen Namen. Das Leben im Dorf, wie in den Seen und Wäldern geschieht durch die Kraft der Frauen, die Frau ist etwas außerordentlich Wichtiges! So besagt es unsere Mythologie, und bei euch ist es auch nicht anders. Es gibt doch eine Königin bei euch in England, es ist doch eine Frau? Der Mann wird aus der Frau geboren. Nur wenn es Frauen gibt, gibt es Kinder und gibt es Männer.«
Florence: »Und der Mann, der hat eine andere Kraft?«
Nagwan: »Ja. Den Mann muß es auch geben, daß es Kinder gibt.«
Florence: »Dort, wo sich Kapmakwatembe und ihre Tochter trafen, hat es schon vorher einen See gegeben?«
Nagwan: »Ja, dorthin pflegte sie zu kommen, bis dann die Verwandlung geschah. Jetzt ist sie der See. Es gibt dort einen unheimlichen Reichtum an Vögeln und Fischen, eine wirkliche *angwa* ist dieser See, *missus!« Angwa* könnte man hier als die »Brutstätte«, oder der »Ursprungsort der Tiere« übersetzen.
Florence: »Ich möchte den See anschauen. Es gibt ihn ja, nicht wahr?«
Nagwan: »Oh, ein Riesensee ist es.«

Die Streitkunst der Männer

Pabu ist eine rein männliche Form der Auseinandersetzung. Es kann ein persönliches Gespräch unter vier Augen sein, oder aber ein spektakuläres, zeremonielles Streitgespräch in der exklusiven Öffentlichkeit des Männerhauses. Jeder Klan von den rund zwanzig, die es zur Zeit unseres Aufenthaltes in Palimbei gab, hat seinen eigenen Mythen- und Namenschatz mit unverwechselbaren individuellen Zügen. Gleichzeitig berühren sich all diese spezifischen Klanmythologien, weisen parallele Strukuren auf oder ergänzen sich thematisch, so daß es bei der Betrachtung der Grundzüge eigentlich nur eine Mythologie gibt. Den erfahrenen Mythologen unter den Iatmul ist diese Konvergenz voll bewußt; das widerspruchsvolle Verhältnis zwischen der Besonderheit der Klanmythologien und der Einheitlichkeit des ganzen Systems bildet den Hintergrund und das Fundament der mythologischen Streitgespräche im Männerhaus.
Ein Klan hat also seine besondere Ahnengalerie, seine mythischen Gestalten, die zwar in menschlicher Form gedacht werden, jedoch mit einer Kraft ausgestattet sind, nicht-menschliche Formen anzunehmen; jeder Ahne und jede Ahnfrau haben ihre bevorzugten tierischen und dinglichen Erscheinungsformen. Dieser ursprünglichen und ewigen Verwandlungsfähigkeit der Ahnen verdankt die Welt mit allen ihren Elementen ihre Entstehung und ihren Bestand. Jedes Gras unter unseren Füßen, aber auch jede Nutzpflanze, jeder Fisch, der sich im Netz der Fischerin verfängt, sind Verwandlungsformen der Ahnen; jede Bewegung in der Natur oder im Innersten eines Menschen sind Zeichen ihrer Präsenz; am Anfang wie heute bringen sie die ganze Welt der Erscheinungen hervor.
Jede dieser klanspezifischen Ahnengestalten ist mit einer langen Namenliste versehen. Die Bedeutung dieser Namen ist nicht konventionell verblaßt wie die Bedeutung unserer Eigennamen, sondern direkt mit der geheimen Geschichte verknüpft, die von den Taten der betreffenden Ahnengestalt berichtet; der Eingeweihte sieht hinter je-

dem Namen ihrer Eigennamenliste ein mythisches Ereignis. Die lebenden Klanmitglieder erhalten persönliche Namen aus der Namenliste einer bestimmten Ahnengestalt ihres Klans und werden so mit ihr und ihrer mythischen Geschichte in einen festen Zusammenhang gebracht. Da die Ahnengeschichte auch über seine Wanderungen erzählt und die Orte bezeichnet, die er zu seinen Zeiten berührt hat und die heute seinen Nachkommen als klaneigenes Wirtschaftsgebiet zur Verfügung stehen, schließt das Eigennamensystem die konkreten Klanmitglieder, ihre Grundstücke und die mythischen Ahnengestalten in ein Netz der Bezüge ein. Dementsprechend, wenn sich Konflikte über die Nutzungsrechte ergeben, bahnt man die Lösung im Rahmen einer mythologischen Diskussion an.

Alle Typen der Untergruppen innerhalb der Dorfgemeinschaft verfügen über einen klar definierten Raum. Jedes Ehepaar hat sein eigenes Haus mit einem dazugehörigen Teil der Dorffläche, jeder Klan hat seinen besonderen Teil des Dorfbodens, jede Männerhausgemeinschaft ihren Dorfteil. Die ganze Umgebung des Dorfes, der ganze dorfeigene Bereich ist minutiös aufgeteilt. Auf allen Ebenen der Gliederung, beginnend mit der Einzelperson über den Haushalt bis zur Männerhausgemeinschaft, bestehen klare Raumzuordnungen, die den ganzen verfügbaren Weltausschnitt durchziehen und die man in jedem einzelnen Moment als eine stabile Struktur auffassen kann. Gleichzeitig ist alles im Fluß: auf der Ebene der Einzelperson können die Zuordnungen – im Rahmen des Klananspruches – sogar jährlich wechseln, auf der Ebene des Klans vollziehen sich die Veränderungen im Verlaufe der Generationen. Die Mythologie und das Eigennamensystem dienen als ein gesellschaftlich verbindliches Gedächtnis für diese Einteilung des Lebens- und Wirtschaftsgebietes und als Garant der Ansprüche. Alle Eigentümlichkeiten der Landschaft, im Dorf selbst wie im gesamten dorfeigenen Bereich, die Grundstücke, die Gewässer, werden mit Eigennamen belegt, die gleich wie die Personennamen auf eine systematische und öffentliche Weise im klanspezifischen Mythen- und Namenschatz verwurzelt sind. Die Namen der Landschaftszüge sind – seit undenkbaren Zeiten – im allgemeinen Gebrauch und können nicht einfach manipuliert werden, ebensowenig die markanten Züge der klanspezifischen Mythologie. So begründet der Nachweis eines systematischen Zusammenhangs zwischen meiner eigenen Klanmythologie und einem Landschaftsnamen meinen Anspruch an die Nutzung jenes besonderen Landschaftsteiles. Neben der Auseinandersetzung des Verfügungsrechtes über einen Personennamen sind die Konflikte um das Nutzungsrecht des Bodens, der Fischgründe und der Wasser- resp. Landwege die wichtigsten Themen der mythologischen Streitgespräche im Männerhaus. Die großartigsten und aufwendigsten von diesen Männerhausgesprächen betreffen aber die reine Mythologie, sie machen das geistige System selbst zum Thema.

Ich war noch nicht lange in Palimbei, als der erste Namenstreit zustande kam. Ein erfahrener Mythologe erschien eines Morgens in der geräumigen, fast dreißig Meter langen Halle des Männerhauses Payambet und schlug zunächst die große Signaltrommel: das Zeichen für die Versammlung aller Männer, dann das Zeichen für den Streit, und schließlich das persönliche Zeichen von Kandem, gegen den er nun vorgehen wollte. Kandem hat nämlich seinem jungen Neffen einen Namen zugesprochen, den ihm der Ankläger strittig macht. Der Streit schleppt sich bereits lange Monate – heute soll in Öffentlichkeit entschieden werden: zu welchem Namen- und Mythenschatz gehört der strittige Name? Gehört er dem Klan von Kandem oder demjenigen des Anklägers?

Das Männerhaus füllt sich allmählich, jeder erwachsene Mann im Dorf, auch wenn er an der mythologischen Diskussion nicht aktiv teilnehmen wird, will dabei sein, und die Verhandlung verfolgen. Es vergeht eine Stunde, bis

Kandem, dem die Herausforderung gilt, endlich erscheint; er ist auch ein erfahrener alter Fuchs und weiß, wie wichtig es ist, den Gegner warten zu lassen. Obwohl die Spannung wächst, beeilt sich niemand. Die zwei Protagonisten, umgeben von Verwandten und Freunden, sitzen auf gegenüberliegenden Seiten der Halle und beachten einander nicht; man schält die Betelfrüchte, schiebt sie in den Mund und kaut. Erst nach einer weiteren Viertelstunde steht der Ankläger auf, macht einige Schritte, bis er sich in der Mitte des Männerhauses befindet, wo ein reich geschnitzter Ahnenstuhl neben dem Zentralpfosten steht. Er nimmt das Bündel Blätter, die auf der Stuhlfläche liegen, und beginnt eines nach dem anderen wieder zurück zu legen – gleichzeitig rezitiert er die Namenliste des wichtigsten Ahnen von seinem Klan. Der Namenstreit hat angefangen. Wer nun weiter sprechen will, muß sich in die Mitte begeben, das Blätterbündel aufheben und in gleicher zeremoniellen Weise antworten; er muß nun mit der machtvollen Anwesenheit des Ahnen rechnen. Unter den Namen, die der Ankläger aufgesagt hat, befindet sich auch der strittige Name. Das ist bereits das erste Argument, als ob er zu Kandem gesagt hätte: siehst du, der Name, den du deinem Neffen gegeben hast, gehört in die Liste meines Ahnen. Die Diskussion wird bis zum Abend dauern, der Ankläger wird noch viele weitere Argumente heranziehen, weitere bedeutende Mythologen werden sich einmischen, um diese oder jene Partei zu unterstützen, Kandem wird seine Namenlisten aufsagen, seine Gegenargumente unterbreiten; vorläufig aber rührt er sich nicht von seinem Platz. Er beherrscht seine Nerven gut. Es gelang ihm durch seine Untätigkeit, den Ankläger nochmals zum Stuhl zu locken, bevor er sich majestätisch erhob und seinerseits den Dialog aufnahm.

Nachdem ich meine Tonbandaufnahme transkribiert und in wochenlanger Arbeit übersetzt hatte, stellte ich fest, daß mir der Namenstreit größtenteils unverständlich blieb. Das rivalisierende Spiel der Mythologen setzt sich nämlich aus höchst fragmentarischen Anspielungen zusammen, die eine Partei der anderen zur Deutung vorwirft, worauf die Gegenpartei wieder mit einer absichtlich dunklen Anspielung antwortet. Kein mythisches Motiv wird voll entfaltet, kein Zusammenhang verständlich dargelegt. Die Eingeweihten können sich gegenseitig zeigen, daß sie eine bestimmte mythische Geschichte kennen, auch wenn keine Seite sie vollständig erzählt. Man prüft sich gegenseitig und stellt seine Kenntnisse unter Beweis, ohne den Uneingeweihten zu verraten, worum es eigentlich geht. Dies ist die charakteristische Art von *pabu:* in dem aufregenden Gespräch, das von den Hauptakteuren höchste Aufmerksamkeit verlangte, ging es nicht darum, neue Mythen zu erfahren. Ohne die heiklen und geheimnisvollen mythischen Themen auszusprechen, versuchte jedermann, das Niveau seiner Kenntnisse zu veröffentlichen und seine Position in der Versammlung zu festigen. An jenem Tag wurde die Streitfrage nicht gelöst, sondern ein neuer Termin für die nächste Versammlung festgesetzt. Das Streitgespräch im Männerhaus hat für die Iatmul-Männer eine suggestive Anziehungskraft. Einerseits ist es ein ernstes und risikoreiches Unterfangen, auf der anderen Seite aber ein bewegliches Spektakel. Momente gespannter Aufmerksamkeit lassen alle Geräusche zurücktreten, nur die Rednerblätter knistern in der Stille zwischen zwei bohrenden Fragen – Momente ausgelassener Heiterkeit entstehen plötzlich, das Lachen flackert in Grüppchen, bis es die ganze Halle des Männerhauses erfüllt. Die Redner bewegen sich im Raum, eine Partei bedient sich plötzlich theatralischer Ausdrucksmittel, inszeniert irgendeinen mythischen Zusammenhang, der nun von der Gegnerpartei zu deuten ist: ein Mann verwandelt sich in einen Vogel, stößt dessen typische Schreie aus, ahmt seine Laufart nach, stolziert die Halle auf und ab; die Bambusflöten ertönen unerwartet vom Dachboden des Männerhauses – eine Ahnfrau ist präsent; Invokationen verlauten, rituelle Begrüßungen und Namenlisten.

Einerseits bringt das Streitgespräch immer schwere Auseinandersetzungen mit sich, Beziehungen werden mit Mühe geklärt, Aggressionen und Ressentiments veröffentlicht, Lösungen angebahnt; andererseits ist es Amüsement und eine intellektuelle Leidenschaft. Masoabwan, einer der glänzendsten Redner und Meister des Streitgesprächs, sagte mir, was sein Vater Tangwanawi zu sagen pflegte: »Ob unsere Verstorbenen, unsere Ahnen, weiterhin eine menschliche Existenzform behalten haben, wissen wir nicht. Wenn es aber der Fall ist, dann werden sie auch in jenen Orten, wo sie sich nun aufhalten, Streitgespräche veranstalten. Nach meinem Tod werde ich an ihren Streitgesprächen teilnehmen und keinen Gedanken an die Rückkehr ins Leben verschwenden. Wenn sie sich aber in Staub verwandelt haben, werde ich nicht an ihren Orten bleiben. Ich werde lieber zurückkehren, um an den Streitgesprächen der Lebenden teilzunehmen.«
Die ganze Art des Männerhauses und die entsprechenden Taktiken waren mir noch unbekannt, als ich Masoabwan das erste Mal traf. Wir saßen zu dritt auf der Veranda, Florence, er und ich, tranken Tee, und tauschten höfliche Vorstellungen aus. Doch das Gespräch verwandelte sich bald in eine leidenschaftliche Auseinandersetzung. Scheinbar zurückhaltend und vorsichtig saß er mir gegenüber am niedrigen Tisch und trocknete Tabakblätter über eine Petroleum-Lampe. Es war wie die letzte Minute vor dem Sturm: im nächsten Moment fand sich schon ein Thema, an dem wir uns beide messen konnten, beide zufrieden, einen Partner zu haben, der sich nicht ziert. Wir besuchten uns immer wieder, und kein Thema war uns zu unwichtig, um es nicht von allen Seiten her zu betrachten: die Kopfjagd, die großen untergegangenen Rituale, seine Dienstjahre bei der katholischen Mission, oder meine Auffassungen über die Ursachen der technischen Überlegenheit der Weißen.
Bereits an jenem ersten Abend merkte ich, daß er in den Fragen des Verwandtschaftssystems bewandert ist, und

daß er sich auch in der Mythologie anderer Klans, nicht nur seines eigenen, auskennt. Ich führte sogleich meine akademischen Autoritäten ins Gefecht, die Literaturexzerpte, Spuren ungelöster Probleme, die ich jetzt mit jemandem besprechen konnte, der mir als ein Experte auf die klassifikatorische Verwandtschaftsterminologie oder auf den Totemismus entgegentrat. An einem Punkt unserer Diskussion begann Masoabwan urzeitliche Ereignisse zu schildern. Später habe ich weitere Geschichten über die Entstehung der Menschen und der Erde von anderen Männern und auch von ihm selbst gehört, weil ich das Thema verfolgte. An jenem ersten Abend ging es aber nicht einfach um bestimmte mythische Themen. Ohne daß ich es damals gewußt hätte, ergab sich ein Gespräch in der Art von *pabu*, das einer gegenseitigen Prüfung diente. All die mythischen Anspielungen, aus denen der Urzeitbericht zusammengesetzt war, all seine Motive, zielten auf etwas hin, was uns beide direkt anging.

Masoabwan: »Ursprünglich hat es keinen Erdboden gegeben. Mein Vater hat es so beschrieben. Es gab keine Erde, überall war nur Gewässer. Dieses Wasser war aber nicht weit und breit. Es war kein richtiger See, eher war es eine Art Lache. Nun, in diesem Wasser rührt sich etwas. Es ist kein Ding, das sich dort bewegt, es ist nur eine kleine Welle, als ob sie von einem Windhauch verursacht wäre. Es ist nur eine kleine Bewegung im Wasser. Die langsam kreisende Bewegung wird immer stärker, es entsteht bereits Schaum auf der Wasserfläche. Es ist ein Leben in dem Wasser. Aus dieser Bewegung und aus dem Schaum entstand der erste Mensch. Er steht aufrecht und unter seinen Füßen sammelt sich der künftige Grund. Er ist das einzige Wesen überhaupt.

Es gab noch kein Licht, keine Sonne, keinen Mond, keine Sterne, nichts; und immer noch keinen richtigen Grund. Auch der Mensch war noch kein richtiger Mensch, er war viel kleiner und seine schnabelartige Nase reichte bis zu seiner Geschlechtsgegend. Er spazierte hin und her, nicht weit, ein paar Schritte – eh, wie bis zu der Hauswand dort! Dann wandte er sich um, spazierte zurück, wandte sich wieder, und so weiter und so fort immer auf derselben Linie hin und her, bis unter seinen Füßen ein erstes keimhaftes Erdreich entstand. Er spazierte lange auf seiner Bahn hin und her, unter seinen Schritten senkt sich der neue Boden immer etwas tiefer, rechts und links seiner Bahn erhebt sich der Boden ein wenig.«

Es fällt mir ein: so ist doch der Zeremonialplatz angelegt! Ebenso wie in dieser Mythe ist seine längliche Bahn links und rechts von Erdaufschichtungen gesäumt, auf denen Palmen und andere Nutzpflanzen wachsen, die sonst die jährliche Überschwemmung nicht überstehen könnten. Wenn die Tänzerformation aus dem Männerhaus herauskommt, bewegt sie sich hin und her auf dieser Bahn zwischen den zwei Hügelreihen. Masoabwan scheint zu warten, ich sage aber nichts; ich denke mir, der Ethnograph soll doch seinen Informanten ungestört erzählen lassen. Ohne es zu wissen, benehme ich mich aber wie ein *pabu*-Redner – ich reagiere auf die Anspielung des Partners nicht. Masoabwan untersucht mein Schweigen eine Weile und fährt mit einem neuen mythischen Motiv fort.

»Das erste Wesen hält inne, es denkt. Allein durch die Kraft seines Gedankens beginnt eine neue Bewegung im Wasser, eine kreisende Bewegung, die immer kräftiger wird, bis sich Schaum entwickelt. Kennst du das? Hast du schon gesehen, wenn starker Wind kommt, was für Wasserbewegungen und was für Blasen im Schaum entstehen? Die kreisende Bewegung setzt sich fort, es ist wieder ein Mensch in der Blase. Durch den Gedanken des ersten entsteht ein weiterer Mensch. Die Blase platzt und ein Mensch springt hervor – das ist der ältere Bruder. Nach ihm ein weiterer Mensch – das ist der jüngere Bruder. Schließlich noch eine Frau. Das war die erste Schöpfung. Nach dem ersten, dem kleinen, sind drei weitere entstanden! Diese Menschen wurden nicht von einer Mutter geboren, nein. Man hat sie auch nicht aus Erde gemacht, wie es uns die Missionare erzählen, der Vater Gott habe sie aus Erde gemacht. Nein, sie entsprangen dem Schaum auf dem Wasser, sie kamen aus Blasen hervor, zwei Brüder und eine Schwester.

Nun der erste, der Urvater selbst, betrachtet sie und sagt: ›Ah, eure Welt ist noch nicht in Ordnung!‹ Darauf legt er sich auf seinen Bauch und beginnt sich in eine Schlange zu verwandeln. Seine Glieder schmelzen mit dem Körper zusammen, sein Kopf wird zum Schlangenkopf, seine Beine zum Schwanz, so liegt er auf seinem Bauch, nun schon fertige Schlange. Da spuckt er plötzlich aus: bah! und das kleine keimhafte Erdreich beginnt sich zu erweitern, während er selbst seinen Schlangenkörper rückwärts schiebt. Noch einmal: bah! – das Erdreich erweitert sich, die Schlange schiebt sich rückwärts. Bah! spuckt er nochmals und die Erde wird immer größer. So macht er immer wieder.« Masoabwan unterbrach seine Erzählung für einen Moment. Bis jetzt flüsterte er fast, wie man es macht, wenn man etwas Bedenkliches mitteilt. Ab und zu schickte er Blicke in die nächtliche Dunkelheit, lauschte den Geräuschen nach, ob sie nicht die Ankunft eines Menschen ankündeten. Es ging ihm nicht so sehr um die Verheimlichung eines mythischen Inhalts – seine Erzählung war sorgfältig zensuriert und alles, was er von der Entstehungsgeschichte zurückhalten wollte, mied er geschickt, ohne daß der Eindruck der Lückenhaftigkeit erweckt wurde. Mehr als irgendein mythisches Geheimnis wollte er verbergen, daß er mit uns überhaupt solche vertrauliche Unterhaltungen führt. Wenn uns jemand zugeschaut hätte, wäre er sicher verwundert gewesen, daß Masoabwan uns, ganz fremden Menschen, die er das erste Mal besuchte, offenkundig irgendwelche bedeutenden Worte zuflüstert. Unser Gast brach eine Betelfrucht entzwei und begann zu kauen; er entspannte sich und sprach nun lauter.

»Schaut, ich kaue Betel, und mein Speichel ist rot, wenn ich spucke. Ihr zwei pflegt nicht Betel zu kauen, so ist eure

Spucke schön weiß. Im Inneren der Erde findet man weiße Erde; im Innern des Steines ist seine Masse weiß! Seine Außenfläche wurde vom Regen begossen und von der Sonne erhitzt, sie ist schwarz!« Er schaute mich an, als ob er eine Antwort erwarten würde, und ich wiederholte fasziniert seine Worte, die, glaube ich, bedeuten sollten, daß ich und er verschieden sind. Er fuhr fort.

»Mein Vater sagte mir, daß dieses erste Wesen, diese Schlange, zur Erde wurde. Er selbst ist der Boden, sein Name ist Kinsin.«

Ich: »Er hat den Boden hervorgebracht?«

Masoabwan: »Ja. Er hat den Boden hervorgebracht. Er ist der Boden, auf dem wir treten. Sein Gesicht verschwand in der Tiefe und auf seinem Rücken bauen wir unsere Häuser, wir pissen und scheißen auf ihn. Er bewegt sich nicht, er ist Erde, er ist endgültig in die Erde verwandelt. Dennoch ist er nicht einfach Erde – er ist ein Mensch! Er ist ein Mensch, der die Gestalt einer Schlange angenommen hat, mit einem langen Gesicht und mit einem mächtigen Haarwuchs am Unterkiefer.«

Ich: »Mit einem langen Gesicht? Wie eure Holzskulpturen?«

Masoabwan: »Ja. Wie die Holzskulpturen – Der Vater sagte zu mir: ›Schau mich an! Nur meine Augen sind ohne Behaarung glatt wie ein Ei. In den Nüstern haben wir Haare, in den Ohren auch, das Arschloch ist behaart, Penis, Hoden, überall gibt es Haare, an den Armen und Beinen, an der Brust, am Rücken! Siehst du, kein Flecken kann ohne Behaarung bleiben. Immer sprießen die Haare, unaufhörlich, sie müssen seinen Körper bedecken!‹ So sagte es mir mein Vater.« Masoabwan lacht, offen und intensiv. »Im Innern unseres Körpers gibt es keine Haare, drinnen in der Vulva, in ihrem Inneren, gibt es keine Haare. Draußen schon, draußen ist jeder Körperteil behaart. Der Erdboden ist ein Mensch! Ein Mensch! Er bleibt bewegungslos, bis er sich dann auf einmal durch seinen eigenen Gedanken in Bewegung setzt. Es gibt dann einen unheimlichen Laut und eine ungeheuere Bewegung, man sagt, es ist das Erdbeben, der Erdboden erschüttert.« Der Erzähler hält wieder für eine Weile an. Dann fährt er fort, mit einer etwas rohen Stimme.

»Du, ein Europäer, du hast weiße Haut! Ich, ein Neuguinenser, ich bin schwarz! Du bist der jüngere, der kleinere Bruder, so sagte mein Vater. Ich bin der ältere, der größere Bruder. Wir Neuguinenser stammen vom älteren Bruder her. Die Schwester, von der ich vorhin sprach, stieß zu dir, zum jüngeren Bruder, und ich, der ältere Bruder, blieb alleine und ohne Beistand.« Die Zeit fließt. »So, so. Dies, dies hat mir mein Vater gesagt. Und glaube nicht, daß es sich hier um Vorstellungen handelt, die von Europäern kommen! Nein, glaube das nicht! Was ich dir erzähle, erfuhr ich von meinem Vater selbst. Wir zwei Brüder lebten zuerst in Eintracht, bis sich der ältere Bruder an der Schwester vergriffen hat – er beschlief sie. In dem Moment flogen die Speere ... Nach dem Ausgang des Kampfes entfernte sich der jüngere Bruder und die Schwester verschwand mit ihm. Der jüngere Bruder, der mit seiner Schwester wegging, verfügt nun über allerhand wirksame Dinge; dem älteren Bruder, der sich an der Schwester vergriff und der heute in Neuguinea ist, blieb nichts als Mühe. Wenn der ältere Bruder sich ein Haus baut, wenn er ein großes Kanu baut, oder eine andere größere Arbeit unternimmt, muß er seine Verwandten und Nachbarn zu Hilfe rufen, und für die Helfer muß er Schweine schlachten, Hühner schlachten, ein großes Essen vorbereiten. Am Tage, wenn seine Arbeit gemacht werden soll, wird ein ganzer Dorfteil oder sogar das ganze Dorf zusammenkommen, um ihm zu helfen. Der jüngere Bruder braucht sich keine solche Gedanken zu machen, braucht nicht weitere Männer zu rufen, wenn er seine Arbeit bewältigen will. Er selbst kann alles, er braucht sich nur etwas zu wünschen und schon ist es erfüllt. Er kann alles selbst bewerkstelligen, nur aus seinem Gedanken heraus. So hat es mir mein Vater erzählt.«

Ich: »Das ist unmöglich. Um etwas hervorzubringen, müssen wir alle arbeiten. Du arbeitest, ich arbeite. Nur so kann etwas entstehen.«
Masoabwan: »Gut. Gut. Das ist deine Regel. Eine Regel des weißen Mannes. Ich erzähle dir von anderen Zeiten ... Es ist eine Geschichte, die ich von meinem Vater erfahren habe. So hat er es mir erzählt.« Wieder ein intensives, kurzes Lachen. »Mein Vater hat gesagt: Verschiedene zarte und kraftlose Speisen werden dem jüngeren Bruder zugeordnet. Verschiedene Arten der kraftvollen und groben Speisen dagegen dem älteren Bruder. Mit der Arbeit ist es entsprechend, der ältere Bruder hat schwere Arbeiten auszurichten, der jüngere dagegen keine. Alles, was er braucht, liegt bei der Hand. Der ältere Bruder muß manches Ding im entfernten Wald holen, mit Mühe schleift er die Stämme zum Wasser, bindet sie zum Floß zusammen, dann paddelt er und stakt, bis er sie im Dorf hat. Dann, wenn es endlich an die eigentliche Arbeit geht, muß er das halbe Dorf zusammentrommeln, damit sie aufgerichtet werden und er sein Haus bauen kann. Es ist so; stell dir eine Feuerschale vor oder einfach einen großen Tontopf, der in zwei Teile zerbricht. Nun, den oberen Teil, der kaum mehr brauchbar ist, bekommt der ältere Bruder; den unteren Teil, der noch einen Boden hat, bekommt der jüngere Bruder; so sind die Lose aufgeteilt! Kraftvolles, festes Essen bekommt der ältere, dünnes, wässriges Essen der jüngere Bruder. Wir haben einen und denselben Vorfahren, derselbe Vater hat uns hervorgebracht, und doch haben wir verschiedene Lose: alle guten Dinge sind bei dem jüngeren, alle schlechten bei dem älteren Bruder. So wurde es aufgeteilt und so sind wir jetzt. So habe ich meinen Vater erzählen hören.«

Warum verwickelt er mich in seine mythische Geschichte? Was soll das heißen, daß meine Spucke weiß ist wie der Schaum, aus dem die ersten Menschen entstanden sind? Warum waren es zwei Männer und eine Frau ebenso wie wir drei damals auf der Veranda unseres Hauses in Palimbei? Und warum hat das sterbende Urwesen, das sich in den Erdboden verwandelt, einen mächtigen Bartwuchs? Ich fasse mich an meinem Ethnologen-Bart und stelle mir beunruhigt vor, wie sein Gesicht sich nach unten wendet und wie man auf seinen Rücken pißt und scheißt. Ah, was für Einbildungen! Er erzählt doch eine neuguinensische Geschichte von der neuguinensischen Urzeit; was habe ich damit zu tun? Bevor ich diese Idee zu Ende denken kann, kommt er schon wieder direkt auf mich zu: »Du, ein Europäer, du hast weiße Haut!« Wir zwei sollen Brüder sein und er, der ungeschlachte und triebhafte, habe unsere gemeinsame Schwester beschlafen. Das ist der Grund unseres Streites.

Die weiße Farbe ist bei den Iatmul mit dem Tod und mit dem Totenland verbunden. Das schneeweiße Gefieder der zahlreichen Reiher, die in den Sümpfen der Sepik-Landschaft hausen, ist ein wichtiger Bestandteil der großen Schmuckkostüme, in denen sich die Iatmul in Ahnengestalten verwandeln; das weiße Kalkpulver, das man zum Betelkauen braucht, wird während bestimmter ritueller Handlungen in Wolken über den Neffen schwesterlicherseits verschüttet, der in diesem Moment den Ahnen repräsentiert; mit weißer Erdfarbe bemalen die Iatmul ihre Gesichter und die Gesichter ihrer Toten. Die jungen Männer, die jäh aus der Welt ihrer Kindheit und ihrer Mütter, aus ihrer gewohnten Umgebung überhaupt, herausgerissen werden, um während des großen Initiationsrituals grausamen Prozeduren unterworfen zu werden, sind weiß, d. h. auf dem ganzen Körper mit weißer Farbe bestrichen; in dieser Zeit des Rituals nähern sie sich dem Bereich der Toten, sie befinden sich in den Händen von Ahnen und sie sind die Ahnen. Mit dem Blutverlust und in der Todesstarre erbleichen auch die schwarzhäutigen Menschen und auch ihre Kinder kommen mit einer helleren Haut auf die Welt.

Der jüngere Bruder in der Geschichte Masoabwans ist weiß, weil er ermordet wurde. Nachdem er entdeckte, was der ältere mit seiner Schwester treibt, gab es Streit. »In dem Moment flogen die Speere ...« An jenem ersten Abend der vorsichtigen Berührungen und vielversprechenden Verführungen hatte es Masoabwan nicht ausgesprochen, daß der Schwarze den Weißen tötete; aus diesem Grund aber »entfernte sich der jüngere Bruder« und mit ihm auch die weibliche Zauberin, die Schwester, aus der Sicht der Späteren die Urmutter, die ihn nun mit ungewöhnlichen Kräften ausstattet. Wenn die Geschichte über ihn sagt, er kann alles selbst bewerkstelligen, nur aus seinem Gedanken heraus, werden damit die Verhältnisse im Totenland, gleichzeitig die Urzeitverhältnisse beschrieben.

Als die Schiffe der ersten europäischen Forscher um die Jahrhundertwende von der Mündung, vom Osten her, den Sepik-Fluß hinaufgefahren sind, als Feuerwaffen, Metalläxte und -Messer, später Autos und Flugzeuge bekannt wurden, von jener Zeit an bis heute verdächtigt man die Weißen, daß sie aus dem östlich gedachten Totenland kommen, daß sie die zurückkehrenden Ahnen der schwarzen Sepik-Bewohner sind, die nun in die Realität hineinfallen so wie die Totengeister der nahen Verstorbenen in die Erinnerung und in die Träume. Gleichzeitig wahren die Iatmul ihre Distanz und ziehen diese Interpretation in Zweifel: es ist doch alles nur Menschenwerk, diese Technik der Weißen, so wie unsere Stein- und Holzwerkzeuge – nur eben weiter entwickelt. Warum aber konnten diese Weißen ihre Ausrüstung so weit entwickeln? Warum denn? Gescheiter, stärker oder geschickter sind sie nicht; ja, ja, sie können schon stur und unnachgiebig sein, einzeln genommen sind sie aber eher schwach und töricht. Der generelle Ausdruck, mit dem die Iatmul die weißen Eindringlinge titulieren, heißt *kabre nemba*, auf Deutsch: schlechte Menschen. Sie beobachten die gealterten Touristen, die aus der Luxus-Yacht aussteigen, wo

sie in einem Monat ein durchschnittliches Jahreseinkommen verprassen, und sagen: Wie schwache Beine sie haben! Schaut! Sie haben kaum einen Kontakt mit dem Erdboden. Sind es vielleicht doch die zurückkehrenden Totengeister? Stammt ihre unheimliche Macht doch von der Urmutter selbst? Wer kann das schon wissen – die Weißen hüten ihre mythischen Geheimnisse gut, sie schließen keine Freundschaften mit den Schwarzen, sie werden nicht vertraulich. Oh, wie dumm sind wir Sepik-Bewohner, wir plaudern alles aus.
Ihre alte Mythe über den Bruderzwist und den Inzest verwenden die Iatmul wie ein geistiges Instrument, um ihrer zwiespältigen Einstellung zu der kolonialen Macht, zur Unterdrückung, zur Erziehung, zur geregelten Arbeit und zum Warenreichtum eine Form zu geben, um eine selbständige Haltung zu finden. An jenem ersten Abend unserer Bekanntschaft eröffnete Masoabwan nicht so sehr ein theologisches Gespräch über die Urzeit als eine direkte Auseinandersetzung über das heikle Thema des gesellschaftlichen Widerspruchs. Seine Haltung verrät weniger ein Minderwertigkeitsgefühl, als einen Stolz auf seine eigene grobe und kraftvolle Natur, auf die Arbeit seiner eigenen Hände, auf sein eigenes Los.

Mythische Erinnerung I: Der Urort Palimbei

Das transvestitische Ritual und die beeindruckende Schnitzkunst – das waren die leitenden Vorstellungen, die wir über die Iatmul-Kultur hatten, als wir uns 1972 in Palimbei niederließen. Nachdem die deutschen Expeditionen am Anfang des Jahrhunderts ihre ethnographische Ausbeute zu Hause präsentiert hatten, gerieten auch die Produkte der Iatmul in den Wirrwarr des Marktes. Auf den Rummelplätzen Europas, in Paris und London, brachten die Künstler und Händler einen neuen Begriff der primitiven Kunst hervor. Was vorher als Dokumente einer minderwertigen Urzeit betrachtet wurde, erschien nun als eine prestigegeladene Ware. Die Wächter auf den wissenschaftlichen Burgen, die das freche und freie Treiben verstimmt zur Kenntnis nahmen, beeilten sich sogleich, das Museumsobjekt aus dem Guckkasten der Surrealisten zu retten; es sollte nicht unseren Phantasien gehorchen, sondern ein wahres Zeugnis über die fremde Realität abgeben. Diese Masken mit heraushängender Zunge, Gesichter mit großen Augen!

Die neue Generation der Ethnologen, durch die Stummheit der materiellen Objekte frustriert, beschloß, mit ihren Produzenten zu reden. Nach dem Vorbild von Bronislaw Malinowski verzichteten sie auf viel Reisen und ließen sich während einer längeren Zeit in einem eng begrenzten Gebiet nieder. Der junge Engländer Gregory Bateson suchte die Iatmul im Jahre 1932, unmittelbar nach ihrer polizeilichen Unterwerfung, auf, lernte ihre Sprache und verbrachte in ihren Dörfern rund zwei Jahre. Bis zu dem Forschungsunternehmen des Basler Ethnologischen Seminars 1972–74, zu dem auch wir gehörten, blieb er der einzige Fremde, der sich in die Kultur der Iatmul vertiefte. Sein lebhaftes und scharfsinniges Buch befaßt sich mit dem transvestitischen Ritual *naven*. Die Männer, die sehnigen und struppigen Kämpfer und Kopfjäger, legen weibliche Röcke an, begeben sich in die Öffentlichkeit des Dorfes und behaupten, sie hätten eine Vagina. In ihren Pantomimen ahmen sie die Tätigkeiten der Frauen nach, einschließlich der Geburtswehen, gegen das Ende des rituellen Auftrittes stellen sie sich nackt hin. Die Schlußgeste gehört sicher zu den eigenartigsten Einfällen der schöpferischen Phantasie: der *lawa*, der mit Betroffenheit das Spiel seines *wau*, seines Mutterbruders, verfolgte, spannt nun sein rechtes Bein, schiebt es ein wenig vor, worauf der *wau* die Spalte seines Hintern auf den Oberschenkel seines Schwestersohns drückt und dem ganzen Bein entlang über das Knie, das Schienbein bis zum Fußrücken reibt. Dann bekommt er von seinen Schwägern, vom Ehemann seiner Schwester und dessen Brüdern, zeremonielle Geschenke; das *naven*-Ritual ist beendet. Zwischen Verwunderung und einem relativistischen, rationalistischen Gleichmut schwankend versuchte Bateson dem iatmulischen Wunderland einen Sinn zu geben.

»Wäre es möglich, das Ganze einer Kultur darzustellen, jeden einzelnen Aspekt genau so zu gewichten, wie es auch in dieser Kultur selbst getan wird, so würde kein einziges Detail dem Leser bizarr oder merkwürdig oder willkürlich erscheinen; viel eher würden sie ihm ebenso natürlich und vernünftig vorkommen wie den Eingeborenen, die ihr ganzes Leben in dieser Kultur verbracht haben.«

Wie waren meine ersten Tage in Palimbei? Wie war denn diese Realität, auf die mich das Basler Völkerkundemuseum und die Batesonschen Ritualanalysen vorbereitet hatten? Was bedeuteten die Abertausende von Katalognummern in geräumigen Lagerhäusern, wohin führte die epistemologische Spekulation? Welche Bemessung des Erlebnisses ist möglich, welche Zeichen kamen mir entgegen auf dem Wege vom Sepik-Ufer nach Palimbei?

Wir haben uns eingerichtet. Unsere Sachen haben wir aus den Aluminiumkoffern ausgepackt, den hinteren Teil des Hauses zum Schlafzimmer bestimmt, Moskitonetz gespannt. Der vordere Teil, die Veranda des Hauses, ist Küche und Aufenthaltsraum geworden. Schäfte aus Latten errichtet, Petroleumkocher aufgestellt. Unser Haus ist von ähnlicher Konstruktion wie alle Häuser im Dorf, auf hohen Pfählen, so daß eine Treppe vom Erdboden zur Veranda hinaufführt, und mit einem Palmblattdach, das unter den schweren Regengüssen ein Rauschen von sich gibt. Wir sind mit unseren Gebrauchsgegenständen beschäftigt, die alle ihren Platz finden müssen, ebenso wie die Routinen des täglichen Lebens. Das ermöglicht uns, keine Besuche zu machen. Die einhundertfünfzig erwachsenen Dorfbewohner und die gleiche Anzahl Kinder und Jugendlichen haben es auch nicht eilig, Kontakte zu knüpfen. Nach der großen Anstrengung am Tage unserer Ankunft, als man unsere zahlreichen Gepäcke ins Dorf getragen hat, gibt es nun Ruhe; nach den leidenschaftlich bewegten Phantasien, nach den Witzen und nach dem Lachen, nach den scharfen Schreien in der arbeitenden Gruppe, nach dem Geschnatter der Kinder, die den Trägerzug begleitet haben, gibt es nun Ruhe; ein Morgen nach einer traumlosen Nacht.

Die Dorfbewohner gehen ihren eigenen Beschäftigungen nach. Die zwei Weißen, die ins Dorf gekommen sind, es ist wahr, sind zwei kostbare und interessante Wesen; sie bleiben aber lange hier. Es wird viele Tage und viele Monate geben, in denen man sie angehen kann. Seit Bateson, der vor vierzig Jahren eine Zeitlang in Palimbei lebte und den die meisten Dorfbewohner von heute nur aus Erzählungen kennen, hat kein Weißer einen Grund gehabt, sich hier niederzulassen. Wenn sich die Weißen niederlassen, bauen sie ihre eigenen Siedlungen, Missionsstationen, Regierungsstationen, Plantagen und Städte. In die Dörfer der Einheimischen kommen sie immer nur für wenige Stunden, um zum Beispiel die jährliche Zählung der Einwohner durchzuführen, um jemanden zu verhaften oder die Messe abzuhalten. Dann ziehen sie weiter, bleiben höchstens eine Nacht über, wo sie die Abenddämmerung erreicht.

Eine abrupte Wendung: erst durch die Flughäfen der asiatischen Großstädte geschleust; jetzt jedoch ein feuchtes Dorfidyll, die Hühnerstimmen, die Hunde und Katzen,

Männer, die mit Holz arbeiten, Frauen, die fischen gehen. Was wird wohl geschehen? Kommt jemand? Wohin sollen wir uns wenden? Zu welchem Haus hin, von den achtzig Bauten von Palimbei? In eines der Männerhäuser etwa, das wir unweit unseres Hauses sehen und von dem eine durchsichtige, bläuliche Rauchwolke steigt, obwohl sich dort offensichtlich niemand aufhält? Nein, wir wenden uns lieber dem Auspacken und dem Ordnen zu. Die steigende Vormittagssonne, die stehende Luft; wir kochen Tee. In diesem Moment haben wir den ersten Besuch bekommen.

Sukundingei ist der jüngste Bruder von Masoabwan und Nagwan. Zur Zeit unserer Ankunft waren seine älteren Brüder nicht im Dorf, sonst hätten sie selbst den ersten Besuch abgestattet. Suku, mit seinem europäischen, christlichen Namen John, näherte sich über die Wiese unserem Haus. Er hatte ein helles Hemd an, eine Hose aus dickem, widerstandsfähigem Stoff, wie sie Bauarbeiter tragen, und hohe Schuhe, schwarz und hart, mit langen Schnürsenkeln, die durch eine lange Reihe von Löchern gezogen werden; ein Paar von unzerstörbaren Arbeitsschuhen. Suku lebte in Madang, einem sauberen Kolonialstädtchen, das über den Anzug und das Benehmen seiner Boys streng wachte. Die Vorschriften und Strafen sorgten dafür, daß niemand mit nacktem Oberkörper ausgeht, und daß die öffentlichen Gebäude barfuß nicht betreten werden. Suku war offensichtlich etwas gespannt, als er die Treppe hinauf zu uns auf die Veranda stieg. Mit Würde und Ernst begrüßte er die Weißen, die sich auf dem Boden seines Klans niederlassen wollten, und erklärte uns, daß er wieder nach Madang reist, da sein Urlaub in wenigen Tagen zu Ende sei. Seine älteren Brüder würden bald ins Dorf zurückkehren und sich unser annehmen. Er schaute uns mißtrauisch an, beobachtete uns mit direkten, herausfordernden Blikken, um uns einzuschätzen. Wir waren bemüht, nett zu sein, erklärten ihm in unserem gebrochenen Pidgin unsere ethnologischen Pläne und boten ihm Tee an.

Es fiel mir schwer, meine Würde und Ernst zu bewahren. Die Gestalt von Suku war lächerlich und gleichzeitig bedrohlich; ein weniger pompöses Auftreten hätte unseren verängstigten Seelen besser getan. Er trampelte auf dem weichen, elastischen Palmholzboden wie ein australischer Soldat. Niemand im Dorf trug Schuhe und auch wir haben sie mit Erleichterung liegen gelassen. Was bedeutet meine Verstimmung? Warum berührt es uns so seltsam, wenn die Menschen in Melanesien uns in den Kostümen unserer eigenen Kultur entgegentreten? Die Szene war gespenstisch, weil alles umgekehrt war. Suku zog sich bald zurück, die Spannung blieb aber bestehen. Wie werden meine Beziehungen zu den Iatmul-Männern sein? Die Sonne stand hoch und eine harte Hitze fiel auf die Erde. Es hat mehrere Wochen gedauert, bis wir uns in diesem heißen und feuchten Klima wohlfühlten.

Am frühen Nachmittag war Suku schwer betrunken. Die kolonialen Gesetze hatten es lange Jahrzehnte verboten, alkoholische Getränke an die Neuguinenser zu verkaufen. Diese Getränke waren ihnen wegen des hohen Preises sowieso unzugänglich und blieben es, auch nachdem in den Sechziger Jahren die Segregationsgesetze aufgehoben wurden. Jedoch in den Läden der Kolonialstädte kann man für einen Spottpreis giftigen Alkohol kaufen, der mit Methanol vermischt und fürs Anheizen der Gaslampen bestimmt ist. Eine größere Dosis führt gleich zum Tode, wiederholt in kleinen Mengen eingenommen erst auf dem Umweg über allgemeinen Zerfall und Blindheit. Er ist von einer durchsichtigen, zarten Lilafarbe, wird trübe, wenn er in den Dörfern der Iatmul mit schlammhaltigem Sepik-Wasser verdünnt wird. Sein unverwechselbarer Geruch und Geschmack scheinen den Körpern der Betrunkenen zu entsteigen; in Neuguinea ist die alkoholische Ekstase violett wie das Neonlicht.

Eine rohe Stimme, die ohne Umschweife die Wut des Mannes herausbringt, ertönte aus der Nähe. Dann aufgescheuchte Stimmen; beschwichtigende Stimmen der Männer; und Beschimpfungen, die ältere Frauen auf den Kopf des Wüterichs schmettern. »Suku will seine Frau töten!« Die schlanke Gestalt einer rennenden jungen Frau erschien plötzlich zwischen den Häusern, Suku hinterher mit einem schweren Holzschemel in der Rechten. »Töten!« Die Frau rennt zu unserem Haus und bleibt unten am Treppenansatz stehen – Suku ist daran, sie einzuholen, bleibt aber in einer gewissen Entfernung stehen, schwankend, mit weit geöffneten Augen und Mund. Er will sie nicht vor unseren Augen angreifen. Ich frage vom oberen Treppenende: »Was ist das? Warum?« Die Frau wendet ihr erbleichtes Gesicht zu mir hinauf und würdigt mich mit keinem Wort. Ich sehe, daß sie die Situation klar einschätzt und handlungsfähig ist, weit davon entfernt, einer Panik oder Ratlosigkeit zu verfallen. Suku macht ein paar Schritte auf sie zu, sie entweicht rasch und geschickt auf die Seite, springt zwischen den Sträuchern unter den Kokospalmen durch und erreicht direkt, ohne den Pfad zu benützen, das Haus von Keman, eines älteren und kräftigen Mannes. Suku folgt ihr langsamen Schrittes auf dem Pfad, er schwankt. Sie verschwinden beide aus unserem Blickwinkel, bald aber hören wir wieder Schreie, Schläge, irgendwo bricht irgendein Holz mit entsetzlichem Krach. Was nährt die Wut Sukundingeis? Hat ihn seine schöne Frau betrogen? Warum hat er sich betrunken? Ist er traurig, weil er bald für längere Zeit wegfahren muß? Das wissen wir nicht. Wir sind ja gerade angekommen, wie könnten wir die Gründe seines Schmerzes kennen? Es ist wieder Ruhe im Dorfteil. Ich sitze und überlege. Ich möchte ausgehen, um mit Suku zu reden. Es ergibt sich sogleich eine Gelegenheit. Von der Veranda kann ich sehen, wie er sich in der Nähe seines Hauses, im Schatten einer Palme, auf den Hocker, sein Mordinstrument, erschöpft gesetzt hat. Meine Neugier ist größer als meine Angst, so nehme ich ein Aufnahmegerät und gehe hin. Er wird sich sicher hüten, meinen Kopf mit seinem schweren Schemel einzuschlagen.

»Was ist mit deiner Frau?« frage ich, er gibt mir aber keine Antwort, schaut mich mit einem tastenden, etwas verschleierten Blick an, er ist noch betrunken.
In der Türöffnung des nahen Hauses erscheint ein junger Mann, fast ein Adoleszenter. »Sie ist O.K.«, sagt er.
»Warum hast du sie verfolgt?« wende ich mich Suku zu. Er antwortet wieder nicht, dann steht er aber auf und beginnt plötzlich mit einer lauten Stimme einen Vortrag zu halten, als ob er zu der versammelten Dorfschaft spräche. Außer mir gibt es jedoch nur einige Hühner auf der Wiese zwischen den Häusern. Die sich neigende Nachmittagssonne gibt ein weicheres Licht. Bereits nach wenigen Sätzen seiner Rede wird Suku nüchtern.
Suku: »Hier, im Dorfteil Kosimbi, haben wir jetzt zwei Weiße. Sie sind gekommen, um unsere Sprache und unsere Lebensweise zu lernen. Ich will jetzt etwas über unser Dorf sagen.
Hier, in diesem Bereich des Sepik-Flusses, hat es zuerst keine Siedlungen gegeben. Bis unsere Vorfahren Palimbei gegründet haben. Palimbei ist hier, in diesem Bereich, das älteste Dorf. Dann hat sich eine Gruppe von uns abgesplittert und Malingei gegründet, eine zweite hat Kanganamun, eine dritte Yensan gegründet. Yensan und Kanganamun wurden zuerst am Sepik-Ufer erbaut, bald aber etwas nach hinten, in den Wald verschoben, wo sie den Angriffen von Ñaura weniger ausgesetzt waren. Zuerst sind die Deutschen, dann die Australier gekommen, die überall Dorfchefs eingesetzt haben. Seither haben wir Dorfchefs. In dieser Zeit wurden Yensan und Kanganamun wieder zum Ufer versetzt, weil die Kopfjagdzüge nun verboten waren. Was war dann? Dann sind die Japaner gekommen und haben die Australier in die Flucht geschlagen. Heute sind die Australier wieder da und wir alle sprechen Pidgin English, es hat sich überall verbreitet. Auch ich, ich spreche Pidgin. Hm, O.K.
Unsere Art ist es, bei jeder Gelegenheit zu wetteifern. Einer sagt etwas, da hat ein anderer sofort eine andere

Meinung – der Wettstreit beginnt! Wer wird sich als der Erfolgreiche zeigen? Kanganamun will Palimbei-Boden ergattern, Yensan will Palimbei-Boden ergattern, das Kräftemessen hört nicht auf! Palimbei ist *angwarepma,* der Urort. Vor langer, langer Zeit, vor mehreren Generationen, hat es nur Palimbei gegeben und wir alle, die jetzt in den Dörfern der Palimbei-Gruppe leben, sind Kinder jener gemeinsamen Vorfahren. Hier ist der Urort! Einige, die hier ausgezogen waren, gingen flußaufwärts und gründeten Yensan. Jetzt wollen sie den Erdboden nutzen, den ihre Vorfahren nutzten; sie beanspruchen den Palimbei-Boden. Am liebsten würden sie das Erdreich mit sich nehmen. Ebenso ist es mit Sotmeri, Kanganamun, alle beanspruchen den Palimbei-Boden; Malingei auch. Alle wollen unseren Boden haben, weil ihre Vorfahren hier gelebt haben, bevor sie ausgezogen sind. Das macht uns Sorgen. Ja, das macht uns einigermaßen Sorgen. Wie können wir sie befriedigen? Wie können wir uns erwehren?
All diese Tochterdörfer werden zunehmend frech. Sie sprachen schon davon, daß sie ihren Sukundemi, ihren Sesewaken, oder ihren Yayambun erwecken, oder wen auch immer sie an gefährlichen Ahnengestalten anrufen können. Sie wollen Krieg mit uns. Der Urort ist aber Palimbei. Die *lagi* und *kameñ,* die sie nach Malingei genommen haben, sind klein; diejenigen, die sie nach Kanganamun genommen haben, sind auch klein; all die *lagi,* die sie hier abgeschnitten haben und in ihre neuen Dörfer getragen haben, bedeuten wenig. *Angwa lagi angwa kameñ Parembeimba regande!* Die Wurzel von *lagi* befindet sich in Palimbei! *Kwasa lagi kwasa kameñ kutta yindi!* Nur das Blätterwerk von *lagi* haben sie mitgenommen!«
Wenn man die Ahnen rituell anspricht, um ihren Beistand zu gewinnen, verwendet man stets Teile bestimmter aromatischer Pflanzen, die *lagi* und *kameñ* genannt werden. Die Gegenüberstellung von Wurzel und Blätterwerk ist nicht wörtlich zu nehmen. Als die Auswanderer ihr neues Dorf gründeten, hatten sie am neuen Ort diese Pflanzen

gesetzt und verfügen heute selbstverständlich sowohl über die Wurzel als auch über die übrigen Teile. Diese Gegenüberstellung ist eine geläufige stehende Wendung der Umgangsprache, die man auf Deutsch am ehesten mit »grundlegend« und »nebensächlich« oder mit »tiefgehend» und »oberflächlich« übersetzen könnte. »Wurzel« ist eine nur ungenaue Übersetzung des Iatmul-Wortes *angwa,* das den unteren, festeren, breiteren Teil beliebiger Pflanzen bezeichnet, d. h., es kann auch Teile bezeichnen, die sich sichtbar über die Erdoberfläche erheben. Der gegenübergestellte Ausdruck *kwasa,* den ich mit Blätterwerk übersetzt habe, bezeichnet die oberen, dünneren, zerbrechlicheren, vom Untersatz abhängigen Teile der Pflanzen, gleich ob es der obere Teil eines Baumstammes mit der ganzen Krone oder der obere Teil eines Grashalmes ist. Neben dieser Polarisierung, die sich auf der vertikalen Achse des Pflanzenwachstums abspielt, geht die zweite einher, wo *angwa* den Mutterteil einer Pflanze im Gegensatz zu späteren Ablegern oder Sprößlingen bezeichnet. Schließlich kann man mit *angwa* eine eng aneinandergedrängte Pflanzengemeinschaft bezeichnen, wie z. B. ein Bambusgestäude, das aus Dutzenden nebeneinander aus dem Boden schießenden Bambusästen besteht. Bei dieser Verwendung verblaßt die Gegenüberstellung zu den oberen gebogenen Spitzen der Bambusäste, und *angwa* kann sich nun auf die Gesamtheit des Gebüsches beziehen. In der Darstellung von Suku steht *lagi* und *kameñ* für die Beziehung zu den Ahnen, für die Fähigkeit, ihren Beistand zu gewinnen und erfolgreich zu werden. Und *angwa lagi* bleibt immer am ursprünglichen Ort, wie der Mutterteil einer Pflanze. Hier in Palimbei liegen die Körper der Vorfahren in der Erde begraben, die Dinge, die sie berührt haben, befinden sich hier, die Hügel, die sie mühevoll aufgeschichtet haben, um Palmen und Bäume darauf zu pflanzen, desgleichen. Die Abwanderer, die späteren Ableger und die jüngeren Sprößlinge verfügen nur über *kwasa lagi,* und der Weg zu *angwa,* zum Wesentlichen und zum Grund, zu Vater und zu Mutter, führt zurück nach Palimbei. Das betonen die Palimbei-Bewohner. Die Bewohner der Tochterdörfer, wenn sie auch das unbestrittene Abstammungsverhältnis anerkennen, lehnen eine solche unbedingte Abhängigkeit ab.

Tepma, in Zusammensetzungen *repma,* bezeichnet die Kokospalme; *angwarepma* ist die Palmenwurzel oder der Palmenstamm. Dieser Ausdruck bezeichnet den Urort, das ursprüngliche Dorf oder auch die ursprüngliche Ahnfrau, von der man abstammt. Die Kokospalmen, die immer zuerst gepflanzt werden, wenn man ein Dorf erbauen will, und deren mächtige Wipfel das Bild eines jeden Dorfes beherrschen, sind eines der wichtigsten Sinnbilder, die für die Dorfgemeinschaft als Ganzes stehen.

Nach der Absplitterung der einzelnen Gruppen vom Mutterdorf Palimbei hat sich für die Besitzverhältnisse eine komplizierte Situation ergeben. Diese Auswanderer eroberten zwar im Verlaufe der Gründung ihrer Dörfer auch neue Gebiete, zum größeren Teil aber blieben sie in den Grenzen des Bereiches, den sie schon vorher, als sie noch im Mutterdorf wohnten, besessen und genutzt haben. Jede Gruppe verschob ihren Wohnsitz in die Richtung, in der sie schon vor der Absplitterung Grund und Boden hatte. Dieser Vorgang bedeutete also eher eine Unterteilung des ursprünglichen Dorfgebietes, weniger seine Erweiterung. Auch wenn noch keine Ressourcenknappheit zustande gekommen war, wurden die Landnutzungskonflikte infolge des absoluten Bevölkerungszuwachses heikler und infolge der räumlichen Zerstreuung der Beteiligten schwieriger zu lösen. Früher mußten sie innerhalb eines Dorfes unter den Nachbarn gelöst werden, die durch ein dichtes Beziehungsgewebe der täglichen Kooperation verbunden waren. Dies hat die Nachbarn gezwungen, eine friedliche und für beide Seiten annehmbare Lösung im Dialog anzubahnen, und gleichzeitig auch die Grundlage geliefert, die eine solche Lösung möglich machte. Später, als sich die Landnutzungskonflikte unter Parteien, die in

verschiedenen Dörfern wohnen, abspielten, veränderte sich der Charakter der Konfliktlösung, bis die bewaffnete Auseinandersetzung eine relativ häufige Form auch unter den Dörfern der Palimbei-Gruppe wurde. Nachdem die Australier jedes selbständige kriegerische Unternehmen der Iatmul unterdrückt hatten, wurden die Landnutzungskonflikte vor Gericht gebracht. Im letzten Jahrzehnt haben die Tochterdörfer von Palimbei vor Gericht mehrmals einen Sieg über das Mutterdorf errungen.
Suku: »Wo werden sie ihre Kraft beziehen? Wie werden sie sich des Beistands ihrer Ahnen versichern? Sollen sie es nur ohne uns versuchen! Wenn sie mit einem anderen Dorf in Konflikt geraten, werden sie in den Kampf ausziehen. Wollen wir sehen, ob sie Erfolg haben werden! Wenn sie dann unverrichteter Dinge zurückkehren, dann werden sie sich des Vaters wieder besinnen! Dann werden sie sich wieder meiner besinnen und zu mir kommen! Ich wache über *angwarepma*, über den Zeremonialstuhl und über alle anderen wichtigen Dinge hier. Ich wache hier in diesem Dorf. Sie werden schon heimkehren und mich, den Vater, ansprechen, um meines Beistands sicher zu sein. Ich, der einzige! Hier bin ich, im ursprünglichen Dorf! Wer auch immer meine Stimme hört, in Kanganamun, in Malingei, soll wissen: Ich, der einzige! Mein Name ist Lebrandi, mein Name ist Mariyandi! Ich bin *angwarepma*, ich wache über den Erdboden! Ich bin der Vater der Erde, der spricht, ich bin Lebrandi, ich bin Mariyandi!«
Der Stuhl ist eines der zentralen mythischen Sinnbilder, dessen bedeutendste Verkörperung der große Zeremonialstuhl in der Mitte des Männerhauses ist. Kleinere Hocker gehören zu der Inneneinrichtung der Wohnhäuser, wo sie den männlichen Bereich markieren. Frauen setzen sich nie auf diese Hocker, sie lassen sich immer direkt auf den Hausboden im Schneidersitz nieder, dabei ordnen sie unauffällig aber mit einer nie nachlassenden Sorge ihre Faserröcke, damit keine Blicke zwischen ihre Schenkel dringen können. Die Hocker, mehr oder weniger reich mit Schnit-

zereien verziert, sind typische Produkte des männlichen Handwerks, in den Stunden der Muße hergestellt, die Arbeit beim Plaudern im Männerhaus ohne Eile allmählich zum Abschluß geführt – sie sind Fetische des Alltags, Symbole der Männlichkeit. In der Mitte des Männerhauses, dicht an den Zentralpfosten gestellt, befindet sich der Zeremonialstuhl. Er hat die gleiche Gestalt wie die gewöhnlichen Hocker, ist nur viel größer, gegen einen Meter hoch. Auf seiner Seite befindet sich eine anthropomorphe Figur, die aus dem gleichen Stück Holz geschnitzt ist und über die Stuhlfläche hinausragt. Die Figur sitzt nicht auf dem Stuhl. Sie verschmilzt zum Teil mit ihm, indem ihre Beine mit zwei Beinen des Stuhles identisch sind. Eher sieht es so aus, als ob die Figur neben dem Stuhl stehen würde, wenn man ihn frontal anschaut. Von der Seite sieht man wiederum deutlicher, daß der Stuhl einen Teil des Körpers dieser Figur ausmacht. Der zentrale Pfosten des Männerhauses, der den schweren, langen Firstbalken in der Mitte stützt, und der Zeremonialstuhl auf seiner Seite bilden eine mythische Einheit. Sie sind Bilder des wichtigsten männlichen Urahnen der gegebenen Männerhausgemeinschaft, des Gründers des Männerhauses, und tragen seine Namen.
Suku: »Ich lebe hier in Palimbei. Ich bin ein Enkel von Mariyandi, der wieder von Lebrandi gezeugt wurde! Tangwanawi ist mein Vater. Ich, Sukundingei, erhebe meine Stimme! Nichts gibt es, weder den Vater noch die Mutter! Es gibt keine Menschen noch, es gibt keine Pflanzen, keine Tiere, keine Dinge überhaupt – nur ich! Ich, der einzige! Sonst gibt es kein Wesen, überhaupt nichts. Es gibt keine Erde, keinen Vater der Erde, nur ich! Wer bin ich? Ich bin der Vater Kinsin! Vater, Kinsin, Urschlange!«
Suku setzte sich mit seinem Urahnen gleich. Über die Ahnen sprechen die Iatmul nie als über etwas Vergangenes, Abgelebtes. »Ich bin der Ahne!« ist die geläufige Wendung, die überall dort erscheinen kann, wo wir eine Anrede oder Rede in der dritten Person erwarten würden.

»Ich bin der lebendige Ahne, ich spreche, ich betätige den Vorgang der Welt!« Zuerst setzte sich Suku mit seinen konkreten Vorvätern gleich, zum Schluß direkt mit dem Urwesen selbst. An dieser Stelle machte er eine Geste: er stellte sich mit etwas gespreizten Beinen auf, so daß seine Füße, die längst der Schuhe ledig waren, ihm einen festen Stand verliehen, und stampfte ein oder zwei Mal mit einem Fuß auf den Boden. Er schob ihn dabei vorwärts und drückte mit dem Körpergewicht nach, als ob er das maßlose Erdreich unter seinen Füßen mit seiner Kraft bewegen könnte. »Kann es mir gelingen? Wem könnte das gelingen? Nur dem Schlangenvater, nur dem Kinsin! Nur sein Fuß kann die Erde in Bewegung setzen. Ich, von ihm gezeugt, spreche! Hier ist er! In mir! Seine Namen kann ich nicht nennen. Ich befolge nämlich die Ermahnungen meines Vaters Tangwanawi, unsere mythischen Dinge vor Fremden nicht auszubreiten. Auf unserem Boden sind zwei Fremde mit weißer Haut, ein Mann und eine Frau. Sie wollen die Dinge hier mit dem Gerät aufnehmen.«
Ich: »Ja. Was du mir sagen willst, möchte ich aufnehmen.«
Suku: »Kannst du es nicht im Kopf behalten? Der Regen kann deine Bänder naß machen, die Sonne wird sie verbrennen – am Ende wirst du nichts haben! Guten Abend! Wenn ich auch der jüngste von meinen Brüdern bin, hat mir doch unser Vater wichtige Geschichten anvertraut. Leider kann ich sie dir nicht erzählen. Du würdest das Tonbandgerät laut sprechen lassen und meine Brüder könnten hören, was ich dir sagte! Die bekämen eine schöne Wut! Weißt du, das befürchte ich, deswegen sage ich dir nichts mehr. Ich muß aufpassen, daß ich nicht zu weit gehe. So. Guten Abend, mein kleiner Bruder.«
Suku legte sich erschöpft ins Gras und schlief ein. Leute, die sich mittlerweile um uns versammelt hatten, Kinder, Jugendliche, Erwachsene, lachten und begannen langsam auseinanderzugehen. Ich nahm mein Gerät und kehrte ins Haus zurück. Offene Koffer standen überall, ausgepackte Dinge, Dinge zum Auspacken, Unordnung.

Der Markt: Das mythische Argument

Suku war abgereist, ohne daß ich ihn nochmals gesehen hätte. Seine Grobheit und seine Direktheit, aber auch die Aufmerksamkeit, mit der er sich mir zuwandte, ließen mich beunruhigt zurück. Ich hörte immer wieder die Aufnahme seines Vortrags ab und rätselte über seine Bedeutung. Wer ist Kinsin? Was ist *lagi,* was ist *kameñ*? Die Passagen, die er auf Iatmul sagte, wurden zu meinem ersten Übungstext, ich transkribierte sie und versuchte mich im Übersetzen. Bald kehrte sein älterer Bruder Masoabwan ins Dorf zurück. Seine Bestimmtheit, seine Durchdringlichkeit und sein differenzierter Ausdruck machten aus ihm einen Partner, der eine ständige Herausforderung bedeutete. Seine Erklärungen befriedigten meine Wissensgier, schienen Antworten zu geben, und der Abend, an dem er die ersten Menschen entstehen ließ, die sich sogleich in Inzest und Brudermord stürzten, zeigte mir, wie mythische Motive die spannungsgeladene Aktualität darstellen können.

Die Iatmul-Frauen besuchen allwöchentlich Märkte im Waldgebiet nördlich des Sepik, wo das Volk der Sawos seine Dörfer hat. Sie bringen frischen Fisch und tauschen dafür das stärkehaltige Mehl aus dem Mark der Sagopalme von den Sawos-Frauen ein. Im Gebiet der Iatmul, unmittelbar in der Stromaue, gedeihen diese Palmen nicht. Es ist die Aufgabe der Frauen, das lebenswichtige Sagomehl regelmäßig zu beschaffen. In der vorkolonialen Zeit begleiteten die bewaffneten Männer ihre Frauen auf die beschwerliche Marktreise, da man jederzeit einen Angriff von Ñura erwarten konnte. Heute fahren die Frauen allein, in ihren Kanus dringen sie auf den nördlichen Zuflüssen tief in den Wald ein; den letzten Abschnitt des Weges gehen sie zu Fuß, mit schweren Netztaschen beladen. Doch auch zur Zeit der Kopfjagd war der Tausch eine rein weibliche Sache und der Marktplatz ein Ort, den die Männer lieber gemieden haben. Die Kriegergruppe geleitete die Frauen, solange man durch die offene Sepik-Landschaft fuhr. Vor der Waldgrenze schlugen die Männer ein Lager auf und warteten, bis die Marktfrauen mit dem eingetauschten Gut zurückkehrten.

Eine junge Frau, unsere nächste Nachbarin Yangi vom Klan Mbowi lud Florence ein, nach Satkwi, einen Markt der Männerhausgemeinschaft Nambareman zu fahren. Noch vor der Morgendämmerung versammelten sich in der Nähe unseres Hauses vier Frauen, die zusammen fahren sollten. Ihre Zigaretten leuchteten in der Dunkelheit und ihr lautes Gespräch muß mit kühnen Witzen gespickt gewesen sein, da sie ununterbrochen lachten. Florence hängte sich ihre Kameratasche um, zündete auch eine Zigarette an, und stieg die Treppe hinunter. Die Stimmen der Frauen entfernten sich rasch, wie sie zu der Stelle am Bachufer gingen, wo ihre Kanus lagen. Sie kehrten erst am späten Nachmittag ins Dorf zurück. Florence, ermüdet und von Mücken verstochen, dennoch aktiv und neugierig, verabredete für den nahenden Abend ein Treffen mit den Marktfrauen, damit sie ihre neuen Eindrücke mit ihnen besprechen kann. Die Frauen kamen aber nicht.

Ein junger Mann klopfte auf das Geländer unserer Treppe und sagte: »Master! Master! Komm herunter! *Bikman* ist gekommen und möchte mit dir sprechen!« Jeder erwachsene, etwas ältere Mann wird als *big man*, großer Mann, bezeichnet. Bei den Iatmul, deren gesellschaftliche Struktur keine Häuptlinge aufweist, bedeutet dieser Ausdruck weder ein erbliches Privileg noch einen besonderen Status, der aufgrund irgendwelcher individuellen Leistungen erworben worden wäre. Der *bikman* stand in einer gewissen Entfernung von unserem Haus und bewegte sich nicht. Warum kommt er nicht selbst zur Treppe? Warum begrüßt er nicht und warum sagt er nicht selbst, was er will? Großartig hat er sich es ausgedacht! Entweder muß ich gehorchen und heruntergehen oder den Starken spielen und ihn nach oben auf die Veranda bestellen.

Mit der einbrechenden Abenddämmerung verfließen die Konturen der Dinge. Ich schaue mir den *bikman* an und kann mich nicht besinnen, ob ich ihn bereits gesehen habe. Es war Mbarangawi, klein und dünn, mit langsamen Bewegungen, langsam im Sprechen. Ich frage mich gereizt, was will er? Mit seinem kleinen Besen jagt er erfolglos nach Mücken, die uns beide stechen, und sagt: »Gehen wir hinauf ins Haus? Ah, diese Mücken! Ich möchte dir erklären, wie es mit dem Markt ist.« Die melanesische Machtpolitik hat auf der ganzen Linie gewonnen: die Frauen, mit denen *missus* verabredet war, sind nicht gekommen, und der Master ist dem großen Mann zuliebe die Treppe brav hinunter und hinauf gestiegen.

Die Märkte im Wald nördlich des Sepik sind keine offenen Märkte; jeder von ihnen ist nur einem genau definierten Personenkreis zugänglich. Die Frauen von Payambet gehen nicht nach Satkwi, wo Florence heute mit Nambareman-Frauen war, sondern besuchen andere Marktplätze, wo sie mit Frauen aus anderen Walddörfern tauschen. Dasselbe gilt von den übrigen Iatmul-Dörfern und Männerhausgemeinschaften, die alle ihre traditionellen bilateralen Tauschbeziehungen jede mit einer besonderen Gruppe der Sawos unterhalten; diese Beziehungen beruhen auf Verwandtschaftsverhältnissen zwischen den Sawos und den Iatmul. Die einhellige Überlieferung besagt nämlich, daß die Vorfahren der Iatmul aus dem Gebiet im Norden heraus in die Flußlandschaft des Sepik gekommen sind.

Einige Frauen von Kanganamun versuchen seit einigen Jahren immer wieder nach Satkwi zu fahren und dort mit Frauen aus dem Sawos-Dorf Marap zu tauschen. Die Nambareman-Frauen stemmen sich heftig gegen diese Mißachtung ihrer traditionellen Marktbeziehung mit den Marap-Frauen. Sie halten den Kanganamun-Frauen vor, fremden Sago zu stehlen, und sagen ihnen: »Satkwi ist unser Marktplatz! Ihr habt doch eure eigene Tauschbeziehung mit den Frauen von Gaikorobi!« Diese Übertretungen der Kanganamun-Frauen sind zu einem permanenten

Konfliktherd in der ohnehin gespannten Beziehung zwischen Palimbei und den Tochterdörfern geworden. Nach derartigen Vorfällen schalten sich die Männer ein, es werden Ermahnungen und Drohungen zwischen den Dörfern ausgetauscht, eventuell Versammlungen im Männerhaus einberufen, an denen Männer von beiden Dörfern teilnehmen und die Streitfrage diskutieren. In der jüngsten Zeit, kurz vor unserer Ankunft, reifte dieser Konflikt zu einer neuen Krise aus. Die Dorfchefs von der Palimbei-Gruppe hatten sich gegen das Mutterdorf zusammengeschlossen und auf einer Sitzung des Bezirksausschusses in der Regierungsstation Pagwi vorgeschlagen, daß der Markt Satkwi für alle Dörfer der Palimbei-Gruppe offen stehen soll. Dies würde einen Präzedenzfall von umwälzender Bedeutung schaffen: das erste Mal würde einer der geschlossenen, nur einem kleinen Kreis der Personen zugänglichen Märkte eine gewisse – wenn auch beschränkte – Öffentlichkeit erlangen. Für die Palimbei-Bewohner, genauer gesagt für die Männerhausgemeinschaft Nambareman, könnte diese Öffnung ihres Marktes eine ernsthafte Störung in der Sagoversorgung herbeiführen.

Daß die Dorfchefs gerade Satkwi für die Öffnung vorgeschlagen haben, hing von mehreren Umständen ab. Am Anfang der 60er Jahre begann ein chinesischer Händler größere Mengen Sagomehl regelmäßig einzukaufen, das für den Bedarf der Missionsstationen bestimmt war, wo während der Expansion der katholischen Kirche immer mehr Angestellte und Schüler neuguinensischer Abstammung ernährt werden mußten. In seine Geschäftsbeziehungen hat er auch die Marap-Bewohner aufgenommen, für die es eine einzigartige Gelegenheit war, australisches Geld zu verdienen. Laut Vertrag brachten sie in regelmäßigen Abständen das Sagomehl bis zum Sepik-Ufer, wo dieses auf das Schiff des Händlers verladen wurde. Da pflegte immer etwas Mehl übrig zu bleiben, das anschließend auf traditionelle Weise gegen Fisch getauscht wurde. Bei dieser Gelegenheit geschah es das erste Mal, daß die

Schranke der ausschließlichen bilateralen Tauschbeziehung zwischen Marap und Palimbei nach gemeinsamer Beratung fallen gelassen wurde. Die Sagoreste, die der chinesische Händler zurückgewiesen hat, wurden nicht nur an die Frauen von Nambareman abgegeben, sondern an jedermann, der gerade vorbeikam. Später löste die Mission ihre Versorgungsprobleme anders und das Geschäft der Marap-Bewohner hörte auf; der Markt wurde wieder vom Sepik-Ufer in den Wald verlegt, wo er früher war.
Ein weiterer Umstand, der den Marktplatz Satkwi in den Mittelpunkt der Überlegungen stellte, war seine günstige Lage an einem größeren Zufluß des Sepik, am Pangan. Man kann fast den ganzen Weg zwischen dem Hauptstrom und dem Markt im Kanu zurücklegen, und es bleibt nur ein kurzer Wegabschnitt, auf dem die Palimbei-Frauen ihre schweren Netztaschen schleppen müssen. Die übrigen Märkte sind so gelegen, daß die Frauen von den Flußdörfern immer noch ein ziemlich langes Stück Weg zu Fuß gehen müssen, bis sie den eigentlichen Marktplatz erreichen, auch wenn sie vorher einen Teil des Weges mit Kanus fahren konnten. Der Weg der Marktfrauen von Kanganamun ist einer der beschwerlichsten.
Die führenden Männer von Kanganamun haben sich immer mehr, vor allem in der Nachkriegszeit, als die dominierende Stellung der Australier wieder bestätigt wurde, auf die kolonialen Machtstrukturen gestützt. Im Vergleich mit Palimbei bauten sie viel engere Beziehungen mit der Mission auf und versuchten verschiedentlich, das australische Rechtssystem für sich zu nutzen. Als der Dorfchef von Kanganamun, ein junger ehrgeiziger Mann, im Bezirksausschuß vorgeschlagen hatte, aus Satkwi einen beschränkt öffentlichen Markt zu machen, hoffte er wieder einmal, aus der neuen, kolonialen Situation einen Vorteil zu schlagen. Es ist ein charakteristischer Vorgang: nachdem die traditionelle Machtstruktur, im gegebenen Fall ein Gleichgewicht, von außen gestört wird, versuchen einzelne Gruppen mit Hilfe der neu eingeführten ökono-

mischen und politischen Ordnungsprinzipien die neu entstandene labile Situation auszunutzen. Die führenden Männer von Palimbei haben sich in dieser Polarisierung auf die eigenständigen Rechtsprinzipien gestützt und mythische Argumente ins Feld geführt.

Die Bewohner von Marap nehmen in diesem Streit zwischen Palimbei und Kanganamun eine abwartende Haltung ein. Durch ihre Passivität stützen sie aber vorläufig die Ansprüche von Palimbei, die schließlich von alten Zeiten her ihre nächsten Tauschpartner sind und mit denen sie eine gegenseitige Abhängigkeit verbindet. Dennoch mag die Idee des offenen Marktes eine bestimmte Anziehungskraft haben, wenn sie nur die Sicherheit hätten, daß die Nachfrage nach ihrem Sago gleichmäßig groß bliebe. Die Erfahrung mit dem chinesischen Händler lehrte sie aber sofort, daß die Nachfrage ebenso schnell sinken kann, wie sie aufgetaucht war. Die umsichtigen Palimbei-Männer haben sich gehütet, ein ausschließliches Nutzungsrecht auf die Sagobestände von Marap zu behaupten, um keine negative Stellungnahme zu provozieren. Sie beschränkten sich darauf, den Bach Pangan für die Kanganamun-Frauen zu sperren. Die Begründung einer solchen Maßnahme weist kaum schwache Stellen auf, die die Männer von Kanganamun als Angriffspunkte benützen könnten; gleichzeitig ist bei solchem Vorgehen das Einverständnis von Marap eher zu erwarten.

In dieser komplexen Situation hat es Mbara für nötig gehalten, die Frauen auszuschalten und mich persönlich anzugehen; einzig er besitzt ja die klanbezogene Befugnis, den Fall für den Master begreiflich zu machen und die mythischen Verwicklungen zu entwirren. Ich fühlte mich zwar geschmeichelt, der schmächtige *bikman* hat mir aber keinen besonderen Eindruck gemacht, und die schlechte Laune von Florence schien doch ein zu hoher Preis für neue ethnographische Information. Übrigens meinten wir, daß die Frauen, da sie den ganzen Tauschhandel in ihren Händen haben, besser Bescheid wissen müssen.

Mbara: »Ursprünglich hat es den Bach Pangan nicht gegeben. Er wurde von einem meiner Vorfahren geschaffen. Durch seine eigene Zauberkraft hat er das Bett in die Landschaft gegraben, so daß die fließenden Gewässer den Weg aus dem nördlichen Wald zum Sepik fanden. Es gibt entsprechende Berichte über diesen Bach, mein Klan wacht über ihn, ich bin der Vater von diesem Bach namens Pangan.

Im ursprünglichen Zustand, vor dem Durchbruch, existierte dieser Mann, mein Vorfahre, nur als etwas Zusammengefaltetes, an einem dunklen Ort Zusammengezogenes. So erzählt die Mythe: unsere Vorfahren befanden sich an einem dunklen Ort, kein Licht erhellte ihn. Wir heute genießen täglich das Sonnenlicht, zu der Zeit aber gab es noch kein Licht. Die Vorfahren existierten in der Dunkelheit und lange, lange änderte sich nichts daran. Wir heute sehen uns gegenseitig; sie konnten nicht hinschauen, um festzustellen, daß einer sich da oder dort befindet! Sie konnten nur tasten, einer streckt seine Hand aus und spürt jemanden! Nun weiß er, es ist jemand da! Dann streckt er die Hand in eine andere Richtung, auch dort sitzt jemand! Laufen konnten sie nicht, nur soweit die Dunkelheit es erlaubte. So war es zu dieser ursprünglichen Zeit und so blieb es lange, bis diese Vorfahren selbst etwas unternommen und durch die Kraft ihres eigenen Gedankens den Durchbruch herbeigeführt haben. Jetzt sind sie übermannsgroße, Ehrfurcht einflößende Gestalten geworden. Früher existierten sie zusammengezogen in der Dunkelheit, dann im Moment des Durchbruchs ergoß sich das Licht über alles, und sie zerstreuten sich in alle Richtungen. Die Sonne stieg auf ihrer Bahn, das Erdreich wurde beleuchtet, sie konnten vor sich schauen; sie begannen nun in alle Richtungen zu schreiten. Das war der Durchbruch.«

Florence: »Und dabei ist der Bach Pangan entstanden?«

Mbara: »Ja. Ja. Der Bach ist nicht etwa von selbst entstanden. Der Mensch, der Ahne hat ihn hervorgebracht, er ist nichts anderes als der Weg dieses Urahns, es ist sein Weg, den er nach dem Durchbruch zurücklegte. Bevor er seine Arbeit anfing, schmückte er sich festlich wie zu einem Ritual, dann erweckte er seine Zauberkraft und begann zu tanzen. Hinter ihm entstand das Bachbett, Schritt für Schritt, bis er vom ursprünglichen Ort hierher nach Palimbei kam ... Nun, nach dem Durchbruch, setzten sich alle Vorfahren in Bewegung; alle heutigen Klans, jeder hat seinen Weg, den sein eigener Vorfahre gegangen war. Alle Landwege, alle Bäche, überhaupt alle Wege, die sich in der Landschaft befinden und die heute von uns benützt werden, alle sind in dieser Zeit des Durchbruchs entstanden, als die Ahnen von ihren Urorten aufgebrochen und durch die Landschaft geschritten sind. So auch mein Vorfahre, er bahnte sich seinen Weg in der Richtung hierher, bis er am Sepik ankam. Der Hauptstrom des Sepik selbst ist auch nicht anders entstanden; ein anderer Klan wird dir sagen – wir wachen über den Sepik! Doch, doch, auch in Palimbei gibt es welche von diesem Klan, auch der Sepik ist nicht von selbst entstanden. Der Mensch, der Ahne hat sich dort seinen Weg abwärts gebahnt, bis er sich endgültig entfernt hat. Nun gut, unsere Vorfahren kamen hierher, bestimmten den Ort, wo sie ein Dorf gründen wollten, und ließen sich nieder. Sie befanden sich inmitten eines Fischreichtums, es gab aber keine Sagopalmen hier draußen in der offenen Graslandschaft. Sie mußten Fischfleisch ohne Sagofladen essen. Allerhand Wassertiere haben sie zwar als Nahrung gehabt, aber die notwendige Zukost, das Sagomehl, fehlte ihnen.

So lebten sie hier in Palimbei, zwei Brüder, zwei Vorfahren meines Klans.

›Ah, was für eine Lebensweise führen wir! Wir essen Fisch ohne Sagofladen, so kann es nicht weitergehen!‹ So sprachen sie zueinander, bis der jüngere Bruder eine Idee hatte:

›Du! Ich glaube, am besten gehe ich wieder zurück, ich kehre zurück in den Wald, und du kannst da bleiben.‹

›Gut, geh!‹ sagte der ältere Bruder. ›Ich bleibe da.‹ Der jüngere Bruder brach nun auf und kehrte in den nördlichen Wald zurück, um dort das Sagomehl aus der Sagopalme zu gewinnen.«
Florence: »Wußte er bereits, wie man Sago gewinnt?«
Mbarangawi: »Ja, das wußte er bereits. Die Menschen, die im Wald geblieben sind und dort ihre Sitze hatten, die wußten Bescheid über die Sagogewinnung, und sie nährten sich von Sagospeisen; nur die Menschen, die hierher ins Grasland gekommen waren, verfügten über keine Sagopalmen. Deswegen haben sich die zwei Brüder so verabredet:
›Wir haben niemanden, der uns Sagomehl geben würde, daß wir unsere Sagofladen backen können! Wenn wir zusammenbleiben wollen, müssen wir auf den Sago verzichten.‹ So sprachen sie miteinander, bis sich der jüngere entschloß, in den Wald zurückzukehren. Er machte sich an die Arbeit und fing an, Sagomehl zu produzieren. Mit der Zeit ging ihm die Arbeit immer leichter von der Hand, bis er eine größere Menge bereit hatte. Dann baute er am Ufer des Baches ein Gestell. Er baute ein Gestell, um die Sagomehlbrocken darauf zu legen. Er schleppte den Sago, den er ausgewaschen hat, hin, legte die Brocken auf das Gestell und schickte seinem älteren Bruder die Nachricht:
›Ich habe Sagomehl für dich ausgewaschen, zum Bach getragen, und auf ein Gestell bereit gelegt. Du kannst kommen und es holen.‹ Er schickte ihm eine Nachricht dieses Inhalts. Der ältere Bruder nahm sein Kanu, fuhr in den Bach Pangan, lud die Sagomehlbrocken ein und legte Fische für den jüngeren Bruder hin. So pflegen sie bis heute zu tauschen, und alle haben, was sie brauchen.«
Diese Vorgänge, die sich in der Vergangenheit abgespielt haben, begründen nach Mbarangawi einerseits den Anspruch der Palimbei auf den Bach Pangan, den sie gemeinsam mit den Marap erheben, und andererseits auch das Recht, die Ausschließlichkeit der bilateralen Tauschbeziehung mit den Marap zu wahren, oder mindestens alle

weiteren Nutznießer zu kontrollieren und ihnen eventuell die Teilnahme an diesem Markt zu verbieten. »Dieser Sago, über den die zwei Brüder, meine Vorfahren, den Vertrag geschlossen haben, gehört nicht jedermann! Es geht nicht, daß ein beliebiges Dorf davon haben kann! Wenn ihr in anderen Dörfern fragt, werdet ihr überall dasselbe erfahren! Alle Dörfer haben ihre ausschließlichen Tauschbeziehungen, Yamel, Nangusap oder Gaikorobi, und alle können auch die entsprechenden mythischen Berichte erzählen. Marap gehört mir! Marap ist unser ausschließlicher Tauschpartner! Die Familien dieser zwei Brüder haben sich, nachdem alles so eingerichtet wurde, daß der Jüngere Sago und der Ältere Fisch besorgt, vermehrt, heute sind wir starke Klans geworden, sowohl im Wald wie auch hier am Fluß. Der Klan des jüngeren Bruders, der in Marap lebt, heißt Mongwa, es sind alles unsere Verwandten. Wir, die Nachkommen des älteren Bruders, leben hier in Palimbei und die Nachkommen des jüngeren in Marap, das ist der ganze Zusammenhang. Die anderen Dörfer wollen an unserem Markt teilhaben, sie behaupten, der Markt sei etwas Öffentliches, aber wir sagen nein! Wir entscheiden über diesen Markt, ich bin der Vater dieses Marktes!«

Florence hörte sich an, was Mbarangawi zu sagen hatte, schaute jedoch, daß ihr Treffen mit den Frauen, das sie für heute plante, bald zustande kommt. Schon am nächsten Abend fand es statt, zu gleicher Zeit jedoch kamen auch die Männer, um mit mir zu reden: drüben Florence mit ihren Gästen, hier ich mit meinen. Mehrere Stunden lang haben wir das Thema des Marktes erörtert. Masoabwan, sein Bruder Nagwan, Mbarangawi und sein Bruder Ndumoi nahmen die Details des Tauschsystems auseinander, vor allem seine Geschichte in der vorkolonialen Zeit, die sie aus der Erzählung ihrer Väter kennen oder die sie noch selbst erlebten, sowie die verschiedenen Stufen der Ausdehnung der australischen Verwaltung, der Missionen und der Arbeiteranwerbung. Dann griffen sie nochmals das mythische Argument auf.

Masoabwan: »Ursprünglich gab es diesen Bach nicht. Dieser Bach, den du gestern hinaufgefahren bist, der Pangan, existierte noch nicht, die Gewässer brachen noch nicht aus der Landschaft heraus. Es war ein Mann, der ihn geschaffen hat, indem er schritt. Er schritt, und seine Spuren, die Spuren seiner Füße ließ er hinter sich, den Bach! Das war die Art unserer Ahnen! Er schreitet durch die Landschaft – und es entsteht ein Bach!«

Nagwan: »In Marap wird ein Knochendolch aus dem Oberschenkel dieses Mannes aufbewahrt. Als er starb, hat man ihn bestattet. Später nahm man diesen Knochen aus seinem Grab heraus und verwahrte ihn als eine Ahnenreliquie.«

Masoabwan: »Ja, ja. Einen Knochen von ihm haben sie heute noch in Marap, ein Ahnenknochen wird dort aufbewahrt.«

Nagwan: »Es ist ein Knochen des Mannes, der den Bach geschaffen hat, indem er vom Urort hergekommen ist. Nun, dieser Ahnenknochen wird aufbewahrt, es gibt ihn immer noch. Vor nicht langer Zeit gab es eine Gerichtsverhandlung wegen des Pangan. Mbarangawi, der Mann da, mit dem ihr gestern gesprochen habt und sein Bruder Ndumoi gingen damals zur Verhandlung nach Marap, um unsere Sache gegen die Yensan-Männer zu verteidigen. Während der Eröffnungen hat man diesen Ahnen hervorgeholt. Den Knochendolch steckte man in die Erde, dort, an dem Ort, wo die Verhandlung stattgefunden hat. Eine lange Schnur ist an diesem Knochen angebunden, eine sehr lange Schnur. Unsere Vorfahren machten in die Schnur Knoten in kurzen Abständen. Der australische Beamte – heute ist er ein Unternehmer, damals war er ein Beamter der Regierung – hat die Ahnenreliquie gesehen. Der weiße Master hat diesen Ahnenknochen gesehen; sonst wird er im Versteck aufbewahrt; bei dieser Gelegenheit hat man ihn als Beweis für die Rechtmäßigkeit des Anspruchs vor-

geführt, den Palimbei gemeinsam mit Marap auf den Pangan erheben. Der Beamte entschied zugunsten von Palimbei. Er sagte, die Bewohner von Yensan haben in diesem Bach nichts zu suchen! Der Bach gehört Palimbei und Marap, der Ahnenknochen beweist es!«
Der Streit mit Yensan ist wegen der Fischreusen entstanden, die einige Yensan-Frauen im Bach Pangan ausgelegt haben. Die Palimbei-Frauen haben es beanstandet und ihre Männer informiert, die den Männern von Yensan gegenüber protestiert haben. Die Yensan beachteten den Protest nicht, sondern suchten Hilfe bei den australischen Behörden. Ein Beamter, der wegen der Volkszählung im Gebiet der Palimbei-Gruppe gerade unterwegs war, berief die beiden streitenden Parteien zu einer Einvernehmung nach Marap.
Masoabwan: »Man stand vor dem Beamten, auf einer Seite die Vertreter von Yensan und zwei Männer von Kanganamun, die den Yensan helfen wollten, auf der anderen Seite die Männer von Marap zusammen mit den Gesandten von Palimbei. Die Verhandlung begann, jede Seite brachte ihre Sache vor. Zu einem bestimmten Zeitpunkt präsentierten die Männer von Marap den Ahnenknochen, von dem ich und mein Bruder Nagwan gerade gesprochen haben. Einen solchen Knochendolch nimmt man nur bei besonderen Gelegenheiten hervor, z. B. bei der Initiation. Bevor eine Gruppe junger Männer aus der gleichen Generation in den umzäunten Raum des Männerhauses aufgenommen wird, schabt man etwas von einem solchen Ahnenknochen ab, mischt es in eine Kokosnußspeise und gibt ihnen diese zu essen. Erst wenn sie davon gegessen haben, gehen sie in die Umzäunung, wo man ihnen Muster in die Haut einschneidet. In den früheren Zeiten, wenn man einen Kopfjagdzug veranstalten wollte, hat man auch von diesem Knochen etwas abgeschabt und mit Kokosnuß gegessen. So viele Menschen man bei einem Überfall erschlagen hatte, so viele Knoten hatte man in die Schnur gemacht, die am Knochen befestigt war; nach jedem erfolgreichen

Kopfjagdunternehmen mehrten sich die Knoten. Mehrere Meter lang war die Schnur. Jedes feindliche Dorf hatte an ihr seinen Abschnitt. Also diesen Knochen holte man nun und richtete ihn auf.

›Dieser Bach gehört nicht euch Yensan! Er gehört uns Marap und Palimbei! Dieser Knochen hat ihn hervorgebracht!‹ sagten die Männer von Marap. Sie steckten den Knochendolch in die Erde nahe bei dem Tisch des Beamten, den Knochen ihres Vorfahren. ›Dieser Knochen gehört uns Marap und Palimbei und der Pangan ist sein Bach. Dieser Knochen selbst hat den Bach hervorgebracht. Nicht etwa jemand von einem anderen Klan, von einem anderen Dorf! Nein. Ein Fremder darf nicht in unseren Bach hineinfahren, darf nicht über unseren Besitz verfügen! Wagt es nicht, eine Klage gegen uns vor Gericht zu erheben! Laßt ab von unserem Bach und geht euren eigenen Weg, den Weg, den euer Vorfahre abgeschritten ist! Ihr dürft nicht in unseren Bach hineinfahren, dieser Weg ist von unserem Vorfahren abgeschritten worden!‹ So sprachen die Männer von Marap.

Nachdem der Beamte ihre Rede angehört hatte, entschied er zu ihren und zu unseren Gunsten und warf die Yensan hinaus: ›Verschwindet! Die zwei Dörfer Marap und Palimbei haben diesen Knochendolch aufgerichtet, seht ihr nicht? Sie haben ihren Ahnen hergeholt! Der Streit ist zu ihren Gunsten entschieden, eure Argumente haben keine Kraft mehr. Eure Sache ist verloren, die Sache der Marap und Palimbei hat gewonnen.«

Meine Besucher stärkten ihr Selbstbewußtsein, indem sie bei der Erinnerung an die früheren Siege verharrten. Es folgte eine glänzende Schilderung Masoabwans, die Kampfszenen mit den Ñaura wiedergab. Der Feind verstecke sich am Pangan und lauerte den Marktfrauen von Palimbei auf. Eine bedrohliche Situation wandte sich – dank dem Eingriff der Ahnen– zugunsten von Palimbei; die Palimbei-Männer erwiesen sich großmütig und siegreich.

Dann überdenkt man aber die Möglichkeit eines ungünstigen Ausgangs des Streites über den Markt: Wenn die Marap die alte gegenseitige Bindung lösen möchten? Wenn das Gericht den älteren Entscheid über den Bach Pangan revidieren würde? Was machen die Bewohner von Palimbei dann?

Mbara: »Wenn die von Marap so viel Fisch essen möchten, daß sie selbst weitere Dörfer auffordern würden, mit ihnen zu tauschen, wenn das ihre Absichten wären, wenn sie uns auf diese Weise in den Rücken fielen, dann würden wir, mein Klanbund, der diese Marktbeziehung seit alten Zeiten überwacht, unseren Zorn nicht zurückhalten! Es gibt etwas, das hier bei uns seinen Ursprung hat und das nun in ihnen, in den Leuten von Marap steckt! Es ist der Fisch, den sie gegessen haben! Wenn wir diesen Fisch, der in ihnen steckt, zurückrufen, dann, glaube ich, wird es ihnen nicht gut ergehen! Dann, glaube ich, sterben manche von meinen Verwandten in Marap. Wir verfügen noch über besondere mythische Kräfte, die mit dieser Marktbeziehung in Zusammenhang stehen!«

Nagwan: »Wenn die Behörde entscheidet, daß der Markt Satkwi für alle Dörfer offenstehen soll, wird es das Ende des Marktes bedeuten. Diese Männer, Mbarangawi, Ndumoi und andere vom Klanbund, der seit alter Zeit über die Marktbeziehung mit Marap wacht, werden in Aktion treten und einen Bann aussprechen! Sie wissen schon, wie sie diesen Ahnenknochen, von dem wir euch erzählt haben, ansprechen können und hierher nach Palimbei zu kommen bewegen. Wenn sie ihn herschaffen, werden manche Leute in Marap sterben!« Er lacht, vorsichtig, jedoch entschlossen. Ndumoi, einer vom verantwortlichen Klan, sagt:

»Wenn es darauf ankommt, gehen wir hin und schaffen diese vorväterliche Geschichte herüber, holen unseren Ahnen her und die in Marap werden zugrunde gehen.«

Nagwan: »Auf diesem Ahn beruht ihre Kraft.«

Ich: »Auf ihm selbst? Er selbst würde sie verlassen?«

Masoabwan: »Er selbst!«
Nagwan: »Die in Marap haben niemanden, der sie, so wie wir, mit Fisch versorgen würde. Sie werden noch nach Fisch schreien! Sie werden noch hierherkommen, ihr werdet sehen! Wenn man von uns her den Ahnenknochen anspricht, werden sie noch bittend zu uns kommen!«

Vom
Urahn Mengenwan
und von der
Ahnfrau Leek

Mehr als ein Jahr lang war Mbarangawi wie vergessen. Ich sah ihn wohl hin und wieder im Männerhaus, wir unternahmen aber keine Arbeiten zusammen. Der brillante, präzise und beherrschte Masoabwan, der gefühlvolle, lustige und gesprächige Nagwan, waren von Anfang an bis zu unserer Abreise die nächsten Freunde. Während des ganzen langen Aufenthaltes in Palimbei weiteten wir den Kreis unserer Bekannten aus: Florence etablierte Freundschaften und Arbeitsverhältnisse mit Frauen und Kindern, ich mit einer Reihe von respektablen Mythologie-Experten. Die zwei Alten vom Klan Mbowi, Masoabwan und Nagwan, blieben uns die ganze Zeit eine Stütze, ohne die wir unsere zahlreichen Beziehungen schwer hätten erfolgreich aufbauen können. Beide traten uns mit einer offenen Neugier entgegen, und es verging vielleicht kein Tag, an dem sie uns nicht besucht hätten, meistens unaufgefordert und selten ungelegen.
Später, als ich mit Mbarangawi bereits eng befreundet war und wir mehrere Stunden täglich in intensiver Zusammenarbeit verbrachten, sagte er immer wieder, daß uns das Schicksal selbst zusammengeführt hätte: *»Yu kam sua na pasim kanu long lek bilong mi«*, wiederholte er gerne. *Sua*, vom englischen *shore*, bezeichnet im Melanesischen Pidgin das Ufer; *pasim* kommt von *fasten*. Der Spruch Mbarangawis besagt: »Du bist am Ufer angekommen und hast dein Kanu an mein Bein gebunden.« Das stimmte. An jenem Tag, als ich um die Mittagszeit das erste Mal die Anlegestelle von Palimbei mit meinem Expeditionskanu erreichte, stand Mbarangawi am Ufer und schaute sich diesen Master an, der seine Koffer selbst auf das hohe Ufer hinaufschleppte. Er war an jenem Tag in seinen Garten am Sepik-Ufer gegangen und war der erste Mann von Palimbei, der uns begrüßt hatte. Ich vergaß diese Begegnung, obwohl Mbarangawi sogar den Transport unseres Gepäcks organisiert haben muß; er schickte seinen Sohn mit der Nachricht über unsere Ankunft ins Dorf, worauf mehrere Männer und Frauen zum Sepik kamen, um uns zu helfen.

Während meines Gesprächs mit Sukundingei war Mbarangawi zugegen. Vor dem Ende seines Auftrittes, kurz bevor er sich hinlegte und einschlief, bildete sich eine Gruppe von Zuschauern um uns. Als ich dann zuhause die Photos betrachtete, die Florence bei dieser Gelegenheit machte, sah ich, daß Mbarangawi dabei war: mit einem ernsten, mißtrauischen und tadelnden Gesicht blickte er auf den betrunkenen Suku. Auch diese zweite Begegnung behielt ich nicht in meiner Erinnerung. Was für eine Faszination muß es gewesen sein, daß unsere Beziehung doch zustande kam! Nicht einmal der unglückliche Anfang mit der Erklärung des Marktes und seines mythischen Hintergrundes hatte es verhindern können.
Am Ende des Jahres 1973, vor dem Einbruch der zweiten Hochwasserzeit, die wir in Palimbei erleben sollten, fand eine Reihe der Kanufeste statt. Nachdem ein größeres Kanu erbaut worden ist, schleppt man es zum Männerhaus, schmückt es, und veranstaltet ein Ritual, dessen Hauptbestandteil der kultische Gesang bildet. Zuerst wird eine lange Liederreihe abgesungen. Dann, gegen Ende des Tages, wird dem Kanu eine Namenliste aus dem klaneigenen Namenschatz zugeordnet, die es mit den Generationen von früheren Kanus in Verbindung setzt. Jetzt ist das Fest beendet und das Kanu kann aufs Wasser geschoben werden. Die erste Kanueinweihung erlebte ich in Yindabu, dem jüngsten Tochterdorf von Palimbei, die zweite und dritte in Palimbei selbst, die vierte in Kanganamun. Jedesmal hatte ich mit großem Aufwand Mikrophone installiert, Kabel gelegt, mit den führenden Männern den Ritalablauf besprochen, dann stundenlang mit der Sängergruppe verbracht und für eine bestmögliche Tonbandaufnahme gesorgt. Damit aber fing die Arbeit erst an. Nun mußte die Transkription und eine leidliche Übersetzung hergestellt werden. Ich fuhr wiederholt in die Nachbardörfer, arrangierte Treffen mit den Kennern der Liederreihen, und versuchte, aus dem schwierigen, esoterischen Gewirr einen Sinn zu gewinnen. Als Mbarangawi und

Toungeimeri, der Älteste eines eng verwandten Bruderklans, ankündigten, sie würden auch ein Kanueinweihungsfest veranstalten, hatte die Aussicht, nochmals eine Liederreihe durcharbeiten zu können, nichts Anziehendes mehr. Ich begegnete der Aufgabe mit einer entschlossenen Professionalität.

Mbarangawi kürzt man als Mbara ab. Mbara hatte mir seine Lieder sehr schön erklärt. In der Stille unserer Arbeitsnachmittage sang er sie alle nochmals, eines nach dem anderen, damit ich sie in der Ruhe transkribieren kann, und legte den Sinn der gedrungenen, elliptischen Versformen bloß. Wärme im Schatten, stehende Luft, der Lichteinfall durch die Spalten in der Hauswand, unsere Zigaretten, unsere chinesische Teetassen. Ich war glücklich: dort, wo ich, wenn ich alleine wäre, für meine Mühe halbverstandenes Geschnatter und Gekritzel zurückbehalten hätte, fand ich plastische Vorstellungen, zwar düstere, bedenkliche, manchmal grausame Bilder, aber auch Humor. Mbara klopfte im Takt und lachte zwischen den Strophen. Weißt du, wie es die Mutter mit ihrem Sohn macht? He?

»Schöpfe, schöpfe ein!
Schütte, schütte aus!
Breite aus, breite aus!
Eber Suikumban!
Eber! Dein Brei,
aus wildem Taro Brei!
Schöpfe, schöpfe ein!
Schütte, schütte aus!
Breite aus, breite aus!«

Suikumban ist ein männlicher Ahn vom Klan Ngawingwat, dem Klan Mbaras, und erscheint in der Form des wilden Schweines, ein Sinnbild des tötenden Mannes. Es werden ihm mehrere Dutzend Lieder gewidmet, in denen seine großen Taten, sein Konflikt mit der Mutter und sein Untergang berührt werden. Das Chorlied, das ich angeführt habe, stellt ihn noch als einen Jungen dar, der sich inmitten der häuslichen Welt befindet; später wird er initiiert werden und in den Kampf ziehen. Seine Mutter Suiwolimange füttert ihn mit giftigen Knollen des wilden Taro – das fügt ihm eine Entzündung in der Mundhöhle und ein Erstickungsgefühl zu. Das macht ihn schön rasend. Ohne seine Mutter ist er machtlos, mit ihren Kräften ausgestattet ist er des großartigsten Aufwandes fähig. So wie sie ihn aber mit Zuversicht füllt, so kann sie ihm auch die Kräfte entziehen.

»Fünf Töpfe, fünf,
es sind alle leer!
Fünf Pfannen, fünf,
es sind alle leer!
Es gibt keinen Sagofladen,
Es gibt keinen Sagobrei.
Fünf Töpfe, fünf,
es sind alle leer!
Fünf Pfannen, fünf,
es sind alle leer!«

Fast alle Männer, mit denen ich mythologische Gespräche führte, kultische Gesänge übersetzte oder soziologische Fragen diskutierte, durchschauten ohne weiteres, daß es eine leere Phrase ist, wenn wir ihnen anbieten, ihre schriftlose Kultur vor dem Untergang zu retten, indem wir ihre Geschichten aufschreiben. Sie interessierten sich für meine Papiere nicht. Sie gaben mir, was sie wollten, und nahmen dafür, was sie konnten; in klaren Momenten wußte ich auch, daß dieser Austausch mit meinen Bleistiften, Geräten und mit der ethnologischen Schriftstellerei nichts zu tun hat. Einzig Mbara wünschte sich, die Ergebnisse unserer gemeinsamen Arbeit zu besitzen. Als ich die Liederreihe von Suikumban auf der Schreibmaschine tippte, machte ich einen Durchschlag für ihn. Die Blätter versorgte ich in einer Sammelmappe, vorne klebte ich ein Photo von uns auf und schrieb darunter: »Dies sind die

Lieder von Suikumban, die Mbara vom Klan Ngawingwat zu Palimbei beim Kanueinweihungsfest am 14. November 1973 im Männerhaus Nambreman gesungen hat und die Milan Stanek, aus der Tschechoslowakei, aufgenommen und aufgeschrieben hat.«
O wie traurig! War jetzt unsere Zusammenarbeit beendet? Im November und im Dezember haben wir uns so oft gesehen – was jetzt? Was weiter, im Januar und im Februar? Kehren nun Masoabwan und Nagwan, die eigentlichen Freunde des weißen Paares, auf die Veranda zurück, um wieder ihre einzigartige Stellung der Hausfreunde einzunehmen? Mbara sieht älter aus, als er ist. Sein Haar ist schütter grau und sein Körper hatte sich eine zwar harmlose aber ziemlich unangenehme Hautkrankheit, die sogenannte Ringelflechte, zugezogen. Dieser Pilz bildet auf der Haut rundliche Herde, die sich ringförmig ausbreiten. Wenn seine Ausbreitung nicht gestört wird, entstehen phantastische, auf den ersten Blick schöne Muster, die allmählich wie eine kunstvolle Tätowierung den ganzen Körper bedecken. Die Erkrankung wird von einem Juckreiz und einem charakteristischen Geruch begleitet. Mbara zerkratzt dauernd die Schuppen und Krusten, die der Hautpilz bildet, beseitigt so das Muster, die Krankheit bleibt jedoch an einem matten, weißgrauen Schimmer erkennbar, der mit der strahlenden dunkelbraunen Hautfarbe der gesunden Menschen kontrastiert. Eines Tages stand Mbara vor mir und verlangte, daß ich ihm ein Medikament gegen sein Leiden besorge. Wenn ich es ihm besorgen würde, würde er mir Geschichten erzählen, die ich noch nie gehört habe, geheime Geschichten seines Klans. Ich fuhr in das nächste Kolonialstädtlein an der pazifischen Küste, zuerst auf dem Sepik flußaufwärts, dann mit einem Laster quer durch das flache nördliche Grasland zum Fuß des Küstengebirgs, und weiter auf einem Höhenweg, der entlang der Gebirgskette nach Wewak führt. Weihnachten und das Neujahr waren vorbei, unsere Abreise auf Anfang März festgelegt. Ich fuhr in die Stadt, weil

die Buchung der Flugreise unbedingt mindestens einen Monat im voraus erfolgen mußte und weil unsere Vorräte an Tonbändern und Papier wieder einmal erschöpft waren. Bei dieser Gelegenheit, dachte ich mir, kann ich das Medikament kaufen. Ich ließ mich im schönsten Hotel der Welt nieder: Baracken aus präfabrizierten Teilen, Wellblechdach, jedoch die sanfte Brandung und eine ozeanische Sandbank direkt vor der Zimmertür, 14 australische Dollar die Nacht.

Der Wasserlinie entlang hat der Stadtschöpfer eine lange Kokospalmenreihe wachsen lassen. Dahinter ist der öffentliche Sand und das Meer, davor ein Rasenstreifen, der bereits zum Hotel gehört; da können wir, weiße bis rötliche Australier und Europäer in unseren Sommerkleidern spazieren, wenn wir vom Zimmer in den Eßraum gehen. Nach der Abenddämmerung erscheinen hinter den Palmen vom Sand und vom Meer her dunkle beladene Gestalten, Zähne und Augen blitzen, Zigarettenfeuer glühen. Es sind Frauen und Männer aus der Umgebung, die ihre Waren – Tragnetze, Muschelschmuck, Schnitzereien – verkaufen wollen. Sie brachten Tücher oder Jutesäcke, breiteten sie auf der Erde unter den Palmen aus, genau jener unsichtbaren Linie entlang, die den Strand vom Hotel trennt, und stellten darauf die Objekte; das Licht, das von den Lampen über den Zimmereingängen kommt, beleuchtet sie gerade noch ein wenig, während die Verkäufer selbst im Dunkel bleiben. Die Hotelgäste gehen hin und her, in die Duschen oder zum Aperitif, weichen von Zeit zu Zeit vom geraden Weg ab, nähern sich jenem halbdunklen Bereich, der geduldig wartet, schauen sich dies oder anderes an, kaufen etwas oder gehen weiter, ohne etwas gewählt zu haben. Sie verstehen weder das Melanesische Pidgin noch die papuanischen Sprachen, ihre dunklen Gegenüber zögern aber nicht anzuwenden, was sie an Englisch in der Missionsschule oder wo auch immer erworben haben. Was für ein seltsames Schauspiel! Ja, es ist ziemlich klar, warum die Verkäufer die Demarkationslinie nicht

verletzen: sie respektieren das Besitzrecht, die Macht der Weißen, die Verordnungen der tüchtigen australischen Hotel-Managerin. Was respektieren aber die Hotelgäste, wenn sie nie den Schritt vom Rasen in den Bereich unter den Palmen tun?
Beim Drogisten kaufte ich für 30 Dollar eine Flasche mit vielen weißen Pillen, sechs Wochen lang muß täglich eine eingenommen werden. Das Medikament bekämpft die Flechte von innen, von der Blutbahn her; Nebenwirkungen – Magenbeschwerden. Ich buchte zwei Plätze im Flug nach Sydney. Ich hatte langsam alle Dinge zusammen, die wir noch für die letzten Wochen in Palimbei brauchten und die den weiten Weg zum Sepik transportiert werden müssen. An einem Morgen war schließlich der Lastwagen da, die Schachteln geladen, und ich hatte Zeit genug während der beschwerlichen Fahrt zu überlegen. Was für ein eigenartiger Handel, die Pillen für mythische Geschichten! Ist es nicht eine Art teuflisches Spiel mit dem Körper, mit der Gesundheit, mit der Schönheit? Der Wagen fuhr auf dem Höhenweg, dann durch die Ebene zum Sepik hin. Als wir dabei waren, die Schachteln ins Kanu umzuladen, wurde mir klar, daß ich kein schlechtes Gewissen haben muß. Die Geschichten, wie ich sie bis jetzt erfahren habe, kann man von den Iatmul nicht kaufen. Sie ergaben sich immer aus einer Freundschaft, vom gegenseitigen Interesse genährt. Auch die Pillen, von Mbara gewünscht und von mir gebracht, sind ein Ausdruck dafür.

Mbara: »Du bist ein wirklicher Freund. Ich will auch nett zu dir sein. Was hast du mir alles gegeben? Ein Hemd, ein Lendentuch, und jetzt noch das Medikament!
Du willst Geschichten hören – nun gut. Als ich dir sagte, ich möchte das Medikament, hast du kein Blechgesicht gemacht. Ein Monat ist vergangen, du bist gereist, und heute, heute habe ich das Medikament in der Hand. Gut, was ich weiß, sollst du auch wissen. Ich erzähle dir, wie

mein Dorf Palimbei zustande kam. Die Scheibe, auf der es liegt, sollst du umdrehen, den Stuhl, auf dem ich sitze, unter mir herausschlagen, die Wurzeln, die meine Beine geschlagen haben, herausreißen. Höre zu!
Früher hat es hier an diesem Abschnitt des Flusses nur wenige Dörfer gegeben. Als wir, d. h. unsere Vorfahren, hier ein Dorf gründeten, hat es flußabwärts Kararau, Tembunge und Yanmeri, flußaufwärts Sotmeri, Suimbo und Maiviagwi gegeben. Suaragwi ist bereits früher untergegangen, ein großer See ist heute an der Stelle. Sotmeri war das älteste und das stärkste Dorf. Verwechsle es aber nicht mit Sotmeri von heute, das vor wenigen Jahrzehnten erbaut wurde. Früher, als unsere Vorfahren hier Palimbei gründeten, hat es noch das ursprüngliche Dorf Sotmeri gegeben.
Du weißt, mein Klan heißt Ngawingwat. Vier Klane sind wir: erstens Watmbei, zweitens Ngavingwat, drittens Sui und viertens Mongwa. Unser gemeinsamer Vorfahre ist Mengenwan. So heißt er, Mengenwan. Ganz am Anfang ist alles in Dunkelheit gewesen. Wir waren alle drinnen, an einem Ort zusammengedrückt, im Dunkel, bis der Bruch sich ereignete und die Sonne aufging. Nun setzten sich die ursprünglichen Wesen in Bewegung und jedes suchte sich seinen Platz. Das war die Zeit der ersten Dorfgründungen. Wenn du fragen würdest, wer Palimbei gegründet hat, jedermann würde sagen, daß es der Klan Saun war. Es stimmt auch, Saun ist mein Bruder. Der Mann, von dem die Saun abstammen, und derjenige, von dem wir abstammen, waren Brüder. So. Unser Vorfahre ist der jüngere, der von Saun der ältere Bruder. Der Mann von Saun ist zuerst gegangen. Er ließ mich zurück, d. h. er ließ meinen Vorfahren zurück, ich blieb drinnen, und er ist herausgekommen. Er kam hierher als erster, war aber nicht bis zu diesem Ort, wo heute Palimbei steht, vorgedrungen. Er kam nur bis zum Kurupmui. Die Uferstrecke links von der Bachmündung gehört ihnen, den Saun.«
Ich: »Der alte Paliwan hat sich dort sein Haus gebaut, als

er sich vom Dorf zurückziehen wollte, nicht wahr? Heute steht dort bereits eine kleine Splittersiedlung von Palimbei.«
Mbara: »Ja. Das ist das ursprüngliche Grundstück von Saun. Mein Vorfahre schaute sich um und sah seinen Bruder nicht: er war weggegangen. ›Ai! Als er sich auf den Weg machte, sagte er nichts! Wir wollten zusammen einen Ort suchen, er hat mir aber nichts gesagt und ist gegangen.‹ So ist er heimlich aufgebrochen. Unser Vorfahre, von Watmbei, Ngawingwat, Sui und Mongwa, folgte ihm, verließ auch den Ort, wo sie vorher zusammen waren, und ging, folgte dem Vorfahren von Saun auf seinen Spuren, bis er hierher kam. Der Mann von Saun blieb am Kurupmui stehen; mein Vorfahre ging weiter, bis zum Ort, wo heute das Dorf steht. Das Dorf Palimbei steht auf seinem ursprünglichen Grundstück. Kannst dich besinnen, als wir vor zwei Monaten das große Fest für mein Kanu machten, wie alle Menschen vom Dorf hinrannten? Ich ging auf den Tanzplatz hinaus und sang die Namen dieses Ortes. Kannst du dich besinnen?

Palimbeiagwi Yabrambeiagwi
Nsumariagwi Nsungweñmariagwi
Nsukamben Mbiatkamben
Katmbatavi Saknambatavi ...
usw.

Alle kamen zum Fest, Mann oder Frau, keiner konnte zuhause sitzen bleiben, als sie meine Stimme gehört hatten. Siehst du? Die Namen unseres Dorfes, die ich sang, sind die Namen des ursprünglichen Grundstückes, das mein Vorfahre eingenommen hat.«
Ich: »War er der erste, der seinen Fuß darauf gesetzt hat? Hat er das erste Männerhaus aufgestellt? Hat er das Dorf Palimbei gegründet?«
Mbara: »Unser Vorfahre kam also bis zu dem Ort, wo heute Palimbei steht und setzte seinen Fuß auf – du kennst doch mein Haus, wo ich mit meiner Frau und Kindern wohne? Und die Häuser meiner Brüder rechts und links

davon? Dieses Grundstück ist es, das mein Vorfahre eingenommen hat. Das heißt, es war kein Grund hier, es war eine *agwi,* auf diese hat er seinen Fuß gesetzt, auf die Palimbeiagwi. Er kam, setzte seinen Fuß auf die *agwi* und gab ihr den Namen: ›Du bist nun mein, du heißt Palimbeiagwi‹, sagte er, und befestigte sie mit einem Pfahl. Dann schlug er einen Trommelrhythmus, um seinen Bruder zu verständigen. Diesen Trommelschlag nennen wir *tepmarepma;* als ich während des Festes auf den Tanzplatz herausging und die Namen aufsagte, hat man im Männerhaus diesen Rhythmus ertönen lassen. Der ältere Bruder, der am Kurupmui angehalten hatte, hörte es nun. Als er dort ankam, hatte er sich so eingerichtet: er baute eine Plattform wie einen Tisch, schnitzte einen Hocker und setzte sich darauf. Seinen Kopf stützte er auf seine Hände, Ellenbogen auf seine Knie, er schaute vor sich hin. Er wollte zuerst die unbekannte Landschaft vor sich beobachten, und später wollte er weitergehen. Das hat er aber verpaßt, nicht wahr? Unser Vorfahre hat ihn überholt und als erster den Fuß auf Palimbeiagwi gesetzt! ›Ai! Wer schlägt hier die Trommel?‹ Der jüngere Bruder hat bereits ein Haus gebaut, ein kleines Männerhaus hat er sich gebaut, und er nannte es Yapmandawa. Nun schlug er dort seinen Trommelrhythmus. Der ältere Bruder hörte ihn und machte sich auf den Weg, um nachzuschauen. Er kam und sah seinen jüngeren Bruder.

›Oh, wie bist du hierher gekommen?‹ fragte er. ›Ich kam auf einem anderen Weg.‹ Weißt du, Milan, wo Naman und Yamangen ihre Häuser gebaut haben? Dort führt der Weg meines Vorfahren durch. Du hast doch gesehen, daß dieser Weg, wenn er das Dorf erreicht, direkt zu unserem Grundstück führt, wo unser Klan Häuser hat.

›Ah, wie bist du nur gekommen?‹ fragte der ältere Bruder. ›Ich kam auf einem anderen Weg. Meinst du, daß ich darauf angewiesen bin, immer deinem Weg zu folgen?‹ sagte der Jüngere.

Der Ältere sagte: ›Gib mir die Trommelschlegel, ich will

deinen Rhythmus fortsetzen.‹ – ›Da, nimm!‹ Nun schlug die Trommel der ältere Bruder, den gleichen Rhythmus, nur die letzte Sequenz schlug er anders. Das ist sein eigenes Zeichen. Wenn du den *tepmarepma* der Saun anhörst, merkst du, er ist wie der unsere, nur am Ende geht er anders.

Was ich dir sage, erzählen wir den Leuten von anderen Klanen nie. So dürfen sie es nie hören. Wenn sie alles über uns wüßten, könnten sie uns auf dem Wege des Zaubers schaden. Aber ich habe keine Angst vor dem Tod mehr. Hast du gesehen, wie viele Kinder ich habe? Die werden mich ersetzen. Mein Herz und dein Herz sind jetzt eins. Ich habe beschlossen, dir nichts zu verbergen.

›Du kannst den Namen Palimbeiabwan verwenden, das soll dein Name sein. Ich habe diesem Ort bereits einen Namen gegeben: Palimbeiagwi. Dies ist nun mein Ort‹, sagte der jüngere Bruder.

›Gut, sei es so‹, sagte der Ältere. ›Denke aber nicht, daß es entscheidend ist, daß du als erster gekommen bist. Denke nicht so. Du bist der jüngere, ich bin der ältere. Ich habe den Vorrang.‹

›Hm, so. Ich kam zuerst hierher, ich habe meinen Fuß zuerst auf diesen Ort gesetzt, ich habe ihm den Namen gegeben. Den Vorrang sollst du haben!‹ So sprach unser Vorfahre. Wenn die Saun im Männerhaus sagen: ›Dies ist mein Ort, ich bin der Gründer von Palimbei!‹, sage ich nie etwas dagegen. Jawohl, so ist es, sie haben den Vorrang. Ich sage nie etwas, ich denke mir nur meinen Teil.

So. So war es und so ist es. Das Dorf Palimbei war nun gegründet. Unser Vorfahre, Mengenwan, war zunächst kein Kämpfer. Er ging nicht aus, um die Menschen von anderen Dörfern zu überfallen und zu töten. Nein. Er war ein Mann von einem ganz anderen Schlag. Wenn die von anderen Dörfern Krieg führen wollten, hat er Freundschaften gemacht. Er war vorsichtig, ruhig, und im Schließen der Bündnisse bewandert. Wie hat er das gemacht? Mengenwan hatte einen riesengroßen Penis. So einen wie mein

Arm. Er trug nicht die gewöhnliche Schambedeckung, wie wir sie trugen, bevor wir die Hosen angezogen haben. Beim Fest hast du es gesehen, man steckt einige *lagi*-Blätter hinter den Gurt, die dann herunterhängen und den Penis bedecken. Mengenwan machte es anders, er hatte ein ganzes Bündel Blätter direkt an seinen Penis gebunden. Mit seiner Frau Nambangendawa stieg er in sein Kanu und fuhr in der ganzen Gegend herum; sie saß am Heck und steuerte, er stand vorne aufrecht, Speer in der Hand und ein Bündel Blätter an seinem Penis. Er ließ sich nicht abhalten, wenn ein Dorf ihm feindlich gesonnen war; gerade in so ein Dorf ist er einfach hingefahren. Er sagte seiner Frau, sie solle Essen zubereiten. Er gab ihr Blätter, die er an seinem Penis trug, damit sie den Fisch oder was sie auch gekocht hat, darin einpackt. Sie hat das Essen in diese Blätter eingewickelt, gekocht, und in den fremden Dörfern verteilt: ›Hier, ein Fisch! Eßt davon!‹ Sie gab es ihnen mit einem Sagofladen und sie aßen. Das hat sie friedlich gestimmt. So ist er herumgefahren, hat Dörfer besucht, und seine Frau hat Essen verteilt. Als sie dann einen Überfall auf Palimbei machen wollten, ging es nicht. Sie waren ganz friedlich, alle Gedanken aufs Töten haben sie verlassen. Das hat er ganz alleine mit seiner Frau zustande gebracht. Nur Sotmeri hat widerstanden, einzig das Dorf Sotmeri hat immer noch Palimbei bekriegt. Mengenwan wollte hingehen, aber seine List hatte nicht gewirkt, die Männer von Sotmeri ließen sich nicht friedlich machen. Mengenwan dachte: ›Gut. Gut. Warten wir. Lassen wir es vorläufig‹, und mied das Dorf. Er kehrte nach Palimbei zurück und blieb ruhig.

Eine Frau von Sotmeri hatte ihn gesehen und hörte nicht auf, an ihn zu denken: ›Ah, was für ein Mann war es! Solche Männer gibt es hier in Sotmeri nicht. Mit ihm kann man sie nicht vergleichen. Man sagte: Mengenwan! Das ist sein Name. Ich schaute ihn an und sah, er ist ein großartiger Mann, mein Herz liebt ihn sehr, ich möchte ihn haben.‹ Diese Frau besaß außerordentliche Kräfte, es war

keine gewöhnliche Frau. Ihr Name ist Leek, es ist die Ahnfrau des Klanes Lenga. Die Gedanken an Mengenwan bewegten sie und sie faßte ihren Entschluß.
Sie stand auf, löste ihren Faserrock, der zu ihren Füßen herabfiel. Sie war nackt. Sie nahm eine Perlmuttplatte, auf Halbmondform zugeschnitten – eigentlich ein Halsbehang, den wir beim Tanz anlegen, und drückte sie auf ihre Vulva. Und die Platte haftete an ihrem Geschlechtsteil. Darüber legte sie zuerst einen alten Rock, dann noch einen schönen neuen und befestigte sie mit der Hüftschnur. In der Nacht, als alle Bewohner des Dorfes, Erwachsene, Kinder, alle in den Häusern waren, stieg sie ins Kanu und brach auf. Sie beschloß, Mengenwan zu sehen. Das Kanu glitt – sie paddelte nicht, sie kam mit der Strömung. Weißt du, wo der große *nsangwan*-Baum steht? Am Dorfrand? Dort floß der Sepikstrom vorbei, in jener alten Zeit ist der Hauptstrom dort gewesen. Jetzt gehen wir eine halbe Stunde, bis wir am Sepikfluß sind; damals lag Palimbei direkt an seinem Ufer! Die Urväter haben es den Vätern, die Väter uns erzählt. Sie paddelte nicht, sie legte sich ins Kanu, das heruntertrieb, als ob niemand drin wäre, als ob sich ein treibender Baumstamm vom Oberlauf dem Dorf näherte. Mit dem ersten Hühnerschrei kam sie nach Palimbei, der Tag war noch nicht angebrochen.
Sie schritt durch das Dorf zu dem Grundstück, wo heute Häuser von unserem Klan stehen, als ob sie wüßte, wo Mengenwan wohnt. Sie kam näher. Mengenwan sah sie kommen und wandte sich zu seinen Frauen – er hatte viele Frauen. Er sagte:
›Ai, schaut! Was für eine Frau ist es, die da kommt?‹
Seine Frauen schauten nach und sagten: ›Das können wir nicht wissen. Es muß eine Frau von einem anderen Dorf sein. Wenn es eine von Palimbei wäre, dann wüßten wir schon. Lassen wir sie nur, wir werden bald sehen, was sie will, ob sie zu uns kommt, oder ob sie weitergeht.‹ So sagten sie und beobachteten sie. Sie kam direkt zum Haus von Mengenwan und sagte:

›Ai! Überall höre ich den Namen Mengenwan, Mengenwan, und weiß nicht recht, wer das ist.‹ Sie stellte sich so, als ob sie keine Ahnung hätte. ›Ich weiß nichts von diesem Mann. Sein Name wird überall genannt, Mengenwan, Mengenwan, bis jetzt habe ich ihn aber nicht gesehen. Ich möchte ihn sehen, deswegen bin ich gekommen.‹ Sie stand vor der Hausfront und schaute ihn an. Er saß in der Türöffnung und schaute sie an.

›Mich suchst du? Mich? Meinen Namen hast du gehört? Man hat von mir geredet und du hast gehört? Da bin ich, von mir war die Rede.‹

›Ah, du bist also Mengenwan!‹ sagte sie. ›Unten im Kanu gibt es Betel.‹

Mengenwan stieg herunter vors Haus und sagte: ›Geh ins Haus! Dort sind meine Frauen.‹ Dann schritt er zum Ufer, schaute sich an, was sie gebracht hatte, stieg ins Wasser und schob ihr Kanu zu seiner Anlegestelle. Er band es an und kehrte ins Haus zurück. Er sagte zu seinen Frauen: ›Geht, holt alles, was sie im Kanu hat, und bringt es ins Haus!‹ Die Frauen gingen herunter und schleppten alles ins Haus, Taschen mit Betel, Betelpfeffer und Nahrungsmittel.

Leek setzte sich und sagte zu Mengenwan: ›Heute nacht kannst du nicht zu mir kommen. In der nächsten Nacht, dann kannst du zu mir kommen, meinen Rock lösen und mein Geschlecht sehen. Dann werden wir zusammen Liebe machen.‹ In der ersten Nacht schlief sie bei den Frauen, zusammen mit Nambangendawa, der ersten Frau Mengenwans.

Am nächsten Tag, noch vor dem Morgenanbruch, sind die Frauen zum See fischen gegangen, nur Leek ist im Haus geblieben. Sie setzte sich auf den Boden nahe der Türöffnung und wartete. Mengenwan stand auf und ging sich waschen zum Fluß. Er kehrte zurück, hinauf ins Haus, wortlos an Leek vorbei, nahm sein Täschchen mit Fladen und Fisch, hängte es an die Schulter, und ging wieder hinaus. Er wollte frühstücken. Er setzte sich in sein kleines

Männerhaus, nur wenige Schritte vom Wohnhaus entfernt, machte Feuer an und wärmte den Sagofladen. Leek, die Frau von Sotmeri, saß oben in der Türöffnung; er konnte sie sehen, während er aß. Nach dem Essen spülte er seinen Mund und seine Hände und setzte sich wieder.
Die Frau sagte: ›Hei, komm rauf ins Haus! Wann kommen deine Frauen zurück?‹
›Oh, gegen Mittag. Jetzt sind sie am See. Sie werden vor dem Mittag kaum zurückkommen‹, sagte er.
›Ah, das ist eine lange Zeit. Komm rauf ins Haus, wir reden zusammen‹, sagte die Frau, und er nahm seine Tasche und ging rauf ins Haus. Er setzte sich ihr gegenüber auf einen Hocker. Wie sie am Boden saß, rückte sie näher zu ihm und fragte: ›Sag mir, was du willst. Willst du tagsüber warten, wie ich gestern bestimmt habe, und in der Nacht meinen Rock lösen, oder willst du mich am Tage sehen?‹
›Ja‹, sagte Mengenwan. ›Wenn ich deinen Rock in der Nacht löse, kann ich dein Geschlecht nicht gut sehen, im Dunkel kann ich nicht richtig schauen, was unter deinem Rock ist. Das ist nichts. Jetzt am Tag will ich schauen.‹ So sagte er. ›Ich will richtig sehen. Ich kenne dich nicht. Du kamst von Sotmeri, sagtest du, du heißt Leek und bist die erste Frau des Dorfes. Ich weiß nicht, was es bedeutet, warum du kamst. Ich will es gleich erfahren.‹
›Gut, das wollte ich wissen‹, sagte sie, rückte etwas weg von ihm und stand auf. Sie stand nun vor ihm und sagte: ›Löse selbst meinen Rock!‹
Mengenwan stand auf, kam zu ihr und löste die Hüftschnur ihres neuen Rockes, nahm ihn ab und sah den alten Rock darunter. Den Rock, den er gelöst hatte, legte er auf die Seite und fragte: ›Was ist mit dem anderen , soll ich ihn auch lösen?‹
Die Frau sagte: ›Ja, nimm alles ab.‹
Er löste den alten Rock auch und sah die Perlmuttplatte, die ihr Geschlecht zudeckte: ›Ah!‹ Er legte auch den zweiten Rock auf die Seite und sagte: ›Ah! So bist du gekommen! Was heißt das, warum bist du so gekommen?‹

›Nun, ich bin gekommen, weil ich dich heiraten will‹, sagte die Frau. ›Jetzt löse den Schmuck!‹ Er nahm die Perlmuttplatte weg und sah nun ihr Geschlecht. Er legte die Platte auf die Seite zu den zwei Röcken.
›Wenn du willst, machen wir jetzt Liebe‹, sagte die Frau und er antwortete: ›Gut. Ich sagte dir doch, ich wolle alle deine Röcke gleich lösen.‹ Die Frau legte sich auf den Rükken, er setzte sich auf ihren Schoß und sie machten Liebe. Als sie fertig waren, stand er auf. Sie stand auch auf und sagte: ›Jetzt bist du mein Mann. Bis jetzt konnte dir Sotmeri widerstehen. Jetzt bin ich zu dir gekommen, heute hast du mich gesehen, wir haben Liebe gemacht. Die Männer von Palimbei sollen sich vorbereiten, um Sotmeri zu vernichten.‹ So sprach sie zu ihrem Mann Mengenwan. Ich sage dir, wie groß die Perlmuttscheibe war. Hast solche Platten beim Fest gesehen? Wir hängen sie an, wenn wir uns für den Tanz schmücken. Sie liegen dann an der Brust des Tänzers. Hast du gesehen? All die Scheiben, die du gesehen hast, sind klein. Die Perlmuttscheibe, die Leek an ihr Geschlecht gedrückt hat, war riesig. Wenn du sie an die Brust hängen würdest, würde sie die ganze Breite deines Körpers einnehmen. So groß war auch die Öffnung ihrer Vulva.
Sie war eine Ahnfrau, sie hatte dem Dorf Sotmeri seine Lebenskraft und seine Überlegenheit gegeben. Sie war die Ahnfrau des Klanes Lenga, die Vulva ist ihr Ahnenzeichen; die von Lenga und Yatmel sagen, wir sind die Mutter, wir sind die Vulva, aus der Alles entsteht, die Mutter, die dafür sorgt, daß sich die Menschen mehren. Und diese Vulva ist riesengroß! Und dieser Perlmuttschmuck, mit dem sie sie zudeckt, ist auch riesengroß! Es gab keinen Mann in Sotmeri, der sie beschlafen konnte, sie war die ursprüngliche und ewige Ahnfrau, von der die Kraft des Dorfes abhing. Nur dank ihr war uns Sotmeri überlegen. Palimbei war damals kein starkes Dorf. Mengenwan fuhr alleine in die umliegenden Dörfer, stimmte sie freundlich, besuchte Kararau, Tembunge, Yanmeri, besuchte Sua-

ragwi, besuchte Suimbo und Maiviagwi. Als er nach Sotmeri wollte, hatte man ihm mit Kampf geantwortet. So hatte er sich gesagt, er wolle abwarten. Dann kam Leek zu ihm.

Was ich dir erzähle, das ist das Fundament von Palimbei. Was meinst du, was hält uns aufrecht? Was gibt uns Kraft? Diese Frau, die eine Perlmuttplatte auf ihre Vulva legte und zu meinem Vorfahren kam. Dann sind wir stark geworden, dann haben wir uns vermehrt. Das Dorf Kanganamun ist wie das erste Kind von Palimbei. Malingei ist das zweite Kind von Palimbei, Yensan das dritte Kind von Palimbei. Das heutige Dorf Sotmeri wurde von Auswanderern aus Malingei gegründet. Das alte Dorf Aibom wurde früher von anderem Volk bewohnt; wieder waren es Auswanderer aus Malingei, die es überwunden und besiedelt haben. So stieg die Macht von Palimbei. Malingei und Kanganamun haben sich zusammengetan und Kararau angegriffen. Die Bewohner von Kararau haben sich in den Wald zurückgezogen und wer weiß, was mit ihnen geschehen wäre, wenn Palimbei, das Mutterdorf, nicht eingeschritten wäre und Kararau gegen die zwei eigenen Töchterdörfer unterstützt hätte. Das alles hat Mengenwan zustandegebracht, der erste Mann von Palimbei, mein Vorfahre. Was ich dir jetzt erzähle, ist das Innerste von Palimbei, die Quelle seiner Macht. Schau mir in die Augen! Was siehst du? Ich kann dich direkt und fest anschauen. Das ist Palimbei! Diese Perlmuttscheibe, das ist Palimbei! Die Scheibe, mit der sie ihre Vulva zudeckte. Du kannst dir nicht vorstellen, wie groß ihre Vulva ist: die Schamlippen klaffen auseinander und die Öffnung, die hineinführt, ist ellenbreit.

Ich erzähle dir Dinge, Milan, die wir anderen Menschen nicht erzählen. Warum erzähle ich es dir? Du lädst mich zu dir ein, du bewirtest mich, du beschenkst mich. Du bist nicht mein Bruder wie Ndumoi oder Wensara. Und doch, wenn ich etwas brauche, wendest mir nicht den Rücken zu. So machen es Brüder, wie du es machst. Du willst Geschichten hören, so erzähle ich dir. Ich glaube nicht, daß die Männer, mit denen du so lange Nächte gesprochen hast, dir diese Dinge erzählt haben. Was sie dir geben, ist nur der äußere Schmuck. Das Innerste behalten sie für sich, wie wenn du von der Braut nur ihren Kopfschmuck bekämest. Den Schmuck geben sie dir. So ist es bei uns, das Innerste decken wir immer zu. Es ist wie mit der Perlmuttscheibe, mit der Leek ihre Vulva zudeckte. Die Männer, mit denen du sprichst, geben dir das Innerste nicht. Die Scheibe auch nicht, die ist noch zu nahe daran, die berührt die Vulva. Die bekommst du nicht. Was oben, was außen ist, das geben sie dir. Ich bin anders, ich gebe dir jetzt Palimbei! Ich bin Palimbei! Mein Vorfahre hat Palimbei gegründet und groß gemacht! Hast du gesehen beim Fest? Als ich meine Stimme erhob und die Namen von Palimbei sang, waren alle waren von den Häusern heruntergekommen und rannten zum Tanz. Ich bin der Gründer von Palimbei!

Nun will ich die Geschichte vom Untergang des alten Sotmeri weiter erzählen. Die Geschichte von dieser Frau, die nach Palimbei kam. Mengenwan schob seinen Penis in die Öffnung ihrer Vulva, und sie haben genau zueinander gepaßt! Ihre Geschlechtsteile waren von gleicher Größe. Nachdem sie zusammen Liebe machten, sagte die Frau: ›Du bist gleich wie ich. Du bist gleich wie ich. Ich gehe jetzt nach Sotmeri zurück, und das wird für alle Männer und Frauen dort den Untergang bedeuten. Du bist jetzt mein Mann und ich bin Frau von Palimbei!‹

›Warte‹, sagte Mengenwan, ›fahre erst morgen. Ich gehe jetzt ins Männerhaus und schlage die große Trommel. Wenn sich alle versammeln, werden wir ein Schwein für dich schlachten. Wir werden eine große Tasche mit Schweinefleisch und Sagofladen füllen, und die nimmst du mit.‹ Die Frau antwortete: ›Gut. Mache wie du willst. Ich habe viel von dir gehört, bis ich beschlossen habe, dich aufzusuchen. Wir haben uns getroffen, haben zusammen Liebe gemacht. Jetzt willst du ein Schwein töten lassen.

Gut, ich warte, bis alles gemacht wird und nehme meinen Teil mit, ich will aber noch in der Nacht zurückkehren.‹ – ›Abgemacht!‹ sagte Mengenwan. ›Nun gehe ich mich waschen.‹

Nachdem er an seiner Wasserstelle gebadet hatte, ging er ins Männerhaus. Er schlug das Signal für große Versammlung; und allmählich kamen alle Männer zusammen. Mengenwan hielt eine Rede:

›Nun geht und tötet ein Schwein. Sagt euren Frauen, daß sie Sagofladen backen sollen, während ihr das Schwein schlachtet und kocht. Dann macht ihr drei Haufen, für jedes Männerhaus im Dorf einen, und einen gleichen vierten Haufen legt ihr auf die Seite. Hört! Es geht um eine große Sache! Ich will einen alten Gedanken verwirklichen. Wollt ihr Sotmeri vernichten? Wollt ihr?‹ fragte er die Männer von Palimbei und sie antworteten: ›Ja. Sag uns, wie du es dir denkst, wir wollen dir folgen. Du weißt, wir wollen Sotmeri vernichten. Es ist das einzige Dorf, das gegen uns aufkommt. Wie viele von uns haben sie bereits getötet!‹

Sie holten ein Schwein, schlachteten es und kochten es. Die Fleischstücke legten sie auf ein Gestell und begannen sie auf drei Haufen zu verteilen. ›Einen Haufen mehr!‹ sagte Mengenwan; den vierten wollte er der Frau geben. Die Männer von Palimbei wußten noch nichts von dieser Frau, er hatte ihre Ankunft verheimlicht. Sie saß in seinem Haus versteckt. Die Frauen von Mengenwan sorgten für sie und machten ihr Essen.

Einen Haufen Fleisch und Fladen brachten sie in das Männerhaus am oberen Dorfende, einen anderen in das mittlere, den dritten in das untere Männerhaus. Den vierten Haufen packten sie in eine große Tasche ein. Unten in die Tasche haben sie Bananenblätter hineingelegt, Sagofladen darauf, dann wieder mit Blättern zugedeckt, und das Schweinefleisch eingeladen. Mit einem letzten Bananenblatt deckten sie alles zu und legten einen großen Betelzweig auf die volle Tasche. Mengenwan selbst trug sie nach Hause und übergab sie der Frau: ›Dies ist für dich!‹ In jedem der drei Dorfteile veranstaltete man ein Festessen. In jedem der drei Männerhäuser teilte man je einen der drei Haufen weiter auf, bis für jede Person, Mann, Frau oder Kind, eine Portion bereit stand. Die Portionen für ihre Familien brachte man in die Wohnhäuser, die Portionen für die Männer wurden im Männerhaus verzehrt. Es gab niemanden im Dorf, der nicht vom Schweinefleisch bekommen hätte.

Es wurde Nacht, ungefähr so spät wie jetzt. Alle hatten bereits gegessen. Die Frau war immer noch im Haus von Mengenwan. Nun war es an der Zeit, daß sie geht. Sie stieg herunter zu ihrem Kanu. Diese Perlmuttscheibe, mit der Leek ihre Vulva zudeckte, hatte sie im Haus von Mengenwan gelassen, im Gebälk aufgehängt. Den alten Rock, den sie zuoberst trug, hatte sie auch im Haus gelassen. Sie wollte ja wieder zurückkommen! Nur den neuen Rock hatte sie angelegt, und bei Nacht schritt sie zu ihrem Kanu, um nach Sotmeri zurückzukehren. Sie bestimmte einen Tag: ›Morgen ist der Tag, an dem sich die Frauen ausruhen können und nur wenige fischen gehen *(kwosara)*, übermorgen der Tag des Fischfangs *(satsebwa)*, am darauffolgenden Tag ist der große Markt *(wengasebwa)*. Das sind drei Tage; am vierten wieder *kwosara*. An diesem Tag werden im See von Sotmeri außerordentlich viele Fische erscheinen‹, so bestimmte sie, bevor sie ging.«

Ich: »Sie meinte den großen Ñangra-See von Sotmeri?«

Mbara: »Ja. Den meinte sie. Es vergingen drei Tage und die Frau machte sich daran, Fische zu machen – das Schweinefleisch, das sie von Palimbei mitgebracht hatte, aß sie auf, las alle Knochenreste zusammen und warf sie des Nachts in den Sepik. Niemand von Sotmeri hatte sie gesehen. So. Sie fällte einige Bananenstauden in ihrem Garten und schnitt das weiche Mark aus den Stämmen heraus. Das Mark zerhackte sie in kleine Stücke und versorgte sie in einem Korb. Sie brachte es nach Hause, setzte sich dem Korb gegenüber auf den Boden und begann ihren Zaubergesang. Sie wollte Fische machen, die Welse mit

drei gedornten Flossen, die in dieser Jahreszeit in Schwärmen auftauchen. Die ganzen drei Tage saß sie dem Korb gegenüber und sang. In der Nacht vom dritten auf den vierten Tag, kurz vor der Morgendämmerung, versteckten sich die Männer von Palimbei im Gras um den Ñangra-See: sie wollten die Bewohner von Sotmeri überfallen. Während der Nacht fuhren sie in ihren Kanus hin, umzingelten den See und versteckten sich im Gras. In der gleichen Nacht beendete Leek ihren Gesang, nahm den Korb zum See und schüttete seinen Inhalt ins Wasser. Nun, nun war der See übervoll mit Fischen. Jeder der Schnippel hatte sich in einen Fisch verwandelt.
Die Bewohner von Sotmeri erwachten am Morgen. Als die wenigen, die zum See fischen gingen, den großen Fischschwarm bemerkten, schickten sie sofort einen Boten zurück. Durchs ganze Dorf ertönte der Schrei, der das Auftauchen vieler Fische bedeutet: ho – ho – hooo! Alle, Männer, Frauen, Kinder – solche, die bereits gut fischen konnten – eilten zum See. Jedermann nahm sein Kanu und paddelte hin. So. Alles geschah so, wie es Leek bestimmt hatte. Sie selbst ging in einen kleinen Vogel hinein und führte ihn zum See, flog über das Grasland und die Sümpfe, wo Männer aus Palimbei versteckt waren. Wenn einer von ihnen seinen Kopf zu hoch gestreckt hatte, ertönte ihre Stimme: ›Paß auf! Paß auf!‹ und der Mann senkte seinen Kopf. Die Männer warteten, bis alle Menschen, die fischen wollten, am See waren. Sie flog über den See im großen Bogen, und die versteckten Männer warteten auf ihre Stimme. Nun schrie sie: ›Los jetzt! Los jetzt!‹ Der Vogel flog den letzten Bogen und verschwand am Horizont. Schluß! Es war aus mit Sotmeri. Es war aus. Nur ein paar Menschen waren am Leben geblieben, kleine Kinder, die nicht imstande waren, ein Kanu zu nehmen und zum See zu fahren, und ein paar ältere Kinder, die im Dorf blieben, um ihre kleinen Geschwister zu hüten. Nur kleine Kinder, wie meine Kinder bis zum Alter von Samak, blieben im Dorf. Alle älteren Kinder, die bereits vom Fischfang etwas

wußten, starben zusammen mit ihren Eltern im See. Leek selbst hatte es so eingerichtet und Sotmeri war untergegangen. So. Und was nun? Die wenigen, die geblieben sind, weinten und klagten.
Die Männer von Palimbei kehrten in ihr Dorf zurück, tanzend und singend, die Köpfe, die sie den Opfern abgeschnitten hatten, an den Haaren hochgehoben, hin und her im Rhythmus schwankend. Frauen und Kinder empfingen sie in Palimbei mit Jubel, ein großes Fest hob sofort an, die Trommeln des Männerhauses ertönten. Alle Dörfer in der ganzen Umgebung hörten nun: ›Hört! Hört! Palimbei war siegreich!‹
Und in Sotmeri? Die Kinder lasen die Körper der Toten zusammen, luden sie in die Kanus und brachten sie ins Dorf. Den ganzen Tag lang gruben sie Gräber aus, und bis sie mit der Arbeit fertig waren, brach die Nacht ein. Am Morgen des nächsten Tages sprang ein Hund in den Sepik. Der Urahne von Sotmeri, der Gründer des Dorfes, ging in den Hund hinein. Er veranlaßte ihn, ins Wasser zu springen und zu tauchen. Der Hund holte die Knochenreste vom Festessen, die Leek vorhin in den Sepik geworfen hatte. Er holte die Knochen im Flußbett, tauchte wieder auf und brachte sie ins Männerhaus; er legte sie in die Mitte zum zentralen Pfosten des Männerhauses von Sotmeri. Ja, es war der Urahn des Dorfes, der nun in den Hund hineinging und die Knochenreste ins Männerhaus brachte. Die Kinder sahen den Hund und die Knochen, die älteren Buben schlugen die Signaltrommel und alle Verbliebenen kamen zusammen. ›Ai! Woher kommen diese Schweineknochen? In letzter Zeit hat man in unserem Dorf kein Schwein getötet. Woher also kommen diese Knochen?‹ Sie beschlossen bei Leek nachzuschauen. Sie aber wußte, was vor sich geht, nahm alle ihre Sachen und brachte sie zu ihrem Kanu, ohne daß sie jemand gesehen hätte. Alles nahm sie mit, die ganze Einrichtung ihres Hauses, Feuerschalen, Vorratstöpfe, Taschen, Röcke und Schmuck, alles legte sie ins Kanu und verließ das Dorf. Niemand hatte sie dabei

gesehen, als sie nach Palimbei aufgebrochen war, um zu Mengenwan zu gehen, mit dem sie nun verheiratet war. Die Kinder gingen zum Haus von Leek und riefen: ›Schaut! Diese Frau ist es! Sie ließ unser Dorf untergehen! Sie gab die Männer und Frauen von Sotmeri preis! Sie muß Schweinefleisch von einem anderen Dorf gebracht haben. Diese Frau hat unser Dorf vernichtet!‹ Als sie alle zusammengekommen waren, gingen sie ins Haus hinauf – es war aber leer. Die Frau war weg und alle ihre Sachen waren weg. ›Ah, sie ist davon‹, sagten sie. ›Ah, was machen wir nun? Sicher werden die Feinde nochmals kommen und auch uns alle töten.‹ Sie gingen zurück ins Männerhaus und berieten sich und beschlossen, das Dorf zu verlassen. In der Nacht schlief niemand, so sehr hatten sie sich gefürchtet. Die Erwachsenen lagen alle unter einer dünnen Schicht Erde begraben, die Kleinen riefen nach der Mutter und die Älteren wußten nicht, wie sie die Kleinen beruhigen sollten. ›Oh, was für ein Elend! Wie werden wir enden?‹ Sie wachten die ganze Nacht, wenn eines eingeschlafen war, weckte es wieder der Schrei der Kleinen, die nach den Müttern riefen. Vergebens nahmen die älteren Geschwister sie in die Arme und versuchten sie zu beruhigen. So hatten sie die Nacht verbracht und niemand ruhte sich aus, in allen Häusern das gleiche Bild. Es kam der Tag und verging; in der nächsten Nacht schliefen sie endlich vor Erschöpfung ein. Es verging wieder ein Tag und eine Nacht – am dritten Tage hatten sie Sotmeri verlassen. Manche gingen flußaufwärts in das Gebiet der Ñaura, andere in das nördliche Waldgebiet, andere noch weiter nördlich ins Grasland, in das Gebiet von Maprik, Wosera, Yangoru, manche gingen in die südlichen Grassümpfe, in das Gebiet von Samburi, Aibom, andere wieder flußabwärts, weit, weit, bis zur Insel Manam, ja bis nach Rabaul. Sie zerstreuten sich in alle Richtungen, sie verteilten sich an vielen Orten, ein oder zwei Kinder an einem Ort, ein oder zwei an anderen. Palimbei hatte Sotmeri vernichtet, und Sotmeri hatte sich in alle Richtungen zerstreut.

Diese Frau, Leek, die war es! Die hatte Mengenwan um den Finger gewickelt. Die erste Frau unter den Frauen Mengenwans, die von Palimbei stammten, Nambangendawa – sie ist eine Ahnfrau des Klanes Kengwivara, von dem alten Tavendambwi, sein Sohn arbeitet mit dir, nicht wahr? Die erste Frau Mengenwans, Nambangendawa, konnte unmöglich Liebe mit ihm machen, ihre Vulva war nicht zu vergleichen mit der Vulva von Leek. Mengenwan konnte mit keiner Frau in Palimbei schlafen, er war mit ihnen wie mit seinen Schwestern. Nambagendawa saß hinten am Heck seines Kanus, und zusammen besuchten sie die umliegenden Dörfer, aber Geschlechtsverkehr kam nicht in Frage. Sie konnte den Penis von Mengenwan nicht aufnehmen, ihre Vulva war klein, so wie die Vulva unserer Frauen heute, einfach eine kleine Vulva. Der Penis von Mengenwan war so groß, daß seine Frauen sterben würden, wenn er mit ihnen schliefe. Einzig die Leek! Nur ihre Vulva paßte zum Penis von Mengenwan. Dies ist das Fundament von Palimbei, was ich dir erzählt habe. Diese Frau suchte sich Mengenwan aus, nahm die Seite von Palimbei und wurde seine erste Frau. Das war der Untergang von Sotmeri. Nun wurde Mengenwan der größte, der stärkste, nun hatte Palimbei alle anderen Dörfer überflügelt. Palimbei konnte sich nun ungehindert vermehren, es gibt heute sechs weitere Dörfer, die von Palimbei abstammen. Früher hatte uns Sotmeri bedrängt, von Zeit zu Zeit uns überfallen, unsere Menschen getötet. Überall wurde Sotmeri geachtet und gefürchtet. Palimbei war kein starkes Dorf. Mengenwan war zahm und zu allen wie ein Bruder; er dachte nicht ans Töten, ans Streiten, nein! Die Männer von Palimbei verließen ihr Dorf nicht, um mit einem anderen Dorf zu kämpfen, nein. Sie saßen nur in ihrem eigenen Dorf. Wenn auch die Männer von Sotmeri sie überfielen und einige töteten, sie regten sich nicht, um Rache zu üben, nein. So war es und so blieb es, bis diese Frau Mengenwan aufsuchte. Jetzt war die Zeit der Rache gekommen, jetzt hatte sich die Wut in den Männern von Palimbei geregt. Sotmeri ist untergegangen und hat keinen Namen mehr. Was das heutige Sotmeri anbelangt, das ist etwas anderes, das ist eine neue Siedlung, die Menschen gegründet haben, die von Palimbei abstammen. Vorher war der Wald von Sotmeri lange unbewohnt, die Reste des alten Dorfes überwucherten zur Unkenntlichkeit. Alle umliegenden Dörfer holten dort Baumaterial, auch wir von Palimbei; wenn jemand ein Kanu machen wollte, holte er dort einen alten Baum. Was wir brauchten, konnten wir im Wald von Sotmeri holen, Rotang, Bambus, Palmen für den Hausbau. Erst unlängst, bereits zu unserer Zeit, ist eine kleine Gruppe von Malingei und Palimbei ausgewandert und hat dort ein neues Dorf gegründet. Das ist das neue Sotmeri.«

Wer ist der größere Kopfjäger?

Mbarangawi sitzt auf dem Stuhl und erzählt eine Geschichte; ruhig und langsam schildert er die grausamen Begebenheiten. Die Worte kommen mir ohne jeden Zusammenhang mit seinem unbewegten Gesicht vor. Es ist spät in der Nacht, und seine kleine Gestalt hinter dem Tisch, auf dem zwei Tonbandgeräte und ein großer Ordner liegen, wirkt wie ein Traumbild.

Mein Aufenthalt in Palimbei nähert sich seinem Ende, und das Datum der Rückreise nach Europa kommt heran. Ich habe die Sprache der Iatmul gelernt, sofern es in der kurzen Zeit möglich war; habe begriffen, wie das phonologische System funktioniert und kann Tonbandaufnahmen in eine lesbare, praktische Schriftform umsetzen; gewöhnliche Alltagssprache kann ich ohne Hilfe übersetzen, die Grundzüge einer Grammatik dieser Sprache habe ich bereits niedergeschrieben. Die Aufnahmen, die ich während der großen Streitgespräche im Männerhaus machte, blieben dennoch mein Sorgenkind. Nach der ersten hastigen Transkription und einer interlinearen provisorischen Übersetzung warf ich mich erneut in die Arbeit an einem Namenstreit, der mir besonders interessant erschien. Zwei bis vier Stunden täglich über Monate hinweg traf ich Tarendemi, einen jungen Mann, der bereit war, mit mir regelmäßig zusammenzuarbeiten, und der für die linguistische Analyse außerordentlich begabt war. Nachdem wir eine präzisere, auf den Sinn der einzelnen Sätze und Sequenzen ausgerichtete Übersetzung herstellten, sah ich klar, daß die Unverständlichkeit von *pabu* kein sprachliches, sondern ein mythologisches Problem war. Der junge Tarendemi half mir die Satzstrukturen und die semantischen Felder der einzelnen Ausdrücke zu begreifen; die mythischen Zusammenhänge der Männerhausgespräche kann aber nur ein älterer Experte aufklären. Im letzten Monat meines Aufenthaltes in Palimbei gewann ich Mbara für diese Arbeit.

In mühsamer, regelmäßiger Arbeit gingen wir die ganze achtstündige Tonbandaufnahme nochmals durch; Satz für

Satz ließ ich den Namenstreit, der sich vor mehr als einem Jahr im Männerhaus Payambet ereignete, wieder ertönen; Stück für Stück verfolgte ich meine Transkription, ergänzte und bereinigte sie, wenn es nötig war; und Mbara übersetzte erneut Idee für Idee, kommentierte den Verlauf der Diskussion und beantwortete meine Fragen. Was er sagte, nahm ich mit einem zweiten Gerät auf. Sein langsames und methodisches Temperament war eine glückliche Voraussetzung für unsere erfolgreiche Zusammenarbeit. Masoabwan, mit seiner nervösen Beweglichkeit, hätte bereits nach der ersten Stunde einer solchen langwierigen und peinlich genauen Beschäftigung, die seiner Meinung nach doch nur Selbstverständlichkeiten wiederkäut, mich mit meinen Geräten sitzen gelassen. Mbara hat es mit mir und mit der Aufgabe vier Wochen ausgehalten.

Wir trafen uns fast täglich kurz nach der Abenddämmerung, abseits in einem kleinen Haus. Normalerweise saßen wir mit unseren Gästen und Mitarbeitern auf den niedrigen Hockern, die von den Iatmul selbst geschnitzt werden, und an einem entsprechend niedrigen Tisch, den wir beigesteuert haben; die Iatmul verwenden keine Tische. Da es nun um eine ausgesprochene Schreibtischarbeit ging, stellte ich einen gewöhnlichen, höheren Tisch mit zwei Stühlen hin; eine starke Petroleum-Lampe beleuchtete meine Papiere und warf ihr grelles Licht mit scharfen Schatten auf das Gesicht von Mbara, der, weit im Stuhl nach hinten gelehnt, aufmerksam das Murmeln der elektronischen Wiedergabe anhörte.

Fast jede Nacht kam es einmal zu dem Augenblick, da Mbara irgendeine mythische Geschichte zu erzählen begann, die scheinbar mit unserer exegetischen Übersetzungsarbeit nichts zu tun hatte. Ohne ein Wort darüber, daß er nun aufhören will, das vorjährige Männerhausgespräch zu verfolgen, vertiefte er sich langsam und gründlich in eine Schilderung. Jetzt lag es an mir, nach einer Weile zu merken, was geschieht, dann den Ordner mit meinen Transkriptionen wegzuschieben, eines der Geräte

anzuschalten und eine bequeme Lage im Stuhl zu finden.
Mbara: »So. Zwei Brüder – zwei Männer – Der ältere Bruder war wie ein Vater, der jüngere wie sein Kind. Er war noch schwach, reden konnte er nicht, noch weniger kämpfen; er war noch klein und unerfahren. Ist es in Ordnung, wenn ich auf Pidgin erzähle? Oder willst du vielleicht, daß ich in meiner Muttersprache erzähle und dann ins Pidgin übersetze?«
Ich: »Lieber im Pidgin. So verstehe ich dich besser. Wenn du etwas sagen willst, wofür es im Pidgin kein rechtes Wort gibt, sage es nur in deiner Muttersprache.«
Mbara: »Gut. Also. Diese zwei Brüder – Die Zeit verging. Der jüngere hatte langsam alles gelernt und war nun ebenso geschickt wie sein älterer Bruder. Wie ein Kind, das von seinem Vater alles lernt, seine Bewegungsart und seine Gedanken übernimmt. So war es auch mit den zwei Brüdern. Der jüngere versuchte alles so zu machen, wie es der ältere machte. Der ältere Bruder war ein Wüterich und es mangelte ihm nie an Mut. Der jüngere war etwas zurückhaltender; er hörte zu, wenn man ihn tadelte, und machte sich Gedanken.
Der ältere nahm sich einmal seinen jüngeren Bruder vor: ›Ai! Du bist fad wie eine Leiche. Jedermann möchtest du ein Freund sein. Hast du so etwas bei mir gesehen? Bin ich etwa so? Nein! Ich mag Kameradschaften nicht! Ich mag nicht Freunde, die kleben! Ich mag Verbrüderungen nicht. Ob es Vettern oder Eltern sind, ich will sie mir vom Leibe halten. Ich bin alleine zufrieden. So ist der starke Mann: Was er in die Hände bekommt, zerreißt er. Er tötet gern.‹ So sprach der ältere Bruder. Mit der Zeit wurden die zwei Brüder einander immer ähnlicher.
Der ältere Bruder gehört zum Klan von Nagwan, das heißt zu den Klans Mbowi und Semal, und sein Name ist Wundangawi. Der jüngere Bruder, genannt Mbanmban, gehört mir, das heißt meinem Klan. Jeder Klan im Dorf hat seinen Adler. Alle sagen: der Adler gehört mir! der Adler gehört mir! Sie sagen: unser Adler ist besonders! der von

den anderen Klans ist ein ganz anderer Adler! Das stimmt alles nicht. In Wirklichkeit gibt es nur einen Adler und eigentlich ist er ein Mensch, ein Mann. Wenn du den Namen Palimbeiabwan hörst, wisse, daß dies sein Name ist. Er selbst! Er allein! Er und sein Bruder!
Der jüngere war nun ganz wie sein älterer Bruder, ganz ein Mann. Seine Gesinnung hatte er nun auch übernommen Die Gesinnung, die Geschicklichkeit und die Kraft der beiden waren nun gleich, die beiden wurden wie ein Mann. Man konnte sie kaum voneinander unterscheiden. Die Menschen von Mevembet lebten in ständiger Angst vor den zwei Brüdern. Früh am Morgen erhoben sich die beiden und gingen auf die Menschenjagd. Das war ihre tägliche Beschäftigung. Die Bewohner von Mevembet versteckten sich am Morgen ins Wasser; sie tauchten unter, nur ein Bambusröhrchen und heraufspringende Luftbläschen konnte man auf der Wasserfläche sehen. Durch das Röhrchen atmeten sie ein und direkt ins Wasser aus. Sie tauchten zwischen den Blättern der Wasserblumen unter, damit die zwei Brüder sie nicht finden, wenn sie am Morgen ausgehen. So ging es in Mevembet zu. Man erzählt, daß ein Mann, der das Dorf von der Plage befreien wollte, die zwei Brüder tötete. Das stimmt nicht. Niemand kann die zwei töten. Es war ihre Mutter, die ihrem Treiben den Einhalt geboten hatte. ›Oh, ihr zwei! Ich bitte euch, hört damit auf‹, sagte sie. Vor allem die Kinder vom Dorf dauerten sie. Die Erwachsenen konnten sich schon irgendwie helfen, sie versteckten sich oder versuchten sich zu wehren. Die Kinder waren in größerer Gefahr, und die Mutter der beiden machte sich große Sorgen, daß sie alle Kinder im Dorf auffessen würden. Wenn es keine Kinder mehr im Dorf gibt, was dann? Wie könnten sich dann die Menschen weiter vermehren? Die Alten würden nach und nach aussterben und das Dorf untergehen. So dachte die Mutter und so sprach sie auch zu ihren Söhnen. Sie bat sie aufzuhören, sie erklärte ihnen die Folgen ihres Treibens, versuchte ihr Mitgefühl zu wecken. Zu guter Letzt gehorch-

ten die zwei und machten Schluß. Sie faßten den Beschluß, sich dem Willen der Mutter zu beugen und die Dorfbewohner zu verschonen. Sie ergriffen darauf das Wort und sagten zu ihrer Mutter: ›In Ordnung, wir gehen jetzt. Wir verlassen diese Gegend und gehen auf eine lange Reise. Wir wollen einen sehr, sehr entfernten Ort aufsuchen. Sag allen, sie sollen – wenn wir zwei nicht mehr hier sind – in unserem Haus aufräumen. Alle Schädel und Knochen, die dort sind, sollen sie herausnehmen und begraben.‹ So sagten sie und gingen. Sie gingen auf eine weite, weite Reise – wie du mit deiner Frau, als ihr von eurer Stadt zu uns gefahren seid. So.
Die Mutter rief alle Bewohner von Mevembet zusammen und sie versammelten sich. ›Oh, die Mutter von den zwei Adlern ruft uns! Gehen wir und hören wir, was sie zu sagen hat.‹ Alle waren zusammengekommen, Junge und Alte, Männer und Frauen; jedermann hatte seinen Platz gefunden, setzte sich ins Gras und wartete. Die Mutter begann zu sprechen: ›Ich selbst habe meinen Kindern gesagt, sie sollen Mitleid haben und aufhören. Nun ist es mir gelungen, sie zu überreden. Schluß mit dem Töten, sie werden ihr Unwesen nicht mehr treiben! Sie sind weit, weit weggegangen.‹ So sprach die Mutter. Alle in der Versammlung waren über die Nachricht erfreut. ›Wenn ihr etwas denkt, was ihr sagen wollt, kommt mit der Sprache heraus‹, fügte die Mutter hinzu. Ein Greis stand auf und sagte: ›Ah! Ich schlage vor, daß wir, alle Dorfbewohner zusammen, ein großes Fest veranstalten. Ein Fest für dich‹, wandte er sich zu der Mutter. ›Oder noch besser warten wir, bis deine zwei Söhne zurückkehren, und dann machen wir das Fest. Wir bauen ein besonderes Gestell für dich und deine Familie und ihr könnt dann auf dem Gestell sitzen und essen.‹ Der Alte schlug dies vor, weil er die drei schön zusammen haben wollte. So könnte man sie überlisten und töten. Ha! Dann könnten wir sie töten! dachte der Alte, als er seinen Vorschlag machte. Die Mutter der zwei Brüder war aber eine außerordentliche Frau und

diese Gedanken blieben ihr nicht verborgen. Sie fragte: ›Ai! Alter! Bist du mit deiner Rede fertig?‹

›Ja‹, antwortete der Greis und setzte sich.

›Dein Vorschlag ist nichts. Laß das sein. Ich will nicht, daß ihr für uns ein Fest macht. Wenn die zwei eine festliche Versammlung sehen, bekommen sie wieder Lust auf Menschenfleisch, die Bösewichte. Es geht überhaupt nicht, daß alle Bewohner sich vor den Augen meiner Söhne zum Fest versammeln. Ich will es nicht.‹ Jetzt hatten sie alle wieder Angst, nachdem die Mutter gesprochen hatte.

›Wollt ihr nun hören, was ich weiter zu sagen habe?‹ fragte die Mutter. ›Ja, ja, sprich!‹ Die Mutter erklärte: ›Geht und bringt alle Schädel zusammen, alle Schädel und Knochen von Menschen, die meine Söhne aufgefressen haben. Fegt alle Knochenreste zusammen, macht ein Loch in der Erde und begrabt sie. Räumt gründlich auf! Zerstört das Nest der beiden!‹ Die Männer machten sich ohne Verzug an die Arbeit. Sie lehnten eine lange Bambusleiter an den Baumstamm, wo sich oben in der Krone das Nest der beiden befand. Hoch in der Krone hatten die zwei Brüder eine Plattform erbaut, auf der sie gewohnt hatten und von der aus sie ihre Überfälle unternahmen. Zwei, drei Männer kletterten hinauf und warfen all die Menschenreste herunter, die Schädel, die Knochen, und was noch im Nest war. Als alles herausgenommen war, riefen die Männer, die oben in der Krone waren, daß nichts mehr geblieben ist, und begannen das Nest zu zerlegen. Die unten hatten unterdessen ein Loch gegraben und waren nun dabei, alles aufzulesen. Das Loch war nicht klein, ich sage dir, es war mehr als zehn Meter lang, so ungefähr, wie von hier bis zu dem kleinen Dach dort. Alles warfen sie nun hinein, die Knochen, die Schädel, frische, an denen die zwei noch vor kurzem gefressen hatten, Knochen, an denen noch faulendes Fleisch und Hautfetzen hingen, all das warfen sie hinein, bis das Loch voll war. Dann bedeckten sie es mit einer Schicht Erde und – Schluß! Schluß jetzt! Eine kleinere Anzahl Männer machte sich noch an den Baum, auf dem die zwei Brüder ihr Nest hatten, und fällten ihn. Als der riesige Baum umgefallen war, war es wie ein Ende der Plage. Sie lebten ruhig ohne die tägliche Angst, ihr Leben zu verlieren. Sie arbeiteten, aßen, gingen zum Markt und zurück, und bald vergaßen sie ganz, daß all dies vor kurzem eine Gefahr bedeutete.

Eines Tages kamen die zwei Brüder zurück von ihrer langen Reise. Die Mutter sagte zu den Dorfbewohnern: ›Wenn ihr meine Söhne seht, denkt nicht an Feindschaft! Greift nicht an – sie werden auch nicht angreifen. Sie kommen nur, um uns wieder zu sehen, hoch über dem Dorf werden sie ihre Kreise machen. Sie werden sich nicht mehr herunterlassen, um einen von euch zu töten, nein, das ist vorbei. Sie folgen jetzt meinem Willen.‹ Die zwei Brüder waren zurückgekehrt, schwebten hoch über dem Dorf und schauten hinunter: der Rauch stieg von den Häusern, Kinder spielten in Gruppen, spazierten ohne Furcht auf den Wegen, Männer oder Frauen verließen das Dorf in verschiedenen Richtungen und kehrten wieder aus der Umgebung in ihre Häuser zurück. Die zwei Brüder schauten sich das an und sagten: ›Ah, gut. Es ist in Ordnung.‹ Sie näherten sich der Stelle, wo sie vorher ihr Nest hatten, sie fanden es aber nicht mehr; sogar der Baum, auf dem sie so oft gesessen waren, war nicht mehr da. Die Dorfbewohner hatten ihn gefällt und die zwei blieben jetzt ohne Haus. So. So war Ruhe ins Dorf eingekehrt und alle lebten in Frieden. Das war in Mevembet. Die anderen Dörfer überfielen sie weiter wie eh und je. Alle anderen Dörfer mußten sie weiter fürchten, nur mit diesem einem Dorf hatten sie Freundschaft geschlossen, mit dem Dorf, wo sie zusammen mit ihrer Mutter lebten. Es war ja das Dorf ihrer eigenen Mutter! Die Mutter selbst hatte sie in Schranken gewiesen und die beiden sind ihrem Willen gefolgt. Es herrscht Frieden im Dorf.

Die zwei Brüder bauten sich ein neues Nest auf einem Baum und richteten sich ein. Der jüngere Bruder dachte über sich selbst nach: ›Alles, was ich mache, mache ich zusammen mit dem Bruder und unter seiner Leitung. Nichts, was ich mache, mache ich selbständig und aus freien Stücken. Immer ist der ältere Bruder da! Alles geht nach seinen Vorschlägen, nach seinen Plänen. Wo bin ich eigentlich? Wann mache ich etwas nach meinem eigenen Kopf?‹ So dachte der jüngere Bruder und faßte einen Entschluß: ›Einmal in der Nacht, wenn er tief schlafen wird, werde ich alleine aufbrechen! In einem Nachbardorf will ich selbst jemanden töten!‹ dachte der jüngere Bruder und malte sich aus, wie es sein wird: ›Ich alleine töte jemanden und dann, wenn mein Bruder sehen wird, was ich gemacht habe – oh! – dann wird er anerkennen müssen, daß ich auch etwas bin! Dann wird er sagen: Oh! Mein jüngerer Bruder ist auch ein tüchtiger Mann! So wird er mit Freude und Stolz über mich reden.‹ Der jüngere Bruder faßte nun einen festen Entschluß, alleine in ein Dorf zu gehen und jemanden zu töten.

An einem Nachmittag bereitete der jüngere Bruder ein reiches Essen zu. Gegen Abend war alles fertig und er rief seinen älteren Bruder: ›Ai! Bruder! Komm! Das Essen ist fertig, wir können essen.‹ Der ältere Bruder kam ins Haus und schaute: ›Ah! Wieviele Menschen kommen zum Essen, daß du so viel vorbereitet hast? Das soll ein Essen für zwei Personen sein? Die Mutter hat keine Flügel wie wir, daß sie herauffliegen und mit uns hier oben essen könnte!‹

›Ah nein!‹ sagte der jüngere Bruder. ›Das ist nur für uns zwei.‹

›Wirklich?‹ sagte der ältere. ›Nun gut. Versuchen wir es. Wollen wir schauen, wer zuerst ausscheidet.‹ Sie aßen eine Weile. Dann nahm der jüngere Bruder wieder ein Stück in die Hand, biß einen kleinen Happen weg, und legte es wieder zurück.

›Oh! Bruder! Mein Bauch ist ganz geschwollen. Ich kann nicht mehr‹.

›So? Du kannst nicht mehr?‹ lachte der ältere Bruder. ›Ich mache noch eine Weile weiter.‹ Er aß tüchtig weiter, bis er alles aufgegessen hatte. Der jüngere Bruder schaute ihn nur an und dachte sich zufrieden: ›Gut. Bald schläft er ein, und dann kann ich unbemerkt weggehen.‹ Der ältere merkte die List des jüngeren nicht, stopfte seinen Bauch voll und wurde langsam schläfrig. Mbanmban, der Adler von unserem Klan, wußte nun, bald kann er aufbrechen! ›Ah! Bruder! Ich habe viel gegessen! Mein Bauch ist zum Bersten voll. Meine Augenlider kann ich kaum mehr offen halten‹, sagte der ältere Brüder.

›Dann geh doch schlafen‹, sagte der Jüngere. ›Ich bin auch schläfrig, ich gehe auch schlafen.‹ Bald war der Ältere eingeschlafen und der Jüngere begann seinen Zaubergesang zu singen. Er setzte sich auf den Boden zur Feuerschale hin und an ihrem Rand gab er mit einem Stäbchen den Takt. Es war ein Lied, das ihn auf das Töten vorbereitete; er sammelte seine Kräfte für die Tat. Um Mitternacht sang er immer noch, ein oder zwei Stunden nach Mitternacht wurde er schläfrig. Er legte seine Beine im Schneidersitz zusammen und nickte ein, das Kinn auf der Brust angelehnt. Er döste eine Zeit lang, bis ihn der erste Schrei des Hahns noch vor der Morgendämmerung weckte. ›Ha! Der Hahn!‹ Er stand auf, nahm seinen Speer und – war davongeflogen. Sein Bruder atmete regelmäßig im tiefen Schlaf und merkte nichts, als der andere gegen Süden verschwand.

Der jüngere Bruder flog eine Weile gen Süden, dann setzte er sich schließlich auf einen Baum in der Nähe von Aibom nieder. Der Tag war noch nicht angebrochen. Es war ein *wani*, der Baum. Er krallte sich an einem Ast des großen *wani* fest und schaute hinunter. Die Zeit verging. Er schaute nach jeder Bewegung hin – wer kommt?! Eine Frau? Oder ein Mann? Im Kanu? Oder kommt jemand zu Fuß auf dem Wege vom Dorf her in diese Gegend? Er schaute aufmerksam. Endlich sah er einen Menschen kommen. Einen Mann, der in der Nähe seinen Garten hatte und der sogleich mit der Arbeit begann. Die Sonne ging auf und beleuchtete die Landschaft. Der jüngere Bruder hatte auf diesen Augenblick gewartet. Er preßte die

Zähne und den Mund zusammen, ließ sich vom Baum fallen und sauste hinunter, bis er über dem Kopf des arbeitenden Mannes die Flügel ausbreitete und angriff. Der Adlerschrei ertönte: *›ak! ak!‹* Der Mann hatte plötzlich den Flügelschlag und den Schrei gehört; er erschrak und erzitterte. Der Adler packte ihn und hob ihn in die Höhe. Er zappelte mit Armen und Beinen in der Luft, befreien konnte er sich aber nicht. Der Adler brachte ihn in die Krone des *wani* herauf, legte ihn auf einen Ast, trat mit den Füßen in seinen Rücken, drückte ihn runter und zückte sein Messer. Er hatte es in die fein geflochtene Manschette an seinem Oberarm gesteckt. Nun zückte er es und schnitt den Kopf seines Opfers ab. Er behielt nur den Kopf zurück – der Körper fiel auf den Boden hinunter: *wum!* Der Adler hielt den Kopf in seinen Krallen und überlegte: ›Soll ich ihn nach Hause bringen und meinem Bruder zeigen?‹
Der ältere Bruder war unterdessen aufgewacht und begann nach dem jüngeren zu suchen: ›Bruder! Mbanmban! Mbanmban!‹ Niemand antwortete, der Bruder war weg. Der ältere Bruder befragte nun seinen Körper. Er setzte sich hin und konzentrierte sich. ›Wohin ist er gegangen?‹ fragte er sich und nahm mehrere Ortschaften in Gedanken durch. Er stellte sich ein Dorf vor und beobachtete seinen Körper: es rührte sich nichts. Dann stellte er sich ein anderes Dorf vor und beobachtete wieder seinen Körper: wieder nichts. So hatte er alle Ortschaften in der Umgebung durchgenommen, bis er schließlich auf Aibom kam: jetzt meldete sich sein Körper! ›Ja! Er ist nach Aibom gegangen!‹ sagte er und brach auf.
Der jüngere Bruder hielt immer noch den Kopf in seinen Krallen und überlegte hin und her: ›Soll ich ihn heimtragen, damit mein Bruder ihn sehen kann? Oder nicht? Soll ich etwa hier bleiben und warten, bis er kommt?‹ Die Zeit verging. Wie er so überlegte, ergriff eine große Freude sein Herz: ›Ich! Ich alleine! Ich habe getötet! Oh, ich gehe lieber schnell zum Bruder mit dem Kopf, damit er ihn sieht!

Oder soll ich nicht gehen? Soll ich warten, bis er kommt?‹ Er überlegte hin und her. Unterdessen näherte sich der ältere Bruder. Bereits von weitem sah er seinen jüngeren Bruder, der gerade getötet hatte und vom Blut des Opfers rot war; das menschliche Blut bedeckte ihn vom Kopf zum Fuß. Der ältere näherte sich und sah seinen jüngeren Bruder, der ganz rot war. ›Ah! Der kleine hat getötet!‹ Er näherte sich und schrie: *›ak! ak!‹* Der jüngere Bruder horchte auf und schaute hin. Es ertönte das zweite Mal: *›ak! ak!‹* und der jüngere antwortete: *›pat! pat!‹* Der Ältere senkte seinen Flug im großen Bogen und ließ sich neben dem Jüngeren nieder. Oh, was für Freude! Er machte einige Tanzschritte, um den großen Augenblick zu bezeichnen. ›Jetzt hast du es! Jetzt! Wie lange habe ich genörgelt! Wie lange habe ich dich geneckt! Jetzt bist du ein ganzer Mann! Jetzt bist du groß! Die Mutter wird für dich tanzen. Jetzt hast du es.‹

Der ältere Bruder flog zu einem Brotfruchtbaum und brach einige seiner großen Blätter ab. Er sagte: ›Packe den Kopf in diese Blätter ein. So bringen wir ihn der Mutter.‹ Der jüngere nahm die Blätter entgegen, packte den Kopf ein und machte sich bereit. ›So! Du gehst voran! Auf den Weg!‹ sagte der ältere Bruder. Der jüngere flog mit dem Kopf seines Opfers voran, und der ältere folgte ihm. Es war bereits gegen Mittag, als sie beim Haus ihrer Mutter anlangten. Außer der Mutter war niemand im Haus; das Haus stand etwas abseits am Dorfrand, und sie wohnte dort alleine. Die zwei Brüder waren nun in ihr Haus hineingegangen. Der Jüngere warf den Kopf zu Boden und dieser rollte zu der Stelle, wo die Mutter im Schneidersitz saß. Er warf den menschlichen Kopf zur Mutter hin. ›Ai! Was hast du gebracht? Was ist in der Packung?‹ fragte die Mutter. Der jüngere Bruder lachte und sagte: ›Was wäre es! Eine Brotfrucht! Mach doch die Packung auf und schaue selbst nach!‹ Er sagte nicht gleich, was er brachte. Er wollte seine Mutter hochnehmen. Sie öffnete die Packung und sah, was drin war. Sofort sprang sie auf und begann zu tanzen, sie führte das *naven*-Ritual für ihr Kind aus. Die Mutter tanzte und das Lied der Kopfjäger ertönte.

›Wundan Wundan, Mbanmban Mbanmban – aaah!
Wundan Wundan, Mbanmban Mbanmban – aaah!
Er senkt seinen Flug, sein Messer bereit!
Er senkt seinen Flug, sein Messer bereit!
ho heee! ho heee! ho he ho – haaa!
ho heee! ho heee! ho he ho – haaa!‹

Sie haben getanzt und dieses Lied gesungen.«

Ich: »Als deine Väter und Großväter von einem Kopfjagdzug ins Dorf zurückgekehrt waren, sangen sie solche Lieder?«

Mbara: »Oh ja! Nach der Kopfjagd hat es immer ein großes Fest gegeben. Da nahm man den Kopf, versengte seine Behaarung am offenen Feuer und kochte ihn dann im Wasser. Man richtete ein Lager aus Ingwerblättern ein, setzte sich hin, und begann, die weichen Teile des Kopfes abzutrennen. Man schnitt die Haut und das Fleisch in kleine Stücke und nahm sie ab, bis der Schädel frei war. Das war die weibliche Arbeit. All die Fleischstücke vom Kopf warf man weg. Man machte ein Loch in der Erde und begrub sie dort zusammen mit dem Hirn. Man behielt nur den Schädel zurück. Man stellte ihn für einige Tage an die Sonne, bis er trocken und weiß war. Nun machte man eine Masse zum Modellieren bereit: man mischte rote Ockererde mit Baumharz und knetete beides gut zusammen. Von dieser Masse legte man nun eine Schicht auf den Schädel und modellierte ein Gesicht daraus. Wenn man den Menschen, dessen Schädel man bearbeitete, gekannt hatte, versuchte man, seine Züge zu treffen. Man gab sich viel Mühe, bis wieder ein menschliches Gesicht entstand. Dann schmückte man den Kopf, bemalte sein Gesicht mit weißer Farbe und legte ihn ins Männerhaus. Man macht es schon lange nicht mehr. Du bist zu spät gekommen, um dies zu sehen.«

Ich: »Ja. Das ist vorbei. Ein paar solche Köpfe aus der al-

ten Zeit habe ich aber gesehen. Die Weißen, die hier früher waren, haben solche nach Europa gebracht.«
Mbara: »Einen solchen Schädel mit einem modellierten Gesicht nennen wir *minsango.* Wenn jemand im Dorf gestorben war, hat man aus seinem Schädel auch ein *minsango* gemacht und während des Totenfestes aufgestellt. Man macht es auch nicht mehr. Das Totenfest, das du in Yensan gesehen hast, war ohne *minsango.* In der Geschichte von zwei Adlern, die ich dir erzählt habe, geht es um den *minsango* des Kopfjägers.«
Ich: »Mbara, ich sage dir, die Geschichte von den Adlern habe ich bereits mehrmals gehört. So schön wie du hat sie mir aber niemand erzählt.«

Die Kopfjägerei der Iatmul wurde erst um das Jahr 1930 unterbunden. Die australischen Kolonialbeamten haben seit 1924, dem Jahr der Gründung der ersten Polizeistation am Sepik, regelmäßig spektakuläre Hinrichtungen mit Strick durchgeführt, bis es den Iatmul sowie den übrigen Bewohnern des Sepik-Gebiets klar geworden ist, wer die größere Macht besitzt. Obwohl das Sepik-Becken und seine Völker bis 1914 zum sogenannten Deutschen Schutzgebiet gehörten, eine effektive polizeiliche und richterliche Gewalt haben hier erst die Australier etabliert. Der Plan der deutschen Unternehmer, die brachliegenden Arbeitskräfte des Sepik-Gebietes zu verwenden, ging erst unter der britischen Flagge in Erfüllung.
Palimbei gehört zu den ältesten Dörfern der Iatmul. Fünf Dörfer, in der nächsten Nähe von Palimbei gelegen, wurden durch Abwanderer von Palimbei gegründet: Kanganamun, Malingei, Yensan, Sotmeri, Yindabu. Die Bewohner von all diesen Dörfern wissen, daß ihre Vorfahren aus Palimbei kamen, und wenn sie sich von anderen Iatmul-Gruppen abheben wollen, sagen sie: wir sind Palimbei! Unter den Dörfern der Palimbei-Gruppe hat man keine Kopfjagdüberfälle veranstaltet. Dies bedeutete aber keinen besonders starken kriegerischen Zusammenhalt;

die Dorfgemeinschaften der Iatmul, bevor sie der kolonialen Administration unterstellt wurden, waren jede für sich eine souveräne politische Einheit. Es gab traditionelle Streitigkeiten unter den Dörfern der Palimbei-Gruppe, die meistens schon in der Geschichte der Absplitterung begründet waren. So kam es von Zeit zu Zeit auch unter ihnen zu bewaffneten Auseinandersetzungen und zu Tötungen, die Köpfe der Opfer wurden aber nicht abgeschnitten.

Wenn man Palimbei durchquert und westwärts weiter geht, kommt man nach einigen Minuten aus einem kleinen Wald heraus und befindet sich auf einer weiten Wiese; der Betrachter kann hier die offene Graslandschaft genießen; auf der anderen Seite der Wiese, in einer Entfernung von gut einhundert Meter, sieht man wieder einen Wald. Dahinter befindet sich Malingei, dessen Gründer irgendwann in der Mitte des vorigen Jahrhunderts wegen einem unlösbaren Konflikt aus Palimbei weggezogen waren. Bis in die späten 20er Jahre veranstaltete man hier auf dieser Wiese eine Art ritueller Menschentötung. Die Männer von Malingei versammelten sich auf ihrer Seite der Grasfläche, die Männer von Palimbei auf der gegenüberliegenden; abwechslungsweise warf man dann immer von einer Seite einen Speer, bis jemand schwer oder tödlich verletzt war. Zu den Spielregeln gehörte es, daß man vor dem Wurf einen Warnruf ausstieß, der es den Männern auf der anderen Seite ermöglichte, sich zu konzentrieren und dem Speer auszuweichen. Bei diesen Gelegenheiten hat man den Kopf des Opfers nicht abgetrennt, sondern einen unversehrten Leichnam heimgebracht und bestattet. Es war dann die eigene Familie des Toten, die eventuell seinen Schädel später aus dem Grab holte, um ein *minsango* zu machen.

Das Ziel der eigentlichen Kopfjagdzüge befand sich immer jenseits des Kreises, zu dem die Dörfer der Palimbei-Gruppe gehören. Vor allem mit einigen flußaufwärts liegenden Iatmul-Dörfern, die ähnlich wie die Palimbei-

Gruppe alle von einem Dorf namens Ñaurangei abstammen und deswegen Ñaura-Gruppe genannt werden, unterhielten die Palimbei-Dorfgemeinschaften eine traditionelle Kopfjagdbeziehung. Es ist bemerkenswert, daß die Überfälle keinem direkten außenpolitischen oder ökonomischen Zweck dienten; auch das Motiv der Rache spielte eine untergeordnete Rolle. Die langdauernden vorbereitenden Rituale im eigenen Dorf, der Überfall selbst, von dem man einen oder mehrere Köpfe brachte, und die anschließenden Rituale, die besonders reich waren und die ganze Dorfgemeinschaft in einen festlichen Wirbel einbezogen hatten, bedeuteten überhaupt keinen materiellen Gewinn im Sinne des Raubes oder einer Ausdehnung der Kontrolle über die Wasser- oder Landressourcen. Die Kopfjagdsitten zeichneten sich durch Gegenseitigkeit aus, eine Art *gentlemen agreement*, nicht sehr verschieden von der Veranstaltung, die auf der Wiese zwischen Palimbei und Malingei stattfand. Von der reinen Kopfjagd lassen sich gut die eigentlichen Kriegszüge unterscheiden, die eindeutig ökonomischen und politischen Interessen dienen. Als Kanganamun gegründet wurde, stießen die Auswanderer auf erbitterten Widerstand von Kararau, einer der flußabwärts gelegenen Gemeinschaften der Iatmul. Den Gründern von Kanganamun gelang es, sich zu behaupten und schließlich Kararau zu überwinden. Zwischen der Palimbei- und Ñaura-Gruppe jedoch lagen weite unbewohnte Strecken; hier, jenseits der direkten ökonomischen Machtkämpfe, spielte sich die Kopfjägerei ab.

Zwischen Palimbei und Ñaurangei, auf den Ufern des Sepik-Stroms, liegen heute sechs Dörfer der Iatmul; Kanganamun auf der Höhe von Palimbei auf dem gegenüberliegenden Ufer, weiter flußaufwärts Yensan, noch weiter Yindabu und Sotmeri; diese gehören zu der Palimbei-Gruppe. Noch weiter flußaufwärts liegen Korogo und Yensemangwa, die bereits zu der Ñaura-Gruppe zählen; das letztgenannte Dorf befindet sich auf der Höhe von

Ñaurangei, das ähnlich wie Palimbei in einer kleinen Entfernung vom Ufer liegt; weitere Ñaura-Dörfer liegen oberhalb von Yensemangwa. Mit einem Motorboot kommt man in wenigen Stunden von Palimbei nach Ñaurangei – im Paddelkanu ist es fast eine Tagesreise.
In den Jahren 1912/13 fand das einzige größere deutsche Unternehmen im Sepik-Gebiet statt, die Expedition des Reichs-Kolonialamtes, der Königlichen Museen in Berlin und der Deutschen Kolonial-Gesellschaft zur Erforschung des Kaiserin Augusta-Flusses, wie man damals den Strom nannte. Als W. Behrmann, Geograph dieser Expedition, die erste gründliche Karte des Gebiets zeichnete, war der lange Flußabschnitt zwischen Yensan und Yensemangwa unbewohnt. Das Dorf Korogo befand sich noch in der Nähe von Ñaurangei; von dieser Stelle sind seine Bewohner infolge unüberwindbarer Konflikte mit dem Mutterdorf noch vor 1924 geflüchtet und gründeten ein neues Dorf sechs, sieben Kilometer weiter flußabwärts, wo es noch heute ist. Da sie sich auf diese Weise in die Einflußsphäre der Palimbei-Gruppe verschoben hatten, mußten sie Verhandlungen mit dem traditionellen Feind einleiten. Drei junge Frauen von Korogo wurden zu jener Zeit, als die neugegründete Dorfgemeinschaft noch schwach war, nach Palimbei geschickt und dort verheiratet; zur Zeit unseres Aufenthaltes lebte noch eine von ihnen. Damit wurde ein Nichtangriffspakt mit Korogo geschlossen; später, nach einer Konsolidierung dieser Dorfgemeinschaft, hätte man die normalen Kopfjagdbeziehungen wieder aufgenommen, wenn nicht unterdessen die Kolonialverwaltung ihre Absichten durchgesetzt hätte.
Das heutige Sotmeri wurde gegen 1940 von Malingei aus gegründet. In einer tieferen Vergangenheit hat es schon einmal in dieser Gegend eine gleichnamige Siedlung gegeben; diese wurde aber lange vor den ersten deutschen Forschungsreisen verlassen. Das Dorf Yindabu wurde gegen 1950 durch Auswanderer von Palimbei gegründet. Es waren die Mitglieder der Männerhausgemeinschaft An-

dimbet, der dritten nach Nambareman und Payambet, die infolge eines Streites Palimbei verlassen haben und ein neues Dorf am Sepik-Ufer aufbauten. Seit dieser Zeit besteht Palimbei nur aus zwei Männerhausgemeinschaften. A. Roesicke, Ethnograph der Expedition von 1912/13, hat uns eine einmalige Schilderung der zurückkehrenden siegreichen Kopfjägergruppe hinterlassen. Es sind Eindrücke eines abseits stehenden Beobachters; während der anderthalb Jahre seiner Forschungen im Sepik-Gebiet hielt er sich in den einzelnen Siedlungen meist nur wenige Tage, oft nur wenige Stunden auf. »Die Kämpfe zwischen feindlichen Dörfern scheinen sich in der Regel als feindliche Überfälle abzuspielen, solche sind nicht selten, doch gibt es wohl nicht jedesmal Tote dabei. Während meines Aufenthaltes in der Nähe der vier großen Dörfer Korogo, Yensemangwa, Ñaurangei und Sapanaut erlebte ich es innerhalb vierzehn Tagen zweimal, daß Köpfe von Erschlagenen im Triumph heimgebracht wurden. Einmal war es Naurangei, das zwei junge Männer erschlagen hatte, einmal Korogo, das eine ältere Frau getötet hatte. Mit lautem Gesang, unter dem Klange der hölzernen Blashörner und taktmäßigem Schlagen auf den Bootsrand kam ein großer Haufen Kanus den Strom herabgetrieben. Die Männer und die Frauen, welche den Heimkehrenden entgegengefahren waren, hatten sich mit Blättern, Gras und Federn bunt ausgeschmückt. Man tanzte in den Booten, indem man mit gebeugten Knien das Gesäß hin- und herwiegte, schwenkte die langen Ruder und stach mit den Speeren ins Wasser. Die Köpfe der Erschlagenen und ihre Unterarme hatte man an Rotangschlingen befestigt und ließ sie an diesen hin- und herschwingen. Die Köpfe wurden zuerst auf dem Zierhügel vor dem Versammlungshaus aufgestellt, später von ihren Weichteilen befreit und der Schädel über dem Feuer getrocknet. Die Weichteile werden in dem Zierhügel vergraben. Ob man von den Leichenteilen auch gegessen hat, konnte ich leider nicht einwandfrei feststellen.«

I

II

III

IV

V

VI

VII

VIII

IX

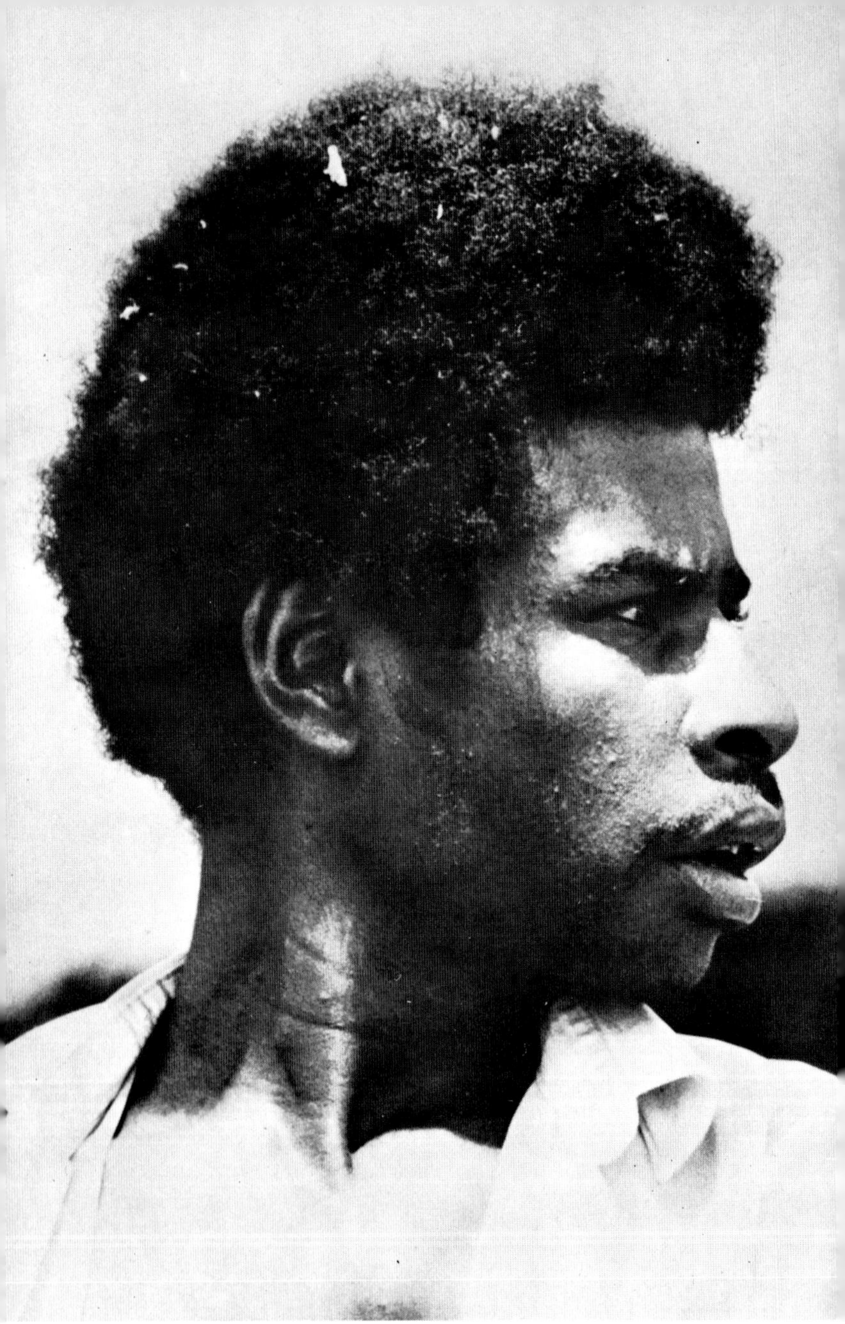

X

Masoabwan: »Zuerst sengten sie den Kopf am offenen Feuer an. Dann machten sie zahlreiche Einschnitte kreuz und quer überall in die Haut des Kopfes, packten ihn in die großen Blätter des Brotbaumes ein und legten es ins Feuer, bis das Gesichtsfleisch schrumpfte und sich zum Teil vom Schädel löste. Dann nahmen sie ihn vom Feuer weg. All dies, die ganze Bearbeitung des Kopfes, oblag dem Klan, in dem die Schwester des Kopfjägers verheiratet war. Alles, was mit dem Kopf zu machen war, führten die Mitglieder dieses Klans durch. Sie trennten die verbleibenden Hautstücke ab und nahmen das Hirn heraus. Sie machten in die Schädelbasis eine größere Öffnung und schütteten den Inhalt aus.

Eh, etwas habe ich nicht gesagt. Vorher mußte der Kopf noch gekocht werden. Sie stellten einen großen Kochtopf aufs Feuer und kochten den Kopf mehrere Stunden im Wasser.

Erst jetzt konnte man alles, das Fleisch, das noch am Schädel haftete, abnehmen. Sie stellten den Topf ab, gossen das Wasser in ein Erdloch, nahmen den Kopf heraus und zerlegten ihn; sie hängten den Unterkiefer heraus und trennten die Zunge ab. Dann schütteten sie das Hirn in das gleiche Loch aus und deckten es mit einer Erdschicht zu. Der Schädel war nun sauber. Man nahm ihn wieder ins Männerhaus und legte ihn auf ein kleines Gestell, worunter Feuer angemacht wurde, und räucherte ihn mehrere Tage, bis er trocken und hart war. Das Feuer mußte man dauernd überwachen, daß es nicht zu stark lodert und ergiebig Rauch entwickelt. Während dieser Zeit wurde jede Nacht getanzt und gesungen. Ein größeres Ritual wird man in einer Woche oder in zehn Tagen veranstalten; man wird den Totengeist austreiben, der mit dem Kopf ins Dorf gekommen war.«

Ich: »Der Geist des Toten kam mit?«

Masoabwan: »Es geht ja um einen menschlichen Kopf! Davon kann man sich nicht einfach trennen! Wenn man einen Kopf nimmt und ins Dorf bringt, dann wird auch der Geist des getöteten Menschen mitkommen. Nun bestimmt man einen Tag, an dem das Abschlußritual und die Austreibung stattfinden soll. Dann wird man Schweine schlachten. Ein Kopf – ein Schwein; zweiter Kopf – ein Schwein – «

Ich: »Ein Schwein für mehrere Köpfe?«

Masoabwan: »Nein, nein! Soviele Köpfe man ins Dorf gebracht hat, so viele Schweine muß man schlachten. Mein Kopf – ein Schwein, dein Kopf – ein Schwein, Kopf von *missus* – wieder ein Schwein. So. Es kommt nicht in Frage, daß man für mehrere Köpfe nur ein Schwein tötet! Das würde Unheil bringen!«

Florence: »Nach einer gewissen Zeit wird der Kopf vergraben?«

Masoabwan: »Ah nein! Einen erjagten Kopf würde man nicht vergraben.«

Ich: »Man versorgt ihn im Männerhaus, nicht wahr? Oder etwa im Haus des Kopfjägers?«

Masoabwan: »Den Kopf kann man nicht ins Haus des Mannes bringen, der ihn erjagt hat. Sein Ort ist das Männerhaus. Man kann ihn zum Beispiel in einer geflochtenen Tasche verstauen und diese am Dachboden des Männerhauses auf einen Haken hängen. Wenn sich dann der Tag nähert, an dem der Totengeist ausgetrieben werden soll, beginnt man Vorräte für das Festessen zu häufen, besorgt Kokosnüsse und Betelfrüchte. Am Morgen des festgelegten Tages werden Schweine geschlachtet, angesengt, zerteilt, gebraten, in einen Topf eingefüllt und im Wasser gekocht. Am frühen Nachmittag steht dann alles bereit. So um drei Uhr nachmittags versammeln sich die Männer, die sich darauf verstehen, einen direkten Kontakt mit den Ahnen herzustellen, Männer, in deren Körper die *waken* hineinfahren. Weißt du, was es ist? Ein *waken?«*

Ich: »Es ist ein Ahnengeist.«

Masoabwan: »Hm. Ja. Du weißt es, du sagst es. Dieses Wesen versetzt einen Mensch, in den es hineinfährt, in einen anderen Zustand: seine Gliedmaßen erzittern und der

Geist redet laut aus ihm; dann wird er zum *waken.* Er hat viel Betel gegessen und ist im Rausch.
Jeder von uns Kopfjägern würde sein besonderes Gestell errichten und das Fleisch von seinem Schwein, das er geschlachtet hat, darauf legen. Du würdest dein Gestell bauen und ich meines, für mein Schweinefleisch. Ich oder *missus* könnten unser Fleisch nicht auf dein Gestell legen. Mein Fleisch kann nicht bei dir sein und deines nicht bei mir. Große Gestelle mußt du dir vorstellen, ja, so breit wie diese Veranda hier.«
Ich: »Wo baut man sie?«
Masoabwan: »Auf dem Zeremonialplatz nahe am Männerhaus. Das Fleisch legt man darauf und deckt es mit Bananenblättern zu.«
Florence: »Wer baut das Gestell?«
Masoabwan: »Der Kopfjäger selbst.«
Florence: »Der erfolgreiche Kopfjäger muß diese ganze Arbeit machen?«
Masoabwan: »Ja. Nachdem ich einen Menschen getötet habe, muß ich das Gestell errichten, ein Schwein schlachten, darauf legen, Betelfrüchte und weitere Speisen holen, darauf legen, alles mit Blättern zudecken. Ein Unbefugter darf sie nicht heben und schauen, ob es viel Fleisch darunter gibt und wo die schönen Stücke liegen. Der *waken* wird hinkommen und nachschauen, kein anderer darf es tun.
Ich würde ihm Betelfrüchte zum Kauen geben, damit er sich in Rausch versetzt, und er würde dann das weiße Kalkpulver, das er zum Betelkauen braucht, aus der Dose in die Luft schütten, wild hin- und herlaufen, dann beim Gestell anhalten und die Blätter anheben. Das schönste Stück Fleisch würde er sich aussuchen. ›Ha! Da ist ein fettes Stück! Das behalte ich!‹ Ich müßte ihm darauf zeremonielle Gaben überreichen: einen großen Halbmond aus Perlmutter um seinen Hals hängen, aufwendig verzierte Armbänder aus Schildpatt ihm anziehen und noch einen Riesenzweig Betel auf seine Schulter legen; auf die andere

Schulter würde ich ihm eine große Tasche mit Essen, mit Schweinefleisch und mit Sagofladen, hängen.«

Ich: »Alles, was der Kopfjäger vorbereitet hat, nimmt der *waken?*«

Masoabwan: »O nein. Er bekommt nur einen Anteil; einen anderen, größeren Anteil bekommt der *maira.* Weißt du, was es ist? Da geht es um etwas ganz anderes, *maira* wird nicht von einem Ahnengeist besessen.«

Masoabwan: »Wenn seine Frau und Kinder bereits eingeschlafen sind, setzt sich der *maira* zur Feuerschale hin und beginnt Zauberlieder zu singen, mit denen er seine Ahnen anspricht; er nimmt einen kleinen Besen, den er normalerweise zum Verscheuchen der Mücken verwendet, und klopft damit leise auf den Rand der Feuerschale – er gibt den Takt zum Gesang an. Er singt lange, bis ihn die Müdigkeit übermannt und er einnickt. Noch vor der Morgendämmerung weckt ihn der Hahn, und er nimmt wieder seinen Besen in die Hand und singt, bis die Sonne aufgeht. Er schaut direkt in den glühenden Diskus und sagt: ›Gib uns menschliche Köpfe! Laß uns bei der Kopfjagd erfolgreich sein!‹«

Florence: »Die Sonne, euer Ahne, gibt euch die Köpfe?«

Masoabwan: »Ja. Wir rufen Ñanduma an. Beim Sonnenaufgang wendet sich der *maira* an ihn, streckt seine Hände der Sonne entgegen und sagt: ›Gib!‹ In der Nacht hat er lange Lieder gesungen, nun, am Anfang des Tages, hebt er die Hände und ruft.«

Florence: »Wieviele Männer in Palimbei konnten das *maira*-Ritual durchführen?«

Masoabwan: »In Payambet war es Namio vom Klan Saun; bei uns in Nambareman war es mein Vater. Vor ihnen, in der Großvätergeneration ist es Mariyandi gewesen. Die andern Klans verstehen sich auf *maira* nicht.«

Florence: »So gab es nur zwei Männer, die es konnten. In jeder Männerhausgemeinschaft einen.«

Masoabwan: »In der Nacht hatte er seine Speere auf dem

Hausboden nebeneinander gelegt, schmückte sich, sagte seinen Zauberspruch und trat darauf. Er stellte sich darauf und die Speere hoben sich gleichzeitig, als ob sie zu einem Gestell zusammengebunden wären, und schwebten mit ihm hoch. Er stieg in den Dachstuhl und in dem Moment, als er den Firstbalken berührte, öffnete sich das Dach und er flog! Er stand auf seinen Speeren, die ihn hoch über der Landschaft dorthin trugen, wohin er wollte. Bevor er aber das Haus verlassen hatte, band er eine Schnur an sein fliegendes Gestell; es war eine lange, lange Schnur, eine ganze Beige, die seine erste Frau während des Fluges zwischen ihren Beinen hütete. Sie überwachte das untere Ende der Schnur, und er flog davon. Er kann flußaufwärts nach Korogo fliegen, flußabwärts nach Kamanembet, oder in die Dörfer, die im Wald nördlich des Sepik liegen, oder direkt in das Mutterdorf der traditionellen Kopfjagdpartner, nach Ñaurangei. Wo es in anderen Dörfern *maira* gibt, kann er sie besuchen.

Vor der Nacht, in der er fliegen will, deutet der *maira* im Männerhaus an, was er vorhat. Nun wissen alle Männer, daß sie nicht zu ihren Frauen dürfen. In dieser Nacht werden alle getrennt schlafen. Die Frau wird sich zusammen mit den Kindern zum Schlafen hinlegen, der Mann alleine. Nichts darf geschehen. In dieser Nacht wird mein Vater auf seinen Speeren davonfliegen. Er wird weit, weit fliegen. Darum muß viel Schnur da sein. Die Frau hat das Ende der Schnur an ihrer großen Zehe angebunden und die ganze Beige liegt zwischen ihren Schenkeln – sie zog ihren Rock ab.

Und der Vater fliegt, fliegt ... Er hat seine Haare rasiert, den ganzen Körper mit Schwärze eingerieben, auf sein Gesicht ein Muster mit weißer Farbe gemalt. Am Mund hält er eine kleine Okarina, aus einer Kokosnuß gemacht. Er steigt hoch über Palimbei, und da bläst er das erste Mal, man hört einen feinen, doch durchdringenden Ton: *uh-uh! uh-uh! uh-uh!* Dann fährt er durch die Lüfte und, als er dabei ist, das Dorf hinter sich zu lassen, bläst er das zweite Mal: *uh-uh! uh-uh!* Er fliegt über die Landschaft. Als er beim feindlichen Dorf ankommt und seinen Flug senkt, bläst er wieder: *uh-uh! uh-uh!* Er langt auf der Erde an und trifft den dortigen *maira*.

Wenn in Korogo, dann spricht er mit *maira* von Korogo; wenn in Ñaurangei, dann mit dem von Ñaurangei. Die Frau wartet zuhause, solange er sich mit dem anderen *maira* bespricht. Der *maira* von Korogo sagt zum Beispiel: ›Den und den Mann kannst du haben! Der hat *ngrambi*, d. h. er ist wehrlos und unglücklich, es lasten auf ihm die Vergehen seiner Vorfahren. Ihr könnt ihn töten.‹ Mein Vater nimmt es zur Kenntnis. Da fragt der *maira* von Korogo: ›He, und du? Wen gibst du mir? Wen kannst du mir im Tausch abgeben?‹ Der Vater weiß nämlich, wer in Palimbei mit *ngrambi* belastet ist. Der von Korogo setzt ihn unter Druck, er wird es aber nicht gleich sagen. Wenn mein Vater festbleibt und die Verhandlung geschickt führt, kann es so kommen, daß bei dem bevorstehenden Überfall niemand von Palimbei getötet wird.

Jedesmal, wenn der Vater einen Kopf gewinnt, wird die Mutter vom *waken* bestiegen. Wenn der Vater fünf Köpfe bekommt, besteigt sie der *waken* fünfmal. Sie wartet, wartet, bis sie auf einmal ihr Geschlecht spürt. ›Ha! Das erste Mal!‹ Die Mutter zählt. Wieder spürt sie in der Vulva, wie der *waken* kommt. ›Das zweite Mal! Das dritte Mal! Der *waken* hat mich dreimal genommen!‹ Dann spürt sie nochmals und nochmals, fünfmal zusammen, und dann ist Ruhe. ›So. Fünfmal.‹ Die Mutter zählt in Gedanken. Wenn der Vater die Rückreise antritt, wird die gespannte Schnur locker und die Mutter beginnt sie zwischen ihren Beinen zusammenzulegen; die Beige wird immer größer und größer, die Nacht ist beinahe zu Ende. Die Mutter arbeitet emsig, wie die Schnur zurückfällt. Als er das Dorf erreicht, ertönt es wieder: *uh-uh! uh-uh! uh-uh!* ›Er kommt!‹ Er tritt auf den First, so daß das ganze Haus erzittert, das Dach öffnet sich, und er kommt unten am Hausboden an. Auf seinem Speergestell liegen Taschen

mit Fleisch, Betel und Sago, die ihm die Kopfjagdpartner gegeben haben. Der Vater ist wieder da, einen großen Halbmond aus Perlmutter um den Hals gehängt, Armringe aus Schildpatt, einen Betelzweig auf der Schulter. Er versorgt seine Speere und wendet sich seiner Frau zu.
›Bist du in Ordnung?‹
›Fünfmal hat mich der *waken* gehabt‹, sagt die Mutter.
›So?‹ sagt er. ›Fünfmal werden wir töten. Die Männer von Palimbei werden fünf Köpfe heimbringen.‹ Am nächsten Morgen geht er ins Männerhaus. Alle Männer sind bereits da, sitzen herum und warten. Ihre Blicke verfolgen ihn, wie er eintritt. Er sagt zunächst nichts, geht zu seinem Platz, setzt sich bequem, und nach einer Weile sagt er ruhig zu jenen, die nahe bei ihm sitzen: ›Eh, meine Frau hat geträumt.‹ So drückt er sich aus. ›Meiner Frau träumte, daß ihr fünf Menschen tötet.‹ Er sagt nichts vom *waken*, der seine Frau fünfmal beschlafen hat, kein Wort davon!«
Florence: »Kann er nicht sagen, daß er selbst den Traum hatte?«
Masoabwan: »Nein. Er ist ja selbst hingegangen. Das sagt er aber nicht offen heraus. Männer, die wissen, daß er ein *maira* ist, werden dann zueinander sagen: ›Er selbst ist hingegangen und hat fünf Köpfe ausgehandelt. Gut! Gut!‹ Alle freuen sich im Männerhaus, wenn er den Traum seiner Frau erzählt. Später bekommt er seinen Anteil vom großen Festessen, das man zum Schluß des ganzen Kopfjagdrituals veranstaltet.«
Florence: »Hast du je deinen Vater gesehen, wie er davonfliegt?«
Masoabwan: »Ich war ein kleiner Bub zu jener Zeit. Ich habe ihn nicht gesehen. Auf das Schweinefleisch, das wir immer gegessen haben, kann ich mich gut besinnen; nach dem Überfall gegen Kamanembet haben wir viel Schweinefleisch bekommen. Den väterlichen Zauber jedoch habe ich nicht gesehen. Ich war zu klein dafür.«

Masoabwan: »Die Kopfjagdbeziehungen bestanden vor

allem zwischen Ñaura und Palimbei, Ñaura war unser bester Feind. Vom Dorf Palimbei im engen Sinn haben sie aber nie viele Köpfe holen können; wir haben dagegen sehr viele Ñaura-Köpfe erjagt. Als die Männer von den Dörfern der Ñaura-Gruppe flußabwärts fuhren, um die Palimbei-Gruppe zu überfallen, traf dies meistens Malingei oder Yensan. Du weißt ja, hier in Palimbei befinden wir uns in der Mitte, von allen Seiten her sind wir mit anderen Palimbei-Dörfern umgeben. Wenn wir bei unseren täglichen Beschäftigungen das Dorf verlassen und uns zum Rand von unserem Dorfgebiet begeben, finden wir in jeder Richtung zunächst die Gebiete von irgendeinem der Tochterdörfer; die Feinde hatten es schwer, so tief in das Gebiet der Palimbei-Gruppe einzudringen. Es waren vor allem die Bewohner von Yensan oder Malingei, die hie und da den Kopfjagdüberfällen zum Opfer fielen. Die Trauergesänge ertönten aus Yensan oder aus einem anderen der Palimbei-Dörfer. Als unsere Väter nach Yensan gingen, fragten sie: ›Wie viele haben sie getötet? Drei? Ja? Gut.‹ Dann sagten sie: ›Warten wir noch.‹ Einmal beschlossen sie dann, die *waken* des Mutterdorfes zu wecken, d. h. die Ahnengeister zu rufen, damit sie Palimbei Kraft verleihen und zum Erfolg verhelfen. Die großen kultischen Trommeln ertönten in Palimbei, die Stimmen der *waken;* das große Ritual zur Vorbereitung der Kopfjagd begann. Männer aus Yensan, Männer aus Malingei, Männer aus Kanganamun, alle kamen zusammen, tanzten und sangen des Nachts im Männerhaus. Diese vorbereitende Periode konnte ein oder zwei Monate dauern; man hat sie mit einem besonderen Ritual, bei dem ein Huhn mit Speer getötet wird, beschlossen und einen Tag für den Kopfjagdüberfall festgelegt. Die Bewohner von Korogo, von Ñaurangei und von weiteren Ñaura-Dörfern hörten bereits wochenlang die Trommeln von Palimbei, die Stimme der *waken*. Sie fragten sich: ›Wohin wird der Schlag gerichtet sein? Wen wird wohl der Speer des Palimbei-*waken* treffen?‹ Sie warteten. Unsere Väter haben unterdessen ihre

Rituale zu Ende geführt und den Tag des Überfalls bestimmt. Der Speer des *waken* ist bereits auf Ñaura gerichtet, auf den besten Feind von Palimbei. Jetzt werden sie es zurückzahlen müssen, was sie an Köpfen in Yensan und Malingei geholt haben. Bald werden den Ñaura-Opfern die Köpfe abgeschnitten und nach Palimbei gebracht.«

Masoabwan: »Die Männer von Palimbei haben beschlossen: ›Wir wollen Korogo überfallen.‹ Gestern war der Markttag, heute ist der Ruhetag, morgen der Tag des Fischfangs, übermorgen wieder ein Markttag. Du weißt schon, wie wir die Tage gezählt haben, bevor die Siebentagewoche eingeführt wurde: jeder dritte Tag war ein Markttag. So. Sie sagten: ›Wir lassen zwei Markttage verstreichen und warten auf den dritten. Am Tag nach dem dritten Markttag, wieder ein Ruhetag, werden wir aufbrechen.‹ Nach dieser Festlegung kann kein Geschlechtsverkehr mehr im Dorf stattfinden. Wir können nicht mehr zu unseren Frauen gehen, weder du zu deiner, noch ich zu meiner.«
Florence: »Man hat im Männerhaus geschlafen?«
Masoabwan: »Ja. Alle Männer sind im Männerhaus geblieben und haben ihre Frauen gemieden. Nach dem dritten Markttag, wie beschlossen, haben alle ihre Speere bereit gestellt. Man wird nicht vor der Abenddämmerung aufbrechen. Erst nachdem die Sonne untergegangen ist, würde man die Ausrüstung in Kapus tragen: jeder sein Bündel Speere; eine kleine Feuerschale in die Kanumitte, mit einem festen, elastischen Blatt zugedeckt, daß die Glut nicht gesehen werden kann; Schmuck.
Jeder hat seinen besonderen Platz im Kanu seines Klans; ein Klan oder zwei Bruderklans pro Kanu. Wir, unser Klanbund Mbowi-Semal hat ein gemeinsames Kriegskanu; Männer von anderen Klans können nicht mit uns fahren. Nur wir selbst, auf unsere eigene Kraft und auf unsere Ahnen angewiesen, steigen in unser Kanu. Im nächsten Kanu sind die Klans Ndumiau, Sengawi und Nangusime und

niemand anders kann mitkommen: nur ihre Kraft, ihre Ahnen. Das Klanbund Saun-Moromat ebenso, Kengwivara-Ndamavara ebenso, Yatmel-Wengwande ebenso, Kwansi-Yambat auch, so steigt jede Gruppe in ihr eigenes Kanu. Wie viele Kanus habe ich gezählt? Eins – wir, zwei – Ndumiau-Sengawi, drei – Watmbei-Ngawingwat; bis jetzt sind es drei, oder? Vier – Saun-Moromat, fünf – Kengwivara-Ndamavara, sechs – Kwansi-Yambat. Hm. Ich glaube, sechs Kanus, lange, geräumige Kanus. In jedem hatten gegen zwanzig Männer Platz. Wenn es zuviel Männer gab, nahmen die überschüssigen kleinere Kanus, fünf, sechs Männer in einem. Nun haben sie das Dorf verlassen und paddelten auf den Sepik hinaus.«

Florence: »Nur Männer sind hingegangen. Oder auch Frauen?«

Masoabwan: »Nein, nein!«

Florence: »Und Kinder? Ich meine junge Männer, Buben.«

Masoabwan: »Buben? Nein. Junge, denen noch keine Muster in die Haut eingeschnitten wurden, die noch vor der Initiation standen, konnten nicht mitmachen. Nur die Initiierten, die auch schon verheiratet waren, konnten gehen. Die ledigen Jungen sind nicht gegangen.«

Ich: »Und die ganz Alten? Sind die mitgegangen?«

Masoabwan: »Die Alten? Die Alten erfüllten eine führende Rolle. Sie haben zwar nicht gekämpft, sie blieben in der Kanumitte bei der Feuerschale sitzen, dennoch waren sie unentbehrlich. Seien sie auch ganz schwach, zahnlos und glatzköpfig gewesen, sind sie doch mitgefahren. Sie waren die Stütze der ganzen Mannschaft. Ohne sie hätte man die Macht der Ahnen nicht auf seiner Seite.

Es war nicht gleichgültig, welches Kanu als erstes fährt. Zuerst ließ man unser Kanu, von Mbowi und Semal, vorausfahren. Die übrigen Kanus fuhren hinten nach, so, wenn unser Kanu hier bei eurem Haus wäre, befände sich die ganze Flotte dort auf dem anderen Ende des Zeremonialplatzes beim Männerhaus Payambet. Die Aufgabe des

ersten Kanus ist es, auf Zeichen aufzupassen. Man paddelt leise, man hört gespannt zu, man lauscht: Was für Geräusche gibt es am Wasser? Was regt sich? Ein Krokodil? Oder zerschneidet ein Fisch die Wasserfläche im Sprung? Sie fahren, fahren, es geschieht aber nichts. So halten sie an und besprechen sich: ›Einen langen Weg haben wir bereits zurückgelegt, der *waken* gibt uns aber keine Zeichen. Warten wir auf die anderen, besser ein anderes Kanu fährt vor!‹ Unser Kanu wartet, bis es von der Flotte eingeholt wird. ›Wo ist das Kanu von Saun oder Ndamavara?‹ fragen sie. ›Kommt, fahrt ihr jetzt voraus!‹ Das andere Kanu fährt nun eine Zeitlang als erstes, der *waken* gibt aber immer noch kein Zeichen. So halten die von Saun an, warten auf die übrigen und lassen wieder unser Kanu vorausfahren. Sie sagen: ›Oh, einen langen Weg haben wir bereits zurückgelegt, fast sind wir schon im Gebiet der Ñaura. Ihre Dörfer sind bereits ganz nahe und doch hat der *waken* kein Zeichen gegeben!‹ Er hat das Kanu nicht angehalten, er hat weder die Form des Fisches noch die des Krokodils noch irgendeines anderen Wesens angenommen, um ein Zeichen zu geben. ›Wo sind die Mbowi und Semal?‹ Unser Kanu heißt Maimbot, so fragen sie:›Wo sind die Männer, die in Maimbot fahren?‹ Die von unserem Kanu antworten: ›Gut. Wir haben einen langen Weg zurückgelegt und es ist nichts geschehen. Dann seid ihr vorausgefahren und wir mit den anderen. Gut. Jetzt fahren wir wieder vor.‹ Unser Kanu fährt wieder als erstes. Die Zeit vergeht. Auf einmal sehen sie! Ein Krokodil erscheint! Wie sie dem Flußufer entlang gefahren sind, kommen sie auf einen Abschnitt, wo dieses flach und mit Schilf bewachsen ist. Sie paddeln vorsichtig und auf einmal erscheint er! Ein riesiges Krokodil hat im Gras im seichten Wasser gelegen! Es hat sie wohl im letzten Moment, als sie bereits nahe bei ihm waren, bemerkt und ist dann auf dem kürzesten Wege ins Wasser gesprungen. Ein prachtvolles Stück!
›Ha! Das ist ein Zeichen! Hier bleiben wir und hier warten wir auf das Opfer!‹

›Gut. Bleiben wir hier‹, sagten auch die von den übrigen Kanus, die nachkommen. Alle freuen sich.
›Gut! Ausgezeichnet! Bleiben wir hier und warten auf das Opfer, auf den Feind. Unsere Wege werden sich hier kreuzen.‹
Sie warten. Der Morgen nähert sich. Die Kanus sind auf den beiden Seiten des Flusses in der Ufervegetation versteckt. Vom Fluß her sind sie nicht zu sehen. Sie wurden zuerst gewendet und mit dem Heck voraus ins Gras geschoben, damit man in kürzester Zeit auf den Fluß hinausfahren kann. Die Stellen, wo die Kanus vom offenen Wasser in das Dickicht hineingestoßen wurden, hat man so getarnt, daß sie nicht auffallen. Die Männer sitzen regungslos in ihren Kanus, Köpfe nach unten gebeugt, sie warten. Die Zeit fließt. Bis endlich ein Mann und eine Frau kommen. Er steht vorne im Kanu, sie sitzt am Heck und paddelt. Sie kommen mit der Strömung von Korogo her. Sie wollen vielleicht die Fischreusen nachschauen oder die Haken, die sie irgendwo in dieser Gegend ausgesetzt haben; oder sie gehen möglicherweise zum Markt. Die Männer von Palimbei sehen sie von ihrem Versteck aus.
›Oh, ein Mann kommt! Ein Mann und eine Frau! Sie paddeln nahe am Ufer.‹
›Oh, gut! Wir werden sie töten!‹
Andere von Korogo sieht man noch nicht, nur diese zwei. Der Mann ist stark, offenkundig ein Kämpfer. Seine Frau lenkt das Kanu, er steht am Bug, beobachtet die Landschaft und hält seine Speere bereit. Er kaut Betel, das Kanu gleitet mit dem Strom. Die Palimbei-Männer, die auf dieser Seite des Flusses versteckt sind, können es noch nicht sehen; die von der anderen Seite signalisieren mit einer Perlmutterplatte, die sie so stellen, daß der Widerschein der aufgehenden Sonne aufleuchtet. Dann bewegen sie die Platte zweimal, das heißt, es kommen zwei Personen. Die Männer auf dieser Seite nehmen das zweifache kurze Aufblitzen im Gras wahr und wissen – bald wird es soweit sein! ›Schaut, die geben schon Zeichen!‹ Alle beugen sich

tief in ihren Kanus, damit man ihre Anwesenheit ja nicht merkt. Niemand darf sich rühren, niemand darf irgendwelche Geräusche verursachen: die Kanuwände könnten bei Unaufmerksamkeit aufeinanderstoßen, jemand könnte husten oder niesen. Oh nein! Das darf nicht geschehen! Das ist tabu! Es regt sich nichts, als ob sie alle tot wären. Sie warten. Wenn ein Mann unvorsichtig seinen Kopf hebt, so daß die Opfer ihn erblicken und gewarnt werden, wird es ihm schlecht ergehen. Die Alten werfen nur einen prüfenden Blick nach ihm.
›He! Wer war es, der sein Gesicht gezeigt hat?‹
›Der da! Dieser Mann!‹
›Er wird den Überfall nicht überleben‹, lautet es dann. Ein Korogo-Speer wird ihn in der ersten Kampfbegegnung töten; seine Stunden sind gezählt. Es nehmen ihm alle übel, daß er den Kopfjagdüberfall gestört hat, und das genügt. Ein feindlicher Speer, der ihn sonst nur gestreift hätte, wird den Gefühlen seiner eigenen Genossen folgen und ihn töten. Davor haben alle Angst, so passen sie gut auf, beugen tief ihre Köpfe. Wenn jemand husten muß, läßt er sich lieber langsam unters Wasser und tut es dort, als daß er sich schuldig machte.
Der Mann und die Frau von Korogo sind an den versteckten Kanus vorbeigefahren, ohne etwas zu merken; dann stoßen sie plötzlich auf ein fremdes Kanu, das hinter einer leichten Biegung der Uferlinie an offener Stelle liegt. Im Gegensatz zu allen übrigen hat man das Kanu unseres Klans, das vorausgefahren war, nicht versteckt. Man ließ es auf einer offenen Stelle, dort, wo es sich befand, als das große Krokodil hervorstürzte. Die Uferlinie hat es bis jetzt vor den Blicken des Mannes aus Korogo versteckt. Als er es erblickt, ruft er aus: ›Oh! Der Feind!‹ Im nächsten Moment prallen schon Speere mit lautem Geräusch auf die Körper auf: *pe-teng! pe-teng!*
Hinter dem ersten Kanu näherten sich weitere Kanus aus Korogo, sie fuhren in der gleichen Richtung, bis jetzt vor den Blicken der versteckten Palimbei-Männer durch die

Uferlinie verborgen. Den Lärm des Kampfes haben sie schnell vernommen und eilten zu Hilfe. ›Hoh! Der Feind ist da! Die zwei vorne hat man bereits überfallen!‹ Gleichzeitig stürzten auch alle Palimbei-Kanus aus dem Gras hervor und griffen die Korogo-Flotte von beiden Seiten an; drei oder vier Kanus von dieser Seite des Sepik, die gleiche Anzahl von der anderen Seite, blitzschnell umzingelten sie sie. Fast die ganze Dorfgemeinschaft von Korogo war hier auf dem Fluß, plötzlich vom Feind umgeben.«

Florence: »Hatten die von Korogo auch Speere?«

Masoabwan: »Ja. Sie hatten auch ihre Speere. In jener Zeit hat man das Dorf nie ohne Bewaffnung verlassen. Zu einem Mann gehörte einfach der Speer, eine Art, die wir *yaman* nennen, ein schwerer Speer aus hartem Palmholz für die Menschen- und Schweinejagd. Ein paar solche Speere hat man immer mit sich genommen, wenn man in der Umgebung des Dorfes zu tun hatte. Auch wenn ein Mann dann, im Moment des Überfalls, alleine den Angreifern gegenüberstand, kämpfte er bis zum letzten Speer. Wenn er keinen mehr hatte, nahm er seinen Speerwerfer, den er jetzt nicht mehr brauchte, und brach ihn auf dem Knie entzwei. Das war Schluß. Dann würde er ihnen den Rücken zuwenden. ›Kommt, tötet mich!‹«

Ich: »Man würde ihn dann töten?«

Masoabwan: »Jawohl! Man würde ihn töten! Was meinst du! Nachdem die Korogo-Kanus eingekreist waren, entflammte der Kampf. Die Männer von Korogo konnten auf dem Wasser nicht standhalten und flüchteten sich zum Ufer. Sie brachen aus der Umstellung heraus und versuchten, im Schilf Fuß zu fassen. Aber der Mensch ist kein Krokodil – die scharfen Blätter schneiden blutig und die Insekten stechen. Die Palimbei-Männer verfolgten sie und schleuderten ihnen weitere Speere nach; zuerst von den Kanus, dann gingen sie auch ans Ufer. Als sie gelandet waren, befanden sich die Flüchtenden nicht weiter als, sagen wir, dort beim Männerhaus. Palimbei holt sie ein, Palimbei schlägt zu! Und Korogo-Männer – *brrrr!* – zerstreuen sich in alle Richtungen wie aufgescheuchte Vögel. Palimbei tötet, Palimbei schneidet Köpfe ab. Wieviel? Acht, oder neun; fünf, oder sechs ... ›Genug!‹ sagen die Männer von Palimbei. Es kann später Vormittag gewesen sein, als der Kampf beendet wurde.«

Ich: »Die Köpfe haben sie abgeschnitten und die Körper liegen gelassen?«

Masoabwan: »Ja, ja. Die Körper haben sie liegen gelassen. Wenn dich ein Korogo-Speer verletzt hätte, oder mich, wenn ich auch eine schwere Wunde hätte, eine Speerspitze im Bein oder im Rücken, und du auch, wir würden uns nicht beklagen. Wir würden sagen: ›Oh, das macht nichts! Macht euch keine Sorgen wegen uns zwei, wir sind schon in Ordnung!‹ Alle werden tanzen, bereits unterwegs in den Kanus. Man gleitet jetzt mit dem Strom flußabwärts, es ertönen Lieder, Männer schwenken die erjagten Köpfe im Takt des Tanzschrittes, die Trommelrhythmen werden auf der Kanuwand geschlagen. Wir zwei auch, wir würden trotz unserer Verletzungen mitmachen, so gut wie wir könnten. Die Kanu-Flotte von Palimbei fährt in das eigene Gebiet ein, zweigt vom Hauptstrom in einen Durchlaß ab, der in den großen Palimbei-See führt, und nähert sich dem Dorf. Wir im Dorf werden dann die Trompete hören, eine besondere Art Trompete mit tiefer Stimme, genannt *kul*, die man nur bei dieser Gelegenheit benützt. Das erste Mal werden sie die *kul* bereits bei Yensan blasen, damit die auch Bescheid wissen und sich vorbereiten. Oh, du mußt wissen, daß Männer von Yensan auch am Überfall teilgenommen haben. Wenn wir Ñaura angegriffen haben, da sind mit uns immer auch Männer von Malingei und von Yensan mitgekommen, die ganze Palimbei-Gruppe zusammen. Nach dem Überfall also wartet man in allen Dörfern – wieviel Köpfe bringen die Malingei-Männer? Zwei? Oder einen? Wieviel die von Yensan? So oft die *kul* geblasen wird, während sich die Flotte Yensan nähert, so viele Köpfe haben die Yensan-Männer geholt. Auch die *kul*-

Stimmen, die Malingei oder Yensan gelten, können wir hier in Palimbei hören. Ho! Nsembet, der *waken,* der Urahn von Yensan, das wilde Schwein erhebt sich! Ho! Seine Trommel ertönt! Das ist der Ahne des Klanbundes Wengwansap, das Yensan gegründet hat. Als die Yensan-Männer in ihrem Dorf ankommen, beginnen sie sofort die großen kultischen Trommeln zu schlagen. Wir sagen: ›Oh, Yensan hat auch getötet! Yensan hat auch Köpfe erjagt!‹ Wenn wir die Trommeln von Yensan hören, wissen wir, bald sind auch unsere Männer da. Die Palimbei-Flotte nähert sich, und wir im Dorf warten. Sie tanzen in den Kanus, heben die Köpfe am Haar hoch, blasen die *kul.* ›Oh, wir jetzt! Unsere Männer! Sie bringen die Köpfe!‹ Wir fragen uns, wie viele. Ein langer Ton – *hrrr!* – tief und ein wenig vibrierend, bedeutet einen Kopf. Das ganze Dorf zählt mit: ›Ja! Eins! Einen haben sie!‹ Alle im Dorf, Frauen und Kinder, Greise, die schon blind geworden sind und nur herumsitzen, alle passen auf. *Hrrr! Hrrr!* ›Drei Köpfe!‹ Und so weiter, je nachdem, wie viele sie bringen. Alle im Dorf freuen sich, alle sind stolz auf die Männer, die gestern nachts in das Ñaura-Gebiet hinaufgefahren sind und nun mit erjagten Köpfen zurückkehren. Als die Kanus am Ufer anlegen, stürzen sich alle Frauen auf die Ankommenden und schlagen zu; die Mütter, die Schwestern, die Ehefrauen schlagen sie mit Stöcken oder mit Zweigen blutig. Die Frauen bemächtigen sich der Köpfe, die Männer schlagen die Trommeln. Ein rasender Tanz beginnt.

Danach kommt die Zeitspanne, in der die Köpfe bearbeitet werden, gekocht und geräuchert. Nach drei Perioden vom Markt zum Markt bereitet man das große Festessen und veranstaltet das Ritual, mit welchem die Totengeister ausgetrieben werden sollen. Man schlachtet Schweine, bereitet Kokosnüsse und Betelfrüchte. Einen Anteil bekommen die Männer, die von den *waken* besessen werden, einen anderen Anteil der *maira,* der Mann, der vor dem Überfall die Opfer ausgehandelt hat. Die Männer, die Köpfe erjagt haben, überreichen große Taschen mit Essen

und zeremonielle Gaben den *waken* und dem *maira.* Es ist bereits Abend, kurz nach dem Einbruch der Dunkelheit, als die Beschwörung beginnt. Zuerst ertönen die großen Kulttrommeln von Andimbet, von der Männerhausgemeinschaft, die am westlichen Dorfrand, am weitesten vom Sepik entfernt liegt. *Kuru-kuru! Kuru-kuru! Kuru-kuru! Kuru-kuru!* ertönt die Trommel. ›Geh weg! Geh weg! Der Totengeist soll nicht bei uns bleiben!‹ Jetzt geht er, jetzt geht er! Sie schicken ihn weg, sie befördern ihn ostwärts, bis er in Payambet anlangt: die Kulttrommeln von Payambet gesellen sich jenen von Andimbet: ›Geh! Geh! Geh! – Geh! Geh! Geh! – Geh weg! Geh weg!‹ bis er in Nambareman, der am östlichsten gelegenen Männerhausgemeinschaft anlangt; von hier aus wird er zum Sepik befördert, und der mächtige Strom nimmt ihn ins Totenland. Die Trommeln von Nambareman ertönen: ›Er geht! Er geht! Er geht!‹ Das ist Schluß, der Totengeist ist gegangen. So. Das war die Geschichte vom Totenkopf und seinem Geist, die ist nun fertig. Und die andere auch, vom Kampf, von dem Kanu, das vorausfährt, um auf die Zeichen von *waken* aufzupassen, vom Überfall selbst, diese Geschichte ist auch fertig. Das ist nun Schluß, meine Geschichte ist fertig.«
Florence: »Bei der Kopfjagd tötet man nicht nur Männer, sondern auch Frauen und Kinder?«
Masoabwan: »Wenn eine Kopfjägergruppe irgendwo beim Dorf ihrer Kopfjägerpartner auf der Lauer liegt, und wenn dann eine Frau mit Kindern als erste erscheint, oder ein Mann zusammen mit seiner Frau, wird man sie töten. Alle. Man wird dich nicht schonen, nur weil du eine Frau bist. Den Mann wird man töten, die Frau wird man töten, die Kinder wird man töten. Es ist die Institution der Kopfjagd.«

Masoabwan: »Die Kopfjagdzüge hat man unternommen, weil man sich mit seinem schwarzen Gesicht brüsten wollte. Die Kopfjäger bemalten ihre Gesichter mit Schwärze.

Es gab keinen anderen Grund für die Kopfjagd als diese Schwärze. ›Wer ist der größte Mann?‹ Dies war die Frage, auf die es ankam.
›Du hast noch keinen Menschen getötet? Ha, du bist ein Feigling. Und deine Väter, die Ältesten deines Klans, die sind auch keine großen Helden! Ich habe es nicht erlebt, daß sie töten, Köpfe abschneiden und ins Dorf bringen würden! Dann müßtet ihr nämlich Schweine schlachten und Essen verteilen. Ich habe es nicht erlebt, daß du und deine Klanverwandten nach einer erfolgreichen Kopfjagd Schweinefleisch verteilt hättet; du, du bist nur ein Schwächling, du verzehrst nur das Schweinefleisch anderer Klans!‹ Diese Art des Schimpfens, nur diese Anheizung war es, was die Männer auf Kopfjagdzüge trieb. Sie haben gewetteifert, wer der Stärkste sei. Aus keinem anderen Grund haben sie die Köpfe abgeschnitten und hergeholt, es ging um nichts anderes.
Ja, sie haben Köpfe abgeschnitten und geholt.
Wenn man einen Mann einschätzen wollte, fragte man: ›Wie viele Köpfe hat er abgeschnitten? Wie viele Anhängsel aus Hühnergefieder kann er an seinen Kalkspatel befestigen als Zeichen für je einen erjagten Kopf? Wer hat, zum Beispiel, kläglicherweise, nur ein einziges Anhängsel? Und wer hat zwei klägliche Anhängsel? Und wer hat – keines?!‹ Diese Art des Fragens war es ...
Wenn ein Mann ein großer Kämpfer war, konnte es jedermann sehen – sein Körper trug viele Zeichen, die ein Speer zurückgelassen hat, Narben von verheilten Wunden. Wenn jemand beim Betelkauen einen Kalkspatel benützte, der viele Anhängsel hatte, sagte man: ›Das ist ein starker Mann und ein großer Kämpfer!‹ Man hat ihn gefürchtet und sein Name war bekannt am ganzen Sepik. ›Oh, in dem und dem Dorf gibt es große Kämpfer! Der und der hat viele Menschen getötet, Männer, Frauen, Kinder! Er hat einen langen Kalkspatel zum Herausholen des Kalkpulvers aus seiner Dose, und es hängen so viele Anhängsel daran, daß er damit die Mücken vertreiben kann!‹ So redet

man. Alle seine Kinder und seine jüngeren Brüder können sagen: ›Unser Vater ist ein ausgezeichneter Mann, er ist ein wahrer Kämpfer! Eure Väter‹ – aus den anderen Klans – ›sind nicht so gut, wie wir sind!‹ So werden seine Kinder und seine jüngeren Brüder stolz reden können.«
Florence: »Dein Vater war auch ein großer Kämpfer?«
Masoabwan: »Ja. Mein Vater nahm sehr oft an den Kopfjagdzügen teil, zum Beispiel gegen Korogo. Wenn er ging, holte er immer einen Kopf. Beim Überfall in Samburi tötete er auch einen Mann und eine Frau und brachte ihre Köpfe zurück. Beim nächsten Kopfjagdzug nach Korogo tötete er wieder einen. Ich glaube, er hat sechs Anhängsel an seinem Kalkspatel gehabt. Und noch zwei kürzere mehr, die eine Tötung bezeichnen, bei der es nicht gelang, den Kopf zu holen. Zusammen acht Anhängsel. Sein Kalkspatel war wirklich voll mit Anhängseln, nur der Teil, den man in den Kalkbehälter zu stecken pflegt, ist frei geblieben. Es gab mehrere in der vorigen Generation, die so viele Anhängsel hatten: Tepmanagwan vom Klan Semal, Sangel vom Klan Sengawi, der mit unserem Klan verschwägert ist, Ñamanabwan vom Klan Pasego. Zusammen mit meinem Vater Tangwanawi waren es vier starke Kämpfer von der Männerhausgemeinschaft Nambareman. Unten in der Männerhausgemeinschaft Payambet gab es auch etliche.«
Florence: »Hast du selbst an den Kopfjagdzügen teilgenommen?«
Masoabwan: »Nein. Wir sind noch nicht ganz erwachsen gewesen, als die Kopfjagd verboten wurde.«
Florence: »Was du uns erzählt hast, das weißt du alles von deinem Vater?«
Masoabwan: »Ja.«
Florence: »Als dir dein Vater über die Kopfjagd erzählte, wußte er nicht, daß die Kopfjagd einmal endgültig verboten wird?«
Masoabwan: »Das wußte er nicht. Er meinte, daß die Kopfjagd immer bleiben wird, wie sie früher war.«

Florence: »Und du, hast du die Schule des Kampfes deinen Söhnen weitergegeben?«
Masoabwan: »Gegen wen sollen sie denn in den Kampf ziehen, daß es einen Sinn hätte, ihnen die Schulung zu geben? Nein, diesen Unterricht habe ich unterlassen, ich habe meine Kinder nicht für den Kampf erzogen. Heute hat sich alles geändert, es ist eine gute, gute Zeit angebrochen, alle Dörfer sind wie verbrüdert, wie verschwägert! Warum sollte ich Gedanken über den Kampf meinen Söhnen beibringen? Aber doch, ein Zauberwort, einen Appell an die Ahnen, daß sie im Kampf helfen, habe ich ihnen beigebracht, das hat noch einen Sinn.«
Florence: »Was bewirkt es?«
Masoabwan: »Daß man im Kampf siegt! Wenn irgendjemand meinen Sohn angreift oder wenn man seine Frau beschläft, dann kann er die Ahnen anrufen und der andere wird gelähmt, gelähmt durch das Zauberwort. Der wird nur verwirrt da stehen ohne Kraft zum Kampf, und mein Sohn kann ihn überwinden. Zum Beispiel wird die Hand des Gegners erschlaffen, als ob sie tot wäre.
Während der Initiation pflegen wir die Jungen zu unterrichten. ›Schaut, jetzt ist die Zeit der Europäer angebrochen!‹ Auch den Jungen, die zuletzt im Dezember 1972 initiiert wurde, haben wir es so erklärt. Ebenso den Jungen, die ein Jahr früher initiiert worden sind, und der auch meine Söhne angehören. Zur Zeit, als die Initiation schon vollbracht war und als sie die Seklusion verlassen sollten, haben wir ihnen gesagt: ›Heute sind andere Zeiten. Heute gibt es keine Kopfjagd mehr. Heute werden manche von euch in die Armee eintreten oder in die Polizeitruppen, und dort werdet ihr den Kampf und das Töten erleben. Die Regierung wird euch sagen: Du, du, du, und du, ihr müßt jetzt in eine Gegend gehen, wo der Kampf entflammt ist. Die Bewohner eines Dorfes haben drei Polizisten getötet! Wenn eine solche Nachricht kommt, und der Verwaltungsbeamte oder der Sergeant von der Polizei euch für den Morgen aufbietet, darf niemand von euch mit

seiner Frau schlafen! Allein mußt du schlafen! Die Frau ist etwas Gefährliches, etwas Schlechtes. Wenn ein Mann vor dem Kampf mit seiner Frau geschlafen hat, wird ihn bald ein feindlicher Speer treffen! Wenn ein Mann Geschlechtsverkehr mit einer Frau hat, verliert er dadurch seine Kraft!‹ So unterrichten wir unsere Jungen.«

Masoabwan: »Ich habe euch noch nicht gesagt, was mit den beiden geschah, die als erste auf das Kanu unseres Klans, das an offener Stelle wartete, gestoßen waren. Der Mann, der getötet wurde, hieß Morokumban, seine Frau Kepmandawa. In unserem Kanu stand vorne Tepmanagwan, mein Vater Tangwanawi hinter ihm, mein Großvater Ñoabwan noch weiter hinten. So warteten sie, und der Feind, die Opfer, näherten sich flußabwärts.

Morokumban und seine Frau nähern sich, ihr Kanu fährt dicht am Gras am Rande des Flusses, bis es ganz nahe beim Kanu der Angreifer anlangt. Tempanagwan hält einen großen Speer bereit, Morokumban sieht ihn aber noch nicht. Erst wenn sein Kanu an der letzten Graswand, einer Halbinsel aus Gras vorbeifährt, erblickt er ihn. Morokumban sieht ihn, wirft den Kalkbehälter weg, der mit einem Knall auf den Boden des Kanus fällt und schreit auf. ›Ah! Tepmanagwan! Man sagt, daß du ein starker Mann bist!‹ Und Tepmanagwan sagt ihm zurück:

›Ah! Morokumban! Man sagt, daß du ein starker Mann bist!‹ Beide holten gleichzeitig zum Wurf aus, beide schleuderten gleichzeitig, und keiner von den zwei Speeren hat sein Ziel verfehlt. Tepmanagwan hat den Speer nur in die Muskulatur des Rückens bekommen, weil er sich rechtzeitig wenden konnte. Morokumban war dagegen schwerverletzt: der Speer durchstach seinen Bauch vollständig und schaute auf der anderen Seite heraus. Er fiel aus dem Kanu ins Wasser.

Seine Frau Kepmandawa beginnt zu schreien, probiert das Kanu zu wenden. Unser Kanu – ssst! – fährt los auf das offene Wasser, man ergreift den Speer, der im Körper Morokumbans steckt, damit er nicht entweicht. Mein Vater

sticht ihn mit einem zweiten Speer und sichert ihn. Gleichzeitig springt Kepmandawa aus ihrem Kanu und flüchtet sich ins Schilf.
Der Bug unseres Kanus ist plötzlich aus dem ufernahen Bereich der schwachen Strömung in stärkere Strömung geraten und wird dadurch mit einem heftigen Ruck gedreht. Die Männer im Kanu haben zum Teil ihr Gleichgewicht verloren und Morokumban konnte sich befreien. Er versuchte das Ufergras mit der verzweifelten Kraft der Sterbenden zu erreichen, sein Gedärm hing schon aus der Bauchhöhle heraus. Mein Vater hatte nämlich seinen Speer, dessen Spitze mit Widerhaken versehen war, an sich gerissen, als die unerwartete Kanuwendung zustande kam. Die Kräfte verließen Morokumban bald und der Strom ergriff seinen matten Körper und trieb ihn auf den Fluß hinaus. Seine Frau war noch dabei, zum Ufer zu schwimmen, als mein Vater schrie: ›Rasch! Hinter ihr her! Sonst entweicht sie noch!‹ Wer war es? Ich glaube, Kinsikame traf sie zuerst ins Bein; dann erreichte sie der zweite Speer. Sie schrie mit weit geöffnetem Mund, bis sie der dritte Speer ins Gesicht traf und ihre beiden Wangen durchstach.
Mein Vater hat den Kopf Morokumbans nicht abgeschnitten. Die *waken* bemächtigten sich des Körpers und verschleppten ihn; unsere eigenen *waken* haben das gemacht. Unterhalb der Stelle, wo der Überfall stattfand, hat ihn die Strömung zum Ufer gebracht. Später fand man ihn im Uferwald. Die Männer von Korogo, die ihn dort fanden, bereiteten dann die Schwärze für meinen Vater. Sie brannten ein Holzstück von einer bestimmten Baumart an, so daß es eine dicke verkohlte Schicht bekam, sie schmückten es mit bestimmten Blättern und schickten es nach Palimbei. Ein Zeichen der erfolgreichen Kopfjagd! Wenn so etwas geschieht, daß sich die Angreifer des Opfers nicht bemächtigen konnten und der Mensch doch tödlich verletzt war, werden seine eigenen Menschen sagen: ›Das ist Kopfjagd! Man muß ihnen die Schwärze schicken!‹ Von Ko-

rogo aus würde man in ein Walddorf namens Yamel gehen, mit dem man Marktbeziehungen unterhält, und das angebrannte Holz den Männern von diesem Dorf anvertrauen. ›Palimbei tötete diesen Mann Morokumban. Wer der Täter ist, gut, er soll sein Gesicht mit dieser Schwärze bestreichen. Dies gehört ihm, dies ist sein Holzstück. Der Töter kann sich sein Gesicht schwärzen und seinen Körper bemalen. Wir haben diese Schwärze für ihn vorbereitet.‹ Die Männer von Yamel werden bei Gelegenheit das Holzstück an die Bewohner von Marap, ein anderes Walddorf, weitergeben. Von Marap gelangt es endlich heraus zum Fluß nach Palimbei. Wenn die Palimbei-Frauen sich mit den Marap-Frauen treffen, um Fisch gegen Sago zu tauschen, werden ausnahmsweise auch einige Männer zum Markt gehen und das Holz übergeben.
So. Jetzt kann das große Kopfjagdfest anheben, man ruft die Namen der Opfer, schlachtet Schweine, auch wenn man des Kopfes nicht mächtig geworden ist. Die Schwärze genügt.
Ich glaube, es ist genug über den Kampf für heute.«

Neuguinea wurde mit dem staatlichen Hinrichtungsstrick erobert. G. W. L. Townsend, der 20 Jahre zum Beamtenapparat der Kolonie gehörte und 1946 Mitglied des Sekretariats der Vereinten Nationen wurde, beschrieb diesen denkwürdigen Vorgang in seinen Memoiren mit einer seltenen Offenheit.
Am Anfang des Jahres 1927 suchte Townsend die Dorfgemeinschaften von Palimbei und Malingei auf und erklärte formell, ab jetzt seien sie nicht mehr souverän, sondern sie würden unter die Rechtspflege Australiens fallen; die Regierung würde vor allem das Töten und andere Formen der Gewalttätigkeit verbieten und strafen. Diesen seltsamen christlich-humanistischen Vortrag des Beamten belohnten die versammelten Einwohner von Palimbei mit gesundem Gelächter. Sie konnten nicht ahnen, was für eine umfassende internationale organisatorische Verflech-

tung dieser unscheinbare Mann repräsentierte: ihre Fäden wurden von Ambunti, der Station am Sepik, nach Rabaul, dem damaligen Verwaltungszentrum, von dort nach Australien und bis Genf gespannt, da der ehemals deutsche Teil bis zum Anbruch des zweiten Weltkriegs als Mandat des Völkerbundes verwaltet wurde.

Das Lachen ist den Iatmul nach und nach vergangen, als Townsend mit seinem Polizeitrupp wiederholt die erfolgreichen Kopfjäger gefaßt und vor Gericht gestellt hatte. Nach der Festnahme wurden sie zuerst in Ambunti gefangen gehalten, bis sich eine Gelegenheit ergab, sie nach dem eintausend Kilometer entfernten Rabaul zu verschiffen. Dort hatten sie die angelsächsischen Richter in weiß gelockten Perücken gewogen und zu leicht befunden. Zur Vollstreckung des Urteils schickte man sie wieder heim, wo sie Townsend eigenhändig aufhängte, bis sie tot waren. Die stoische Kraft der jungen Männer, mit der sie ihrer eigenen Hinrichtung begegneten, entlockte Townsend ein karges Wort der Verwunderung.

Seine Memoiren machen uns noch mit einem skurrilen Detail bekannt. Die Schnur, die er verwendete, wurde aus Australien immer fabrikneu geliefert und darum für den Zweck ungeeignet. Sie war noch so elastisch, daß die Opfer baumelten und ihre gesunden Nacken nicht brechen wollten. Das Regierungsboot, mit dem die Beamten den Sepik hinauf- und hinabgefahren waren, führte immer ein kleineres Rettungsboot im Schlepp. So kam Townsend auf die Idee, den Hinrichtungsstrick so lange als Schleppseil zu verwenden, bis er seine Dehnbarkeit einbüßte und die jungen Kopfjägerkörper mit dem entsprechenden Ruck endeten.

Miat, Freundin von Florence, eine junge Frau, Tochter von Nagwan und Nichte von Masoabwan, saß im Gras vor ihrem Haus im Schatten eines Baumes. Sie kaute Betel und spuckte rot. Als ihr jüngster Sohn, ein frecher, selbständiger, gelenkiger Bub von zwei Jahren zu ihr kam und sie an ihren Brüsten anfaßte, brach sie in Lachen aus und begann mit ihm zu schäkern. Bis zwei Jahre nach der Geburt geben die Iatmul-Mütter ihre Brüste dem Kind, erst dann stillen sie ab. Sie sagte: »Ah, du bist bereits ein großer Mann, bald gehst du auf die Kopfjagd! Für mich bringst du dann einen Arm, den werde ich mir um den Hals hängen. Wenn man fragen wird, was ich da habe, werde ich sagen, das ist von meinem Sohn.«

In allen Mittelsepik-Sammlungen der europäischen Museen für Völkerkunde findet sich eine besondere Kategorie der Gegenstände, die seit dem Anfang des Jahrhunderts immer wieder die sammelnden Ethnographen in Begeisterung versetzt haben müssen, weil sie regelmäßig in ziemlich großen Mengen in den Schäften und Schubladen auftreten: es sind kleine hölzerne Schminktiegel. Sie sind oft winzig, wundervoll geschnitzt, meistens mit einem Tierkopf verziert – Schildkröten, Vögel, Krokodile. Sie überraschen durch die zierliche Form und außerordentlich feine Bearbeitung; die Kunst der Iatmul zeichnet sich eher durch eine schwungvolle Großzügigkeit der Linien aus.
Masoabwan: »Sie heißen *mbat.* Man hat darin die Riecherde gemischt.«
Ich: »Riecherde? Meinst du die weiße Erdfarbe, die man zum Schminken benützt?«
Masoabwan: »Ja. Es ist eine wohlriechende Erdfarbe namens Maimban. Man holt sie an einer Stelle im Bach Pangan; weißt du, wo man immer Halt macht, wenn man zum Markt fährt, bei der scharfen Windung; es gibt dort ein ziemlich hohes Ufer und einige Bäume, wir nennen die Gegend Nsambekal. Man gibt einige Stücke von der weißen Erde in so einen Tiegel und verrührt sie mit ein wenig Wasser, bis man die weiße Flüssigkeit gut auftragen kann.«
Ich: »Auf das Gesicht des Tänzers, der eine Ahnengestalt repräsentiert, oder auf das Gesicht eines Totenkopfes?«
Ein Tänzer, den man im Männerhaus für einen Auftritt

schmückt, legt sich auf die Bank oder lehnt sich nach hinten an einen Hauspfosten zurück, und ein geschickter Künstler malt ihm die kühnen weißen Linien eines komplexen Musters auf sein Gesicht; erst dann werden die zahlreichen Elemente des Tanzkostüms an seinem Körper befestigt, zuletzt der riesige Kopfschmuck, eine Art Diadem; seine langen Stäbe, mit buntem Vogelgefieder besetzt, gehen strahlenförmig auseinander und bilden einen weiten Halbkreis um das geschminkte Gesicht. Gleiches Muster wird auf die hölzernen Gesichter der Ahnendarstellungen und auf die Gesichter der modellierten Totenköpfe gemalt.
Masoabwan: »Weder noch. Ich denke an jemanden, der gerade gestorben ist. Noch einige Minuten zuvor verfolgten seine Verwandten, wie er atmet, und auf einmal – Schluß! Er atmet nicht mehr. Sein Körper erkaltet bald. Man schmückt ihn festlich und bemalt sein Gesicht mit weißer Farbe. Dann legt man ihn ins Grab.«
Ich: »Auch einen modellierten Totenkopf bemalt man mit weißer Farbe, nicht wahr?«
Masoabwan: »Nach mehreren Monaten oder Jahren, holt man den Schädel des verstorbenen Verwandten wieder aus dem Grab und modelliert sein Gesicht darauf.«
Ich: »Macht man es gleich wie bei den erjagten Köpfen?«
Masoabwan: »Oh nein. Die Köpfe der Fremden schmückt man weniger aufwendig; die würde man nicht so liebevoll behandeln wie die eigenen. Man mischt zuerst eine Paste aus roter Erdfarbe und Pflanzenöl. Man knetet diese durch, bis sie geschmeidig, gleichzeitig aber fest genug ist, und beginnt sie auf den Schädel aufzutragen. Man schließt die Nasen- und Ohrenlöcher, die Augenhöhlen, dann legt man eine zusammenhängende Schicht auf die Gesichtsfläche. Nun kann man die Züge des Verstorbenen modellieren. Wenn das Ganze wieder wie ein menschlicher Kopf aussieht, drückt man zwei kleine Schneckenschalen anstelle der Augen in die weiche Masse ein. Dann nimmt man menschliches Haar und bringt es am Schädel an.«

Ich: »Wessen Haar? Seines Sohnes?«
Masoabwan: »Nein. Von Gleichaltrigen seiner Männerhausgemeinschaft.«
Ich: »Wie macht man die Nase? Verwendet man vielleicht ein Stück Holz, um den Nasenrücken zu festigen?«
Masoabwan: »Nein, man braucht nur die rote Paste. Jetzt, solange du lebst, kann ich deine Nase gut anschauen. Gleich was du machst, ob du spazierst, arbeitest, oder im Männerhaus sitzt und mit anderen sprichst, die ganze Zeit sehe ich deine Nase. Mit der Zeit weiß ich genau, welche Form deine Nase hat, wie deine Augen sind, wie dein Mund ist, überhaupt dein ganzes Gesicht kenne ich gut, weil wir uns oft treffen. Später, wenn du stirbst, wird dein Fleisch verfaulen und dein Gesicht zerfallen; wenn ich dann deinen blanken Schädel anschaue, werde ich mich auf deine Züge besinnen. ›Ah, ich weiß, wie er ausgesehen hat!‹ sage ich im Männerhaus. Ein anderer kommt hinzu: ›Ja. Ja. So war er. So und so.‹ Nach der Erinnerung werden wir deine Gesichtszüge modellieren. Am Abend, bevor wir schlafen gehen, legen wir deinen Kopf auf ein Gestell. Dann kommst du und schaust dir unsere Arbeit an: ›Ts! Da diese Partie ist ganz schlecht! Solche Nase habe ich nicht gehabt!‹ Dein Geist wird auf die Nase schlagen, ein tiefer Riß erscheint in der Modelliermasse. Am nächsten Tag gehen wir ins Männerhaus und sehen: ›Ai! Was wir gestern gemacht haben, ist kaputt!‹ Wir wissen was los ist: ›Ah, seine Nase haben wir nicht richtig getroffen, so hat er sie zerbrochen!‹ Sie nehmen den Kopf und machen sich wieder an die Arbeit. Wenn wir den Mund nicht treffen, wenn dein Geist befindet, seine Form sei nicht richtig gemacht, wird er unsere Arbeit wieder zerstören. Auch deine Frau könnte kommen und deinen Kopf betrachten. Sie sagt:
›Oh, der Kopf ist nicht schlecht. Die Nase ist in Ordnung, die Augen auch, nur der Mund! Der kommt nicht so recht heraus! Versucht es nochmals!‹
›Oh ja, ich glaube, der Mund stimmt wirklich nicht!‹ So

geht es. Man gibt sich Mühe, bis das Gesicht wirklich zufriedenstellend gemacht ist. Dann gibst du jemandem, Mann oder Frau, einen Traum ein. ›Ich bin zufrieden. Jetzt bin ich es.‹ Jetzt kann dein Geist in den Kopf hineingehen. So. Jetzt bist du es.«
Florence: »Wessen Arbeit ist es, den Kopf zu modellieren?«
Masoabwan: »Oh, das ist nicht festgelegt. Wer das gut machen kann, wird es machen. Es gibt Menschen, die gut modellieren können. Wenn ein bedeutender Mann hier in Nambareman stirbt, dann werden alle Männer von beiden Männerhausgemeinschaften, die sich auf diese Arbeit verstehen, ihre Kräfte vereinen. Wenn ich ankündige, daß ich morgen den Kopf meines Vaters oder Großvaters oder Bruders modellieren möchte, werden sie alle zusammenkommen. Man wird ein Eintopfgericht, Gemüse und Fisch, zubereiten, Betelfrüchte besorgen, Frauen werden Sagofladen backen. Nachdem man das fertige Essen ins Männerhaus gebracht hat, kann mit der Arbeit begonnen werden. Man würde essen, Betel kauen, die Paste mischen, das Gesicht modellieren, die Ergebnisse besprechen. Wenn du ein Kind hättest, das dir sehr ähnlich ist, ähnliche Augen, ähnlichen Mund hat, würden wir ihn rufen: ›Hei! Komm her! Holt den Jungen des Masters!‹ Er würde ins Männerhaus kommen, sich setzen, und wir würden sein Gesicht gut anschauen. Die Hände sind mit Modellieren beschäftigt, das Auge wandert vom Jungen auf den Totenkopf hin und zurück; so entsteht langsam die rechte Form. So. ›Danke! Kannst gehen!‹«
Ich: »Wenn der Kopf fertig ist, wird er im Hause des Verstorbenen oder seiner Nachkommen versorgt?«
Masoabwan: »Man wird ihn nicht im Männerhaus aufbewahren, und in den Häusern von anderen Klans hat er sowieso nichts zu suchen. Der Sohn des Verstorbenen oder der Bruder oder der Vater wird ihn behalten und gut versorgen. So kann er dann eine Zeitlang bleiben. Nach einer gewissen Zeit wird man sagen: ›Ah! Er ist schon lange

im Hause! Es reicht. Es ist Zeit, daß wir ihn wieder begraben!‹ Sie bestimmen einen Tag. Am Vormittag wird alles vorbereitet, ein größeres Essen, und am Abend des gleichen Tages werden sich die Frauen im Totenhaus versammeln und die ganze Nacht bis zur Morgendämmerung singen; dann werden sie den Kopf in ein Erdloch legen. Man macht bei dieser Gelegenheit kein wirklich großes Festessen, einen Eintopf mit Sagofladen, zum Beispiel Gemüse mit Huhn, so etwa. Die Bestattung des Kopfes und das Ritual der vorausgehenden Nacht führen die Frauen durch, wir Männer gehen nicht hin. Nur Frauen sind im Haus versammelt. Sie sitzen auf dem Boden und singen, singen, singen die ganze Nacht lang. Während dieses Rituals wird nicht getanzt; es wird ausschließlich gesungen, eine besondere Art Lieder, die wir *yigen kundi* nennen.«
Ich: »*Kundi* bedeutet die Rede, hier den Gesang. Was bedeutet aber *yigen?* Heißt es langsam, oder leise?«
Masoabwan: »Oh nein. Sie können laut singen. Sie tanzen aber nicht, sie bleiben sitzen. Darum *yigen.* Wie an jenem Abend kurz nach eurer Ankunft, als sich die Frauen hier unten im Gras vor eurem Haus niedergelassen haben, um für euch zu singen. Sie sangen Lieder, die man den kleinen Kindern singt, wenn sie weinen. Die Mutter ist am Vormittag zum See fischen gegangen und ihr kleines Kind ist unglücklich, weil es sie vermißt. Da singen ihm die älteren Geschwister ein Lied. Ein *yigen kundi* von unserem Klanbund Mbowi-Semal geht so:

»Schon bist du dort!
Schon bist du dort!
Bist du dort, bist du dort!
Dein Gesicht wendest du
nicht mehr zurück, aaa-haa!
Schon bist du dort!
Schon bist du dort, haaa-ah!«

Mit dem letzten ah! ertönt ein Schlag. Alle Frauen, die versammelt sind und im Schneidersitz auf dem Hausboden sitzen, schlagen darauf mit der Handfläche: haaa-ah!

»Ooo-hoo! mein Bruder Mariñanduma!
Meine Schwester Mariñandawa!
Schon bist du dort!
Schon bist du dort!
Bist du dort, bist du dort!
Dein Gesicht wendest du
nicht mehr zurück, aaa-haa!
ooo-hoo! mein Bruder Simariñanduma!
Meine Schwester Simariñandawa!
Schon bist du dort!
Schon bist du dort!
Bist du dort, bist du dort!
Dein Gesicht wendest du
nicht mehr zurück, aaa-haa!
Schon bist du dort!
Schon bist du dort, haaa-ah!«

So singen sie. Jeder Klan hat seine eigenen *yigen kundi*. Ndumiau, Sengawi und Nangusime haben ihre, Saun, Ndamavara und Kengwivara haben ihre, Watmbei und Ngawingwat auch, alle Klans. Wenn wir, Mbowi und Semal, den Kopf eines unserer Großväter bestatten wollen, oder eines Vaters, oder eines Bruders, oder meinen eigenen Totenkopf; wenn sie also meinen Kopf bestatten wollen, werden die Frauen zuerst die *yigen kundi* von unserem Klan singen. Dann, später in der Nacht, wird man auch die Lieder von anderen Klans singen.«

Ich: »Wie wird der Kopf während dieser Nacht ausgestellt?«

Masoabwan: »Man stellt ihn auf einen Hocker, auf eine Art Kissen aus Blättern. Dann singen die versammelten Frauen die ganze Nacht bis zum Morgenanbruch. Die Männer haben unterdessen im Erdgeschoß des Männerhauses ein Loch in die Erde gegraben. In einer Schüssel haben sie rote Farbe angemacht, rote Erde mit ziemlich viel Wasser vermischt und die dünne Lösung in das Erdloch gegossen – jetzt sind sein Boden und seine Wände rot. Die Sonne geht auf. Die Schwester des Verstorbenen

nimmt den Kopf und legt ihn auf eine Unterlage. Eine feste Unterlage aus dem breiten, unteren Teil der Palmblattrippe – weißt du, was ich meine? *Mbowi?* Diese Unterlagen, auf die wir das Essen stellen, Fisch oder Sagofladen.«
Ich: »Es ist immer die Schwester, die den Kopf nimmt und auf die Unterlage stellt?«
Masoabwan: »Oh nein. Wenn seine Schwestern tot sind, kann ihn seine Frau nehmen, oder seine Tochter. Die Frau, die den Kopf trägt, geht voraus, hinter ihr alle anderen Frauen in einem feierlichen Aufzug; zwei-drei nebeneinander, in einem langen, langen Zug, kommen sie auf den Zeremonialplatz heraus, durchqueren die weite Fläche an den zwei großen aufgerichteten Steinen vorbei, und kommen im Männerhaus an. Die Frauen betreten die Männerhaushalle, bis die erste, die den Kopf trägt, bei dem offenen Loch im Erdboden anhält. Nun legt sie den Kopf hinein. Die Bambusflöten ertönen vom Dachboden des Männerhauses; die Frauen klagen, singen und weinen. Sie legen den Kopf ins rote Erdloch hinein. Die Männer decken ihn dann zu. Von einem alten Kanu haben sie ein Stück so lang wie breit abgeschnitten und den Abschnitt über den Kopf ins Loch gestülpt. Von unten schützt ihn die Unterlage, von oben der Kanuboden, von zwei Seiten die Kanuwände; die anderen zwei Seiten werden mit Palmblattmaterial ausgekleidet und das Loch mit Erde zugeschüttet. Jetzt ist Schluß. Die Frauen gehen zum See, um sich zu waschen, dann in ihre Häuser schlafen.«
Florence: »Der Kopf bleibt vergraben?«
Masoabwan: »Zur Zeit besonderer Rituale werden sie wieder ausgegraben. Wißt ihr von den Köpfen, die hier in Palimbei vergraben sind?«
Ich: »Ja, ich habe davon gehört! Beidseitig des Männerhauses sei je ein Kopf in der Erde; auf dieser Seite ein männlicher, mit einer großen Nase –«
Masoabwan: »Nein! Mit einer langen! Mit einer langen Nase.«
Ich: »– auf der anderen Seite ein weiblicher Kopf. Ja?«

Masoabwan: »Ja. Unsere Vorfahren, unsere verstorbenen Väter und Vorväter, deren Köpfe wir in unserem Erdboden vergraben, sind jetzt unsere *waken*, entweder *waken*-Frauen oder *waken*-Männer von einem bestimmten Klan. Wenn ich sterbe, wird man mich bestatten. Wenn man dann meinen Schädel nimmt, das Gesicht modelliert, bemalt, schmückt; wenn man dann das Totenritual veranstaltet und schließlich meinen Kopf begräbt, werde ich zum *waken* von unserem Grundstück, von unserem Klan. *Waken* ist nichts anderes als ein Verstorbener aus früherer Zeit.«
Ich: »Sowohl den Körper als auch später den Kopf bestattet man im klaneigenen Boden?«
Masoabwan: »Jetzt, seitdem ihr Europäer, bestimmt, haben wir einen Friedhof eingerichtet. Dort, auf einem gemeinsamen Grundstück müssen jetzt alle Toten bestattet werden. Früher war es anders. Den Körper meines Vaters oder meines Großvaters hätte man damals in unserem eigenen Klanboden, vielleicht direkt unter seinem Haus begraben. Alle Klans bestatteten ihre Verstorbenen in ihrem eigenen Boden, Ndumiau-Sengawi, Sambrap, Ngragen-Nambak, alle. Jeder bestattete seine Verstorbenen bei sich. Meinen Vater habe ich nicht zum Friedhof getragen!«
Masoabwan lacht.
Ich: »Du spazierst auf dem Boden, der dir und deinem Klan gehört und auf dem ihr eure Häuser erbaut habt, und du weißt, daß unter deinen Füßen deine *waken* sind.«
Masoabwan: »Ja. Sie sind *waken* geworden.«
Ich: »Was geschieht, wenn man kein Totenritual veranstaltet?«
Masoabwan schweigt lange. Er berührt mit der Handfläche seinen Kopf, auf dem sich nicht mehr viel Haar findet; das wenige, das seine gleitende Hand streichelt, ist grau. »Mein Vater ist gestorben. Wenn ich nun seinen Schädel aus dem Grab nicht herausnehme und wenn ich das große Ritual nicht veranstalte, hm, dann werden mich die Leute mit Verachtung traktieren: ›Du bist kein Mann! Hast du

eine Plattform gebaut, auf der du die väterliche Figur aufgerichtet hättest!? Hast du ein Totenfest veranstaltet? He?‹ Wenn ich mit einem Mann aus irgendeinem Grund Streit hätte, würde er mir sagen können: ›Was? Sind wir zwei etwa gleich? Ja, du hast einen Vater gehabt, wie ich einen gehabt habe! Ja, mein Vater ist gestorben, wie auch deiner gestorben ist! Ich habe aber ein großes Totenfest veranstaltet, ich habe seinen Schädel aus dem Grab geholt, ich habe ein *minsango* gemacht! Der ganze Dorfteil ist in meinem Haus zusammengekommen. Flöten haben wir geblasen und unsere Lieder gesungen, und ich habe sie alle bewirtet! Ich habe Schweine geschlachtet, ein großes Essen zubereitet, und sie haben gegessen! Und du? Was hast du gemacht? Wie hast du denn deines Vaters gedacht? He? Hast du etwa seinen Schädel ausgegraben? Hast du das Totenritual durchgeführt?‹ So. Bei einer solchen Rede müßte ich mich schämen und könnte dann nichts erwidern. Diese Art Rivalisierung treibt uns an, den Schädel des Vaters oder der Mutter auszugraben, ein Totenfest zu veranstalten, und erst dann endgültig zu vergraben.«
Ich: »Oh, ich würde gern deine eigene Sprache besser verstehen, daß wir uns nicht in diesem Pidgin verständigen müssen.«
Masoabwan: »Ja, ja. Wirklich. Pidgin reicht nicht aus, Pidgin vermittelt nicht immer die richtige Vorstellung. Später. Später. Ein Jahr vergeht und du wirst von unserer Sprache mehr verstehen. *Missus* auch. Nach einem Jahr werdet ihr dann unsere Sprache ziemlich gut beherrschen.«
Florence: »Wie lange bleibt der Kopf im Haus, nachdem man das Gesicht modelliert hat und bevor er wieder bestattet wird?«
Masoabwan: »Ah, nicht allzu lange Zeit. Inzwischen geschieht noch das große Totenfest. Wenn ich jetzt den Schädel ausgrabe – Wenn der Körper nur ein paar Monate in der Erde lag, ist er noch nicht ganz verwest, ebenso der Kopf. Nur die Wangen und Lippen sind bereits verfault

und abgefallen, die Zähne schauen hervor. Gut, wenn man den Kopf so vorfindet, muß man ihn von allen Haut- und Fleischresten befreien, das Hirn herausnehmen, in einem Erdloch begraben und den sauberen Schädel räuchern. Wenn der väterliche Schädel ganz trocken wird, kann man mit der Modellierung des Gesichtes beginnen. Man ist bemüht, die Züge des Verstorbenen zu treffen. Wenn dies gelingt, gut – Das weiße Muster wird man aber noch nicht auf das Totengesicht malen. Man läßt es vorläufig, wie es ist, in der dunkelroten Farbe der Modelliermasse.
Nun würde ich einen Tag festlegen, an dem ein Schwein geschlachtet werden soll. Ich bespreche mich mit den Leuten, die das Schwein großgezogen haben, und einige mich über die Gegengaben, die sie von meinem Klan erhalten werden. Gut, am festgelegten Tag wird das Schwein getötet und zubereitet. Die Frauen backen Sagofladen, man holt reife Kokosnüsse, Betelfrüchte, legt alles zusammen. Am frühen Nachmittag steht ein großes Essen bereit. Während eine Gruppe der Männer das Schwein zerlegt, angebraten und gekocht hat, war eine andere Gruppe mit dem Ausschmücken des Hausinneren beschäftigt. Sie hängten eine Plattform am Dachgebälk auf, so daß sie schwebt, sich frei hin und her wie eine Schaukel bewegen kann. Darauf errichteten sie eine Figur, die den großartigsten und aufwendigsten Tanzschmuck trägt, den die Tänzer anlegen, wenn sie die Ahnen auf dem Zeremonialplatz darstellen. Oben am Hals dieser Figur wird der Totenkopf befestigt. Unter dem Gestell werden sich Männer verstekken, die es leicht bewegen werden – die Totenfigur wird in dem halbdunklen Raum des Totenhauses hin und her schweben. Zwei Männer, auch unter dem Gestell hinter einem Vorhang versteckt, werden die großen Bambusflöten blasen. Nachdem alles vorbereitet ist, ruht man sich aus. Am Abend, gegen sieben Uhr, fängt das Fest an.
Zuerst kommen die Frauen ins Haus herauf und schon jetzt ist es fast voll; sie sind still, oder klagen und singen halblaut. Dann kommen die Männer, eine Gruppe trägt

die Flöten hinauf – sie sind gut im Pflanzenmaterial verpackt, damit sie die Frauen und Kinder nicht erblicken. Erst unter der schwebenden Plattform, hinter dem Vorhang, der von allen Seiten herunterhängt, wird man sie auspacken. Andere Männer setzen sich auf Hocker der Totenfigur gegenüber und beginnen eine lange Reihe der kultischen Lieder vom väterlichen Klan abzusingen, mit Begleitung einer oder zwei Handtrommeln. Die Männer singen, die Frauen klagen, die Flöten ertönen und die Trommel gibt den Takt an bis zum hellen Morgen. Man trägt Töpfe mit Essen ein, verteilt Schweinefleisch, Sago und Betel. Mit dem Tagesanbruch sind die väterlichen Gesänge zu Ende gesungen; es kommen jetzt andere Männer hinauf, um den ganzen Tag lang die Gesänge vom mütterlichen Klan des Verstorbenen zu singen. Nach einer ganzen Nacht und einem ganzen Tag ist dann Schluß, das Gestell mit der Figur wird dann zerlegt. Schluß. In der nächsten Nacht ruht sich das Dorf aus. Bald darauf, in der dritten oder vierten Nacht werden *yigen kundi* gesungen und am folgenden Morgen der Totenkopf bestattet. Siehst du, er wird nicht sehr lange im Haus aufbewahrt.«

Florence: »Der modellierte Kopf wird getrennt von dem übrigen Körper bestattet?«

Masoabwan: »Die meisten Köpfe legt man nach dem Totenfest wieder ins gleiche Grab, wo der Verstorbene kurz nach seinem Tod bestattet wurde, wo sein Körper liegen blieb. Nur die Köpfe besonderer Männer, wie eines starken Kämpfers, eines Anführers bei der Kopfjagd, eines gewandten Redners und Mythologen, Köpfe von Männern, die einen direkten Kontakt mit den *waken* herstellen konnten, werden ins Männerhaus getragen und dort bestattet.«

Ich: »Wie macht man die Totenfigur?«

Masoabwan: »Ah, das habe ich nicht beschrieben. Man nimmt trockene Kokosblätter, drückt eine größere Beige zusammen und umwickelt sie fest – das ist der Rumpf, der so breit wie ein wirklicher Mensch sein kann. Man bedeckt

diesen mit weiterem Pflanzenmaterial, mit festen, rindenartigen Blättern, und bindet nochmals alles zusammen. Dann färbt man das Ganze mit roter Farbe ein. Durch das Bündel hindurch wurde ein Stock geschoben; sein unteres Ende dient zur Befestigung der Puppe auf der Plattform, auf das obere Ende, das ein wenig hervorragt, wird der Totenkopf gesetzt. An dem Tag, an dem das Schwein geschlachtet wird, bin ich mit der Essenszubereitung beschäftigt. Andere Männer von meinem Klan, meine Brüder, werden ins Haus hinaufgehen, um das Gestell zu machen. Die Plattform ist nicht sehr groß, so wie diese Wand hier, an die ihr den Tassenschrank gestellt habt; sicher größer als die Türöffnung. Wenn die Teile der Plattform fest zusammengefügt sind, hängt man sie horizontal auf vier Rotangseilen in der Dachkonstruktion des Hauses auf, so daß sie ungefähr einen Meter über dem Hausboden schwebt. Vorne befestigen sie ein Krokodilkopf, wie wir sie am Bug der Kanus schnitzen; um die Plattform herum hängen sie lange Fasern, die bis zum Hausboden reichen und alles abdecken, was sich unter ihr befindet.«
Florence: »Aha! Ihr nennt das *agwi*, nicht wahr?«
Masoabwan: »Ja, ein *minsango* auf der *agwi*.«
Auf der Wasseroberfläche der sumpfigen Seen bildet sich eine dicke verfilzte Vegetationsdecke, manchmal so fest, daß ein Mensch darauf gehen kann; diese nennen die Iatmul *agwi*. Manchmal reißt die Strömung einen Teil ab, der dann auf den Bächen und am Sepik selbst ostwärts hinuntertreibt. Das Gestell des Totenrituals repräsentiert eine solche schwimmende Insel, die aus Sumpfvegetation besteht. »Die Puppe wird nun auf der Plattform befestigt, von zwei Seiten her mit Stöcken gestützt, daß ihr Rumpf aufrecht steht, gut angebunden. Dann schmückt man sie mit farbigen Blättern, bis sie wie ein zum Tanz geschmückter Mann aussieht, der zum Männerhaus auf die Zeremonialwiese heraustritt. Die Figur hat aber immer noch keinen Kopf. Am Abend, wenn das Totenfest beginnt, wird man zunächst einen besonderen Gesang an-

heben, der von der Aufrichtung des Ahnen handelt; erst dann wird der Kopf meines Großvaters oder Vaters daraufgesetzt. Kurz davor, gleichzeitig mit dem Schmücken der Totenfigur hat man auf das Gesicht des Totenkopfes ein schönes, schwungvolles Muster mit weißer Farbe gemalt, wie es auch die lebenden Tänzer auf ihren Gesichtern tragen. Jetzt kann man den letzten fehlenden Teil des Tanzkostüms ansetzen – einen riesenhaften Kopfschmuck. Die Männer mit der Flöte drücken sich durch die Menschenmenge, die auf dem Hausboden überall sitzt, und verschwinden unter der Plattform. Die Gruppe der Sänger setzt die Liederreihe fort, die Handtrommel gibt den Takt an, die Plattform mit der Totenfigur bewegt sich leicht hin und her. Bald kommt das Lied der Ahnfrau an die Reihe, deren Stimme mit der Flötenmelodie gleichgesetzt wird – in diesem Moment ertönen auch die Flöten und spielen dann ununterbrochen weiter. Morgen werden die Männer vom mütterlichen Klan des Verstorbenen kommen, ihre Flöten bringen und die kultischen Gesänge ihres Klans singen. Als sie am späten Nachmittag des darauffolgenden Tages damit fertig werden, verlassen sie das Haus. Das Gestell und die Figur werden zerlegt. Sie schlafen alle aus, morgen, übermorgen, nach drei, vier Tagen werden wir den Totenkopf bestatten.«

Florence: »Am Totenfest sind beide Geschlechter anwesend?«

Masoabwan: »Männer, Frauen, Kinder. Alle. In der Nacht des Gesangs für den Toten versammeln sich alle Bewohner von unserem Dorfteil Nambareman, alle werden kommen. Aus der anderen Männerhausgemeinschaft Payambet kommen auch welche, Klans, mit denen wir verschwägert sind, oder die uns sonst nahe stehen. Man wird singen, Handtrommel schlagen, Frauen werden klagen. Was die Frauen anbelangt, kommen meistens alle Frauen vom ganzen Dorf bei einem solchen Fest zusammen – ssst! – alle werden ins Totenhaus eilen.«

Florence: »Das alles in einem Haus?«

Masoabwan: »Wenn wir selbst kein so großes Haus hätten, würden wir uns umschauen, wer ein großes Haus hat, und fragen. Sie würden antworten: ›Oh, ist in Ordnung. Du kannst kommen, bringe dein Unglück in unser Haus. Du kannst das Gestell bauen und deinen Vater, Großvater aufrichten.‹ So.«
Ich: »Das Haus von Mounobwei wäre groß genug.«
Masoabwan: »Ja. Das von Koreme auch.«
Florence: »Kann man diese Art Totenfest auch für eine verstorbene Frau machen?«
Masoabwan: »Für eine Frau auch. Ich kann ihren Kopf aus dem Grab holen, zum Beispiel den Kopf meiner Mutter, der Ehefrau von meinem Vater; oder den Kopf der Frau meines Großvaters; oder den Kopf meiner Schwester – ich kann ihren Kopf holen. Ich habe damals ein Totenfest für meine älteste Schwester veranstaltet.«

Der kultische Gesang: Vom Eber Suikumban

Die mythischen Bilder traten uns in der Form der Frauengeschichten entgegen; wir verfolgten sie in die Männergespräche, wo sie dem Mißtrauen und der wechselseitigen Herausforderung Ausdruck verleihen. Ihre dritte Erscheinungsform ist der kultische Gesang. Jeder Klan hat seine eigenen Lieder, die bei verschiedenen Ritualen gesungen werden: nachdem ein neues Haus gebaut wurde oder ein neues Kanu geschnitzt, wenn die jungen Männer, die zuvor einem grausamen Initiationsritual unterzogen wurden, ins normale Leben zurückkehren, oder während der Totenfeste. Jedes einzelne Lied entfaltet ein klar umrissenes mythisches Motiv, spricht eine besondere klanspezifische Ahnengestalt an. Diese Vielfalt der Inhalte ist in zwei melodische Modelle eingeschlossen: das langsame Sololied und das rhythmischere, schnellere Chorlied.

Die Liederreihe, die während eines Rituals abgesungen wird, ist lang. Sechzig bis achtzig Lieder, thematisch aufeinander bezogen, machen den kultischen Gesang eines Klans aus. Der Vortrag erscheint uns monoton und etwas farblos.

Ein alter Mann mit zitternder Stimme hebt das erste Sololied einer langen Reihe an; in unendlicher Wiederholung nimmt er immer wieder die gleichen vier oder sechs Verse des gleichen Liedes durch. Die Worte, wenn sie auch am Anfang noch einen Sinn für den Zuhörer eröffneten, werden bald zum Abrakadabra. Nicht nur die Bedeutung, sondern auch der musikalische Ausdruck scheinen dem Sänger gleichgültig zu sein. Das folgende, lebendige Chorlied weckt die Mannschaft, dennoch macht der Gesang der Iatmul eher einen depressiven Eindruck; die rituelle Versammlung verbohrt sich in eine Traurigkeit, deren Sinn nur ihre Ahnen kennen. Wegen der kulinarischen Erlebnisse lohnt es sich nicht, nach Neuguinea zu reisen, ebensowenig wegen dem Gesang oder dem Tanz. Wer sich aber in das Studium der kümmerlichen Bedeutungsfetzen vertieft, aus denen solch ein zehnstündiger kultischer Gesang besteht, dem werden Überraschungen beschert. Hinter den ornamentalen Wiederholungen treten wilde Vorstellungen hervor; die pedantische Systembesessenheit, mit der diese Lieder in symmetrische und umgekehrt symmetrische Sequenzfolgen eingeteilt werden, ist wie eine Fassung, die Bewegungen von vulkanischer Kraft in sich einschließt. Die Liebe zur Mutter in ihrem nackt sexuellen Aspekt, direkt auf den Geruch und Geschmack ihres Geschlechts ausgerichtet; die Angst vor ihr und die ohnmächtige Wut, die dem Sohn zurückbleibt, wenn es ihm nicht gelingt, sie zu bezwingen; Aggression, Lust am Töten, Traurigkeit.

Um Kopfjäger zu werden, muß einer zuerst von seiner Mutter die ganze Manneskraft erhalten, dann aber, bevor er auszieht, in einer großen gewaltsamen Anstrengung sich ihrem mäßigenden Einfluß entziehen.

Masoabwan lachte über diese Lieder. Er wußte, daß sie die große Mythologie in Stichwörtern enthalten, fand sie aber nicht spannend genug. Es gibt jedoch Charaktere, welche die ruhige Wiederholung des kultischen Gesangs lieben. Sie fühlen sich wohl in seinen Verschnörkelungen und versäumen keine rituelle Versammlung, in der die Liederreihen gesungen werden und sie ihren Leierkasten betätigen können. Sie kennen oft eine immense Anzahl dieser Lieder, die Liederreihe des eigenen Klans, aber auch jene von weiteren verwandten oder verschwägerten Klans. Dem fremden Ethnologen ist ihre Bedeutung verschlossen, auch wenn er sie sprachlich bewältigt hat. Ohne eine umständliche und weitreichende Aufklärung bleiben sie unverständlich, und die iatmulischen Experten paßten eifersüchtig auf, daß ich aus ihrem esoterischen Inhalt nicht allzu klug werde. Wenn ich hie und da dennoch etwas daraus begriffen habe, waren es immer klare lyrische Tropfen, die aus einem Schutthaufen hervorleuchteten.

Suikumban, eine männliche Ahnengestalt vom Klan Ngawingwat, erscheint in der Form des wilden Schweines. Im deutschen Sprachgebrauch hat das Wort Schwein eine bemerkenswerte Bedeutungserweiterung erfahren: es bezeichnet nicht nur das Tier, Haus- und Wildschwein, sondern ist zum Sinnbild der Unsauberkeit und Unanständigkeit geworden; mit Schwein kann im Deutschen ein schmutziger Mensch, ja ein Lump, ein gemeiner Mensch bezeichnet werden. Paradoxerweise kann das Wort auch einen unverhofft guten Ausgang einer Sache, einen Glücksfall bezeichnen. Solange wir das deutsche Wort Schwein verwenden, und es geht nicht anders, können wir uns dieser Assoziationskreise nicht entledigen; mit *mbal* jedoch werden ganz andere Vorstellungen beschworen. Die Iatmul kennen den Anblick eines erniedrigten Schweines nicht; sie kennen das überzüchtete Hausschwein nicht, das in kleinen Räumen gefangen gehalten wird, im eigenen Dreck wühlt und auf die Hinrichtung wartet; sie könnten nicht ein kleines, hilfloses, den Starken ausgeliefertes, bedauernswertes Geschöpf als armes Schwein bezeichnen. Ihr Schwein ist vielmehr das prächtige Wildschwein, das unsere Jäger schon immer gekannt hatten und das von unseren Verhaltensforschern wiederentdeckt wurde: ein extrem bewegliches, geschicktes und gescheites, wildes Tier; seine rüsselartige Schnauze ist gut zum Wühlen eingerichtet und es liebt in warmer Schlammerde zu liegen, und beides tut es aus freien Stücken. Das Zuchtschwein der Iatmul, eher mit dem Wildschwein vergleichbar, führt ein unabhängiges Leben; Umzäunungen für die Schweine begann man erst unter dem Druck der Kolonialregierung zu bauen.

Das Schwein ist ein Sinnbild des Kopfjägers, ähnlich wie der große Fischadler oder das große Leistenkrokodil. Die Eckzähne des Ebers, die zu mächtigen Hauern auswachsen, sind ein charakteristischer Teil des rituellen Schmucks: ein Mann, der Tänzer oder der Kopfjäger, hängt sie in die durchlochte Scheidewand seiner Nase ein.

Das einleitende Sololied der Reihe von Suikumban beschreibt Schritt für Schritt die Installierung des Kopfjägers, die im Anlegen eines Maskenkostüms besteht. Eine Verkleidung, in tierische oder in menschliche Form, heißt auf Iatmul *saba;* eine Maske, ein Kostüm, eine Schmuckkomposition, die den Tänzer in eine Ahnengestalt verwandelt, ist eine *saba.* Die äußere Gestalt des Kopfjägers, seine Bemalung, Schmuck und Bewaffnung, wird auch als *saba* bezeichnet; eine drohende *saba* mit wutverzerrtem Gesicht im Angriff. Solange ein Maskenkostüm abgestellt ist, im Männerhaus auf einem Haken hängt, bleibt es nur eine tote, leere *saba;* wenn ein Mensch hineingeht, sie in Bewegung setzt und auf dem Zeremonialplatz tanzt, wird die *saba* belebt. Der belebende und bewegende Geist heißt *winsumbu;* dieses Wort haben wir bereits in der Geschichte über Morondawa angetroffen, die sich als ein Mann verkleidete und die *winsumbu* in ihrem Wohnort in den Baumkronen besuchte. Das Begriffspaar *saba-winsumbu* ist von einem hohen Abstraktionsgrad und bezeichnet jeden Gegensatz zwischen der Hülle und dem Inhalt, zwischen der Form und der Bewegung. Wenn ein Tänzer ein Maskenkostüm in Bewegung setzt, wird er selbst in seiner Ganzheit als *winsumbu* bezeichnet. Gleichzeitig kann man seinen Körper als eine *saba* auffassen; der *winsumbu* ist dann sein Leben, das ihn jeden Morgen antreibt und den Unterschied zur künftigen Todesstarre und dem unvermeidlichen Zerfall bedeutet.

Kao wamburu ist der Gesichtsausdruck des tötenden Mannes. Das Gesicht, wenn man es als einen Körperteil auffaßt, wird *mendama* genannt; es ist ein zusammengesetztes Wort, das aus *meni,* die Augen, und aus *ndama,* die Nase, besteht. *Wamburu* dagegen ist die Ausstrahlung, das lebendige, lachende oder drohende Gesicht, aber auch die künstlerischen Darstellungen, die Gesichter wiedergeben. *Kao* ist Kampf und Tötung, die Kraft und die Kraftanwendung.

Das Lied von der Installierung des Kopfjägers beginnt, wie jedes Lied in der Reihe, mit dem Refrain, das eine Anspielung auf das bevorstehende Schicksal seiner Mutter enthält: bei seinen gewalttätigen Versuchen, sich von ihr loszumachen, wird er sie verstümmeln:

»Mutter, du hast mir
eine *saba*
mit *kao*-Gesicht gegeben.
Mutter, du sollst
deswegen leiden.
Du dauerst mich.«

Dem Refrain folgt das Hauptstück, dessen erster Teil weiter nichts als eine elaborierte Anrede ist.

»aah-hii-aah!
Eber Suikumban!
Eber Suikumban!
Du bist dort
im Urort Mevembet!
Du Vater!«

Nach dem *a-i-a*, das jedes Sololied einleitet, wird Suikumban in der Form des Ebers angerufen, anschließend im mythischen Urdorf lokalisiert: Mevembet heißt die Urgemeinschaft, von der die ganze heutige Menschheit abstammt. Dort ist ein großer Teil aller mythischen Ereignisse geschehen, bevor der große Ausbruch stattfand und die Lebewesen ans Licht hervorkamen. Es gibt Menschen, die zu berichten wissen, daß dieser Ort irgendwo im Waldgebiet nördlich des Sepik gelegen ist; andere zwinkern mit einem Auge und sagen, es gehe da um die Gebärmutter. Anschließend wird die Mutter angerufen.

»Mutter, Mutter!
Mutter Suiwolimange!
Du dauerst mich.
Mutter, Mutter!
Ich bin dein Sohn,
dem du *kao* gegeben hast.
Ich bin dein Sohn,
dem du *nsebwa* gegeben hast.«

Nsebwa bedeutet Arbeit, Verrichtung, aber auch Mühe, schwere Aufgabe, schließlich Leistung; hier die Menschentötung. Beim zweiten Absingen wird man andere Namen für beide, den Sohn und seine Mutter, einsetzen und ein anderes Paar der mütterlichen Gaben erwähnen: nach *kao* und *nsebwa* kommt *tubu* und *nembi,* dann *kara* und *sesenge,* schließlich *lagi* und *kameñ. Tubu* ist der prachtvolle Kopfschmuck des Tänzers aus schwarzem Kasuargefieder, *nembi* ist das Haar; beides bedeutet hier die Borsten des Ebers, die mit einer agressiven Regung sich aufrichten. *Kara* und *sesenge* sind seine Zähne und Hauer. *Lagi* und *kameñ* sind besondere Pflanzen, deren Teile bei allen Ritualen der Ahnenanrufung verwendet werden; sie stellen ein Mittel und ein Sinnbild jeglicher Zauberkraft dar.

Das erste Sololied einer Reihe heißt *angwa mi.* Mit *mi* bezeichnet man den Baum im Allgemeinen und sein Holz, aber auch die kultischen Trommeln, die aus großen Stämmen geschnitzt werden; *angwa* ist der zentrale, meistens der untere tragende Teil von allen möglichen Pflanzen. Mit *angwa* bezeichnet man das Wesen im Gegensatz zu den Akzidenzien, das tiefere Wissen im Gegensatz zu den oberflächlichen Verästelungen. Das erste Sololied absingen bedeutet: den Ahnen wie einen Baumstamm oder wie einen Pfosten aufrichten; nun ist er präsent, seine Liederreihe wird den ganzen Tag gesungen. Ein Lied wird aber unter Umständen ein- oder zweidutzendmal abgesungen, immer mit einigen Abwandlungen. Die wichtigste besteht darin, daß man jedesmal, wenn ein Lied neu durchgenommen wird, einen neuen Namen aus der Liste Suikumbans anruft. Seine Liste enthält über dreißig Eigennamen paarweise angeordnet.

Suikumban Wendukumban
Marisui Samakmbange
Angawi Tanguriwuse
Yambisowat Yambirabi
usw.

Dasselbe gilt auch für die Mutter, zu ihr gehört auch eine besondere Namenliste. Beim zweiten Absingen wird man die Namen Wendukumban und Wenduwolimange anrufen und den Urort anstatt als Mevembet nun als Kambiambet bezeichnen; er hat auch seine Namenliste. Außerdem werden weitere kleine Abwandlungen vorgenommen: man wird Suikumban nicht »Vater« sondern »Großvater« titulieren und, wenn man vorher von *kao* und *nsebwa* sprach, wird man nun *tubu* und *nembi* erwähnen, etc.

»Aah-hii-aah!
Eber Wendukumban!
Eber Wendukumban!
Du bist dort
im Urort Kambiambet!
Du Großvater!
Mutter, Mutter!
Mutter Wenduwolimange!
Du dauerst mich.
Mutter, Mutter!
Ich bin dein Sohn,
dem du *kara* gegeben hast.
Ich bin dein Sohn,
dem du *sesenge* gegeben hast.
Mutter, du hast mir
eine *saba*
mit *kao*-Gesicht gegeben.
Mutter du sollst
deswegen leiden.
Du dauerst mich.«

Es liegt an der Gruppe der Sänger, von Fall zu Fall entscheiden, wie viele Male sie ein Lied absingen wollen. Ein wichtiges Lied wie das *angwa mi* werden sie mindestens eine halbe Stunde durchnehmen, was je nachdem, ob sie Pausen einschalten, zehn bis zwanzig Wiederholungen bedeutet; bei anderen, weniger wichtigen Liedern wird man sich mit vier, sechs Wiederholungen begnügen.
Es folgt ein Chorlied:

»Mit deinem lebaman,
den ich aufgerichtet habe,
gehst du flußaufwärts.

Ich will nicht traurig sein.
Mutter Suiwolimange!
Ich will nicht traurig sein.
Mutter Wenduwolimange!
Ich will nicht traurig sein.
Mit deinem lebaman,
den ich aufgerichtet habe,
gehst du flußaufwärts.
Ich will nicht traurig sein.«

Lebaman ist der kultische Name des Speeres von Suikumban, den er von seiner Mutter hat. Er zieht allein in den Kampf und sein Herz tut ihm weh. Die Mutter sagt: »Du hast es so gewollt. Es ist deine Angelegenheit!« Sie beweint ihren Sohn, der sie verläßt. Er sagt: »Schluß! Voran! Flußaufwärts!«

Sololied:

»Du, Mutter, dein Eber
zieht hinauf, zieht hinauf.
Yambun flußaufwärts,
wo *kambukembi* leuchtet.
Hei, ihr! Wer ist hier vorbeigegangen?
Der Eber Suikumban ist hier vorbeigegangen!
Du!
Halte an, halte an!
Komm, wende dich zurück!«

Chorlied:

»Den Speer im Körper
fällst du um!
Vater!
Die Lanze in der Wunde
fällst du um!
Großvater!
Eber Suikumban,
im Urort Mevembet!
Die Lanze im Körper
fällst du um!
Großvater!

Den Speer in der Wunde
fällst du um!
Vater!«

Yambun ist der Name des westlichen Weltteils, von den Iatmul aus gesehen. Es ist die gleiche Richtung, in der man zuerst auf die Ñaura-Dörfer stößt, auf die traditionellen Kopfjagdpartner von Palimbei. Weiter westlich, weiter flußaufwärts, weitere Völker; vor allem aber das *kambukembi,* das westliche Totenland der gewaltsam im Kampf umgebrachten, halbverzehrten, zerfetzten Opfer des menschenfressenden Helden. *Kambukembi* ist ein mystischer, unauflösbarer Begriff. *Kembi* ist ein Korb, dann ein Vogelnest; *kambu* eine Art Adler. In diesem Adlernest befinden sich Knochen und faulendes Fleisch, die abscheulichen Reste der grausamen Mahlzeiten. Gleichzeitig aber ruft man mit *kambukembi* eine atmosphärische Erscheinung hervor: die Ruhe nach einem plötzlichen Gewitter. Zu einer Hand die zurückweichenden bleiernen Wolken, eine Erinnerung an die heftigen Entladungen und Ergüsse, zur anderen Hand die intensive Sonne; die Luft etwas kühler, wie eine unverhoffte Pause im tropischen Wüten, Fernsicht gut. So war das erste Licht, das die neue Landschaft beleuchtete, als der Urzustand wie ein Tontopf entzweibrach, der dunkle und enge Ort sich weitete, die Lebewesen, zuvor zusammengepfercht und gefaltet, sich in Bewegung setzten und in alle Richtungen auseinandergingen. Diese Landschaft, die wir zu bewohnen angehalten sind, erscheint wie ein Adlernest.

Mythische Erinnerung II: Das Totenland

Mbara: »Die Schwester von Mendatkumban heiratete in ein anderes Dorf. Die Menschen von diesem Dorf waren während des Tages ganz normal, gingen ihren Arbeiten nach oder veranstalteten Feste; sie gingen zum See Fische fangen oder in den Garten Gemüse holen, kurz, sie sorgten für ihren Unterhalt und genossen das Leben.
In der Nacht schliefen sie aber nicht normal, wie wir schlafen. Am späten Nachmittag, wenn die Sonne bereits tief über dem Horizont stand, bereiteten sie große Beigen Feuerholz vor, spalteten es und schichteten es auf. Vor jedem Haus befand sich eine breite Bank, eine Art Gestell, worauf man sich hinlegen konnte. Kurz vor der Abenddämmerung machten sie unter den Gestellen Feuer an, nicht zu groß und nicht zu klein, damit die Liegebänke warm und die ganze Nacht beräuchert werden. Dann kletterten sie alle auf die Gestelle, Männer, Frauen, Kinder, alle legten sich in den Rauch hin und schliefen ein. Während sie schliefen, zerfielen ihre Körper in Stücke, Fleisch löste sich von den Knochen und lag auf dem Gestell um das nackte Skelett herum. So ging es jede Nacht. Am Morgen standen sie wieder auf, wuschen sich und gingen ihrer Arbeit nach.«
Ich: »Wieder wie normale Menschen?«
Mbara: »Ja. Nachdem sie sich gewaschen hatten, gingen sie zum See oder in den Garten, um Nahrung zu beschaffen. Die Schwester von Mendatkumban heiratete also in dieses Dorf. Es konnte nicht anders geschehen, als daß sie mit der Zeit so wie alle anderen im Dorf geworden war. Mit der Zeit ging es mit ihr ebenso wie mit allen anderen zu.«
Ich: »In der Nacht verfiel ihr Körper wie bei den anderen?«
Mbara: »Ja, wie bei den anderen. So ging es dort her. Mendatkumban wollte einmal seine Schwester besuchen und machte sich auf den Weg. Am Nachmittag, nicht lange vor dem Einbruch der Nacht, kam er bei ihr an – ja, es war ungefähr die gleiche Tageszeit wie jetzt. ›Oh‹, sagte

die Schwester, ›es tut mir sehr leid, aber hier kannst du nicht bleiben. Weißt du, hier geht es anders zu als bei uns zu Hause. Warum bist du nur gekommen! In unserem Dorf, in dem Dorf aus dem ich komme, geschehen solche Dinge wie hier nicht! Es geht hier wirklich anders zu! Was du auch brauchst, gebe ich dir, geh aber gleich wieder weg. Hier kannst du nicht bleiben‹, sagte die Schwester.

›Hm, so ... Aber ich wollte hier übernachten! Nachdem ich erledigt habe, was ich wollte, werde ich morgen heimkehren.‹

›Nein!‹ sagte die Schwester, ›das geht nicht! Hier, wo ich jetzt verheiratet bin, geht es ganz anders zu! Geh lieber gleich weg.‹

›Ich bleibe hier!‹ beharrte der Bruder. ›Ich bin gekommen, um dich zu besuchen, und ich möchte hier übernachten.‹ Er gab nicht nach und seine Schwester konnte schließlich nicht anders als einwilligen. Sie machte ihm Essen und setzte es ihm vor. Als der Ehemann sah, daß Mendatkumban im Haus blieb, nahm er seine Frau auf die Seite und sagte zu ihr:

›Hast du deinem Bruder was zum Essen gegeben? Ja? Also höre mal! Wenn er gegessen hat und schlafen gegangen ist, müssen wir aufpassen! Wenn er in der Nacht aufwachen und herauskommen würde, könnte er uns sehen!‹ sagte er leise zu seiner Ehefrau. ›Es könnte etwas Schlimmes geschehen! Er könnte irgendeinen Unsinn anstellen und wir bekämen Schwierigkeiten! Am besten werden wir die Schlafröhre zumachen, nachdem er eingeschlafen ist. Bleib mit ihm hier, sei nett zu ihm, und wenn er tief schläft, machst du die Öffnung zu.‹ So besprach er sich mit seiner Frau und ging ins Männerhaus. Die Dorfbewohner waren bereits damit beschäftigt, Holz zu spalten und bei den Gestellen aufzuschichten. Nach dem Einbruch der Nacht legten sie sich auf die Bänke und zerfielen in Stücke. Nein, sie waren nun keine Menschen mehr! Fleisch fiel ihnen von den Knochen ab und lag im Durcheinander herum, Kopf, Unterkiefer, Glieder, Rumpf.

Die Schwester saß noch mit ihrem Bruder oben im Haus. ›Hast du genug gehabt?‹ fragte sie ihn.
›Genug. Ich bin wirklich satt.‹
›Geh also schlafen. Ich will auch schlafen gehen. Schau, da ist die Schlafröhre, geh hinein. Ich werde anderswo schlafen.‹ So redete sie ihm zu, umsorgte ihn und bereitete sein Lager in der Schlafröhre. ›Gut‹, sagte er, ›ich gehe also schlafen.‹ Er ging in die Röhre hinein und legte sich hin. Seine Schwester wartete, bis er sich nicht mehr bewegte, nahm eine Speerspitze aus Bambus und machte damit die Öffnung der Röhre wie mit einer Nadel zu. Es war eine *sapñinga,* eine Schlafröhre aus geflochtenen Matten, die wir als Schutz vor den Mücken benutzt haben, bevor die Weißen kamen und uns die Baumwollnetze verkauften. Die Schwester machte also die Öffnung der Röhre zu und ging selbst herunter, um sich auf ihren Platz zu legen; bald schlief sie ein und ihr Körper verfiel wie bei allen anderen. Ihr Bruder schlief aber nicht. Er stand auf und entfernte vorsichtig die Speerspitze, kam aus der Röhre heraus und schritt langsam durch den dunklen Raum zur Tür. Von da aus sah er im Licht der Flammen Gestalten der Dorfbewohner, die noch dabei waren, Feuer anzumachen, andere, die auf die Gestelle stiegen und ihren Platz für die Nacht suchten, andere, die bereits in Stücke zerfallen waren und deren Knochen in der Dunkelheit weiß leuchteten. ›Ah! So ist es hier‹, sagte er zu sich und kehrte, bevor man ihn bemerkt hatte, in die Schlafröhre zurück. Tief in der Nacht stand er wieder auf und verließ nun das Haus, um alles richtig anzuschauen. Er spazierte an der langen Reihe der Gestelle entlang, und überall sah er zerfallene Körper und Skelette – es gab keinen einzigen Menschen im Dorf außer ihm, der am Leben geblieben war. Niemand konnte ihn sehen, niemand konnte ihm etwas vorwerfen, alle lagen ohnmächtig auf ihren Gestellen, in Stücke zerfallen.
Diese Geschichte, Milan, ist meine Geschichte! Es ist eine Geschichte meines Klans! Ich gebe sie dir. So. Er spazierte

hin und her im nächtlichen Dorf, schaute sich die Gestelle an, bis ihm auf einmal das Fleisch eines jungen Buben auffiel. Es war frisch, und es kam ihm wie ein wahrer Leckerbissen vor, wie ein Stück köstliches Schweinefleisch mit Fett. Er sah es, ging vorbei, kehrte wieder zurück, schaute es wieder an – und dann nahm er ein Stück davon! Das Stück hier, vom Oberschenkel, das beste Stück nahm er mit sich und kehrte zurück ins Haus. Er kam zum Haus seiner Schwester, kletterte auf die Betelpalme, die in der Nähe wuchs – ja, bereits als er herunterging, bediente er sich dieser Palme, da seine Schwester die Leiter abgenommen hatte.«

Ich: »Sie wollte vermeiden, daß er herunter kommt.«

Mbara: »Ja, das wollte sie. Sie nahm die Leiter ab und versorgte sie unter dem Haus. Als er in der Nacht hinauswollte, bemerkte er diese Palme, die in der Nähe des Hauses wächst, und kletterte auf ihrem Stamm herunter. Dann nahm er das Fleischstück von einem Jungen und kletterte jetzt wieder ins Haus hinauf. Er hatte noch einen Fladenrest vom Abendessen und zusammen mit diesem aß er das schöne Stück Fleisch auf. Noch in der Nacht aß er es auf, wusch seinen Mund und seine Hände und legte sich wieder zum Schlafen. Er kroch in die Schlafröhre, machte ihre Öffnung zu, steckte die Speerspitze wie eine Nadel durch beide Mattenteile durch, so daß am Ende alles so aussah, wie es seine Schwester zurückgelassen hatte und schlief bis zum Morgen.

Die Dorfbewohner, die die ganze Nacht auf den Gestellen gelegen hatten, begannen sich nun zu regen. Langsam, einer nach dem anderen, gewannen sie wieder ihre menschliche Gestalt, einer nach dem anderen standen sie auf und gingen zu den Badestellen sich waschen. Der Junge, dessen Fleisch Mendatkumban gegessen hatte, wollte auch aufstehen, es ging aber nicht gut. Er versuchte, sich auf die Beine zu stellen, fiel aber alsbald um. Sein Körper hatte sich wieder aus den einzelnen Stücken zusammengesetzt, alles war wieder in Ordnung, nur ein schönes Stück vom

Oberschenkel fehlte. Als er umgefallen war, merkten alle, was los ist und begannen zu fragen: ›Hat jemand einen Besuch aus einem fremden Dorf? Hat jemand einen Gast bei sich, der hier übernachtet hat?‹ Man fragte der Reihe nach, bis man auf den Schwager von Mendatkumban kam. Der stand auf und sagte: ›Oh ja. Mein Schwager kam gestern hierher. Er übernachtete in meinem Haus. Kommt, gehen wir zu mir und holen ihn!‹ sagte der Schwager. Man nahm ihn und brachte ihn ins Männerhaus.

Die Männer im Männerhaus legten in der Zwischenzeit ihre *saba* an – weißt du, was es ist? Diese Dinge, die sie sich gemacht hatten? Sie sind in diese Dinge hineingegangen und waren jetzt Schweine; sie hatten die Gestalt des Schweines angenommen. Oben im ersten Stock des Männerhauses hatten sie sich versammelt und gewartet. Man führte nun Mendatkumban her, und an der Treppe des Männerhauses ließ man ihn los, damit er hinaufgehe. Er stieg in den oberen Raum hinauf und sah sich zwischen zwei Reihen von Schweinen, links und rechts: eines rammte ihn von einer Seite an, so daß er auf die andere Seite flog – dort rammte ihn schon ein anderes, so daß er zurückflog. So schubsten sie ihn hin und her, von einer Seite auf die andere, von einer Reihe der Schweine zu der anderen. Sie prügelten ihn so lange, bis er sich erbrach und das Stück Fleisch, das er aufgegessen hatte, zu Boden fiel. Sie schauten es an und sagten: ›Genug!‹ Sie nahmen das Fleischstück, wuschen es und legten es wieder dem Jungen dort ein, wo es gefehlt hatte. Der Junge richtete sich auf und ging zur Badestelle. Den Mann, der verprügelt wurde, nahm man auch zur Badestelle, wusch ihn, bestrich seinen Körper mit Öl und machte ihm mit weißer Erdfarbe einen Strich über die Stirn. Jetzt wollte man ihn beschenken: eine große Netztasche füllte man mit Betelfrüchten und Betelpfeffer, man bereitete Kalkpulver, das man zum Betelkauen braucht, füllte es in eine Kalebasse und steckte auch diese in die Netztasche. Das alles war für ihn. Als er wieder im Männerhaus war, setzte man ihm Essen vor und er aß. Man hat ihn beschenkt und bewirtet, alles wieder gut gemacht, und ihn schließlich entlassen. Noch am gleichen Tage kehrte er in sein Dorf zurück. Das war die Geschichte von Mendatkumban.«

In jeder Gesellschaft finden sich Visionäre, agressionsbeladene Eroberer des Totenlandes, die jedes Rätsel bereits enträtselt haben und jedes Unheil zu heilen wissen. Doch in jeder Gesellschaft, auch in jener der Iatmul, finden sich Skeptiker, vorsichtige Archivare der Phantasmen, die für die gleichen Wünsche sich ein Objekt wünschen, zu dem gleichen Bruchstück das fehlende Stück suchen; was sie aber finden, erkennen sie als trockenes und brüchiges Pflanzenmaterial, leere *saba*, ein spielerisches Menschenwerk. Dann gehen sie in den Bambushain, schneiden geeignete Rohre ab und machen daraus Flöten. Wenn ein Paar der kultischen Flöten ertönt, ist es die Stimme von *woliwundumbu*.

Chorlied:

> *»ñinaro wunaro*
> *ndagul ñan*
> *ñinaro wunaro*
> *ndagul ñan«*

Ndagul ist ein komplementärer Begriff zu *waken; waken* bezeichnet den wütenden, tötenden Ahnen, der in der *saba* des Kopfjägers und in der Stimme der großen kultischen Trommeln erscheint. *Ndagul* bezeichnet die entrückte Frau, die unerreichbare Antwort auf einen dringenden Wunsch, ihre *saba* ist der festliche Putz der Braut und die Flöte ihre Stimme. Es gibt aber auch weibliche *waken* und männliche *ndagul;* die Iatmul wissen, daß der Geschlechtsunterschied nur ein Kostüm ist. Mit *ñan* bezeichnen sie ein menschliches Wesen, wenn sie sein Geschlecht nicht zu betonen brauchen. *Ñin* ist Pronomen, 2. Person, Einzahl, weiblich; *wun* 1. Person, Einzahl, beide Geschlechter; die Suffixe *-aro* zeigen Gleichsetzung an: »Du und ich, wir sind eins.«

»Kiyangambawolimange
ndagul ñan
Munsembimanwolimange
ndagul ñan
nsende nsende kwa
ndagul ñan
mounde mounde kwa
ndagul ñan«

Kiyangambawolimange wird die zurückkehrende Tote genannt. *Nsende* oder *mounde kwande* bedeutet, daß sich jemand hingelegt hat und schläft oder zumindest ruht.

»Du und ich,
wir sind eins.
Wir sind beide
ndagul ñan.
Kiyangambawolimange
ndagul ñan
Munsembimanwolimange
ndagul ñan
Du liegst im Schlaf
ndagul ñan.
Du ruhst im Schlaf
ndagul ñan.«

Mbara: »Du und ich, zwei Menschen, von denen einer hier und der andere im Totenland ist, können sich nicht trennen. Der eine bemalt sein Gesicht, veranstaltet Rituale, bläst die Flöte; der andere starb, wir legten ihn ins Grab und er liegt dort, im Erdloch. Sein Körper verwest und gleicht der Erde.«

Irgendwann noch während der ersten Hälfte des Rituals, nachdem die ersten zehn oder fünfzehn Lieder der Liederreihe abgesungen worden sind, ertönen die Flöten aus dem Versteck. Beim Totenritual befinden sich die Flötenspieler unter der schwebenden Plattform, bei anderen Ritualen auf dem Dachboden des Männerhauses oder in einer kleinen, eigens dafür erbauten Kammer aus Kokosblättern. Das Ertönen der Flötenmelodie wird mit einem besonderen Lied eingeleitet, dem Lied von dem toten Mädchen. Sololied:

»ñin wuna
yigen vavi vavi
ñin wuna
yigen ndagul ndagul
ñin wuna
Kiyangambawolimange
warewa ñan
Kiyangambawolimange
warewa ñan«

Die tierischen Formen von *ndagul* sind verschiedene Vogelarten. Die kultischen Flöten können nach dem Material, aus dem sie hergestellt sind, einfach als Bambus, oder als Vogel bezeichnet werden. *Vavi* ist der Ausdruck für den Vogel im allgemeinen und für die Flöte. *Yigen* heißt anmutig, ruhig, fließend. Wenn wir *ñin wuna yigen vavi* übersetzen möchten, könnten wir zum Beispiel sagen: Oh, du, mein schöner Vogel! Oder: schöne Vogelstimme; oder: oh, du, die fließende Melodie meiner Flöte! Am besten aber übersetzt man es gar nicht. *Wa-* ist ein Verbalstamm für reden, bezeichnen, anrufen; *warewa* eine besondere zusammengesetzte Verbalform, die die Verbalaktion als die nähere Bestimmung des Substantivs einsetzt. *Warewa ñan* heißt: du bist ein Mensch, den ich anspreche; ein von mir angesprochener Mensch.

ngumbungaimba
wara ñan
ndamangaiat
mbuga ngambuga
setka kasa
nda yiga ndañin
wara mbulwunta
ñin wuna
yigen vavi vavi
ñin wuna
yigen ndagul ndagul

Ngumbungai ist der hintere Teil eines Wohnhauses, *ndamangai* der vordere; mit jedem Ausdruck ist eigentlich je eine Hälfte des Innenraumes gemeint. *Wa-*, *mbu-* und *ngambu-* sind Ausdrücke für reden, sprechen; *set-* für lachen; *kasa* für spielen; *nda yiga* für hinuntergehen. Wenn ein Mensch das Haus verläßt, muß er immer die Leiter hinuntersteigen, da alle Bauten des Dorfes wegen der jährlichen Überschwemmung auf hohen Pfählen erbaut sind. Das lyrische Subjekt des Liedes ist der trauernde Vater, der seine tote Tochter anspricht. Er evoziert das Bild eines Kindes, das im Haus unbekümmert herumläuft, lacht und schnattert, von hinten nach vorne kommt, Sprüche klopft und schon auf die Leiter steigt, um nach unten zu verschwinden. Noch einen Augenblick zuvor erschien das Hausinnere belebt, jetzt herrscht die Stille wieder, nur die Stimme des rufenden Vaters bleibt zurück.

Mbara: »Der erste Tote – Der Totengeist – Ich will dir eine Geschichte erzählen. Der erste Tote war eine Frau. Ihr Vater – Ich will dir seinen Namen sagen, du mußt es aber für dich behalten. Ihr Vater ist ... So. Das Sterben gab es noch nicht. Männer und Frauen, Kinder, Schwarze und Weiße, niemand konnte sterben. Wenn einer auch vor Schwäche umgefallen war und scheinbar leblos liegen blieb, starb er nicht; es gab noch kein Totenland und keinen Weg dahin. Es gab das Sterben nicht. Es gab den Weg der Totengeister nicht. Wenn einer auch starb, erwachte er bald wieder. Bald kam er zu seinem Körper wieder zurück; er konnte nicht sterben. Auch wenn es ein alter Mensch war, der starb – Ein wirklich alter Mann, der gar nicht mehr gehen und nicht mehr sehen konnte – Er konnte schon umfallen, liegen bleiben; sterben konnte er nicht. Es gab keinen Weg ins Totenland, so mußte er zurückkehren. So ging es. Dieser Mann hatte eine Tochter gehabt, eine schöne, gute Tochter, seine eigene Tochter! Nun, er hatte beschlossen, den Weg für die Toten zu machen, damit sie verschwinden können, damit sie endgültig weg-, weg-, weggehen können. Seine Ehefrau war eine Zauberin, eine *kurgwa*-Frau ... Nun, es war seine eigene Tochter, für die er den Weg machte ... Seine Frau, die *kurgwa* – Ja, er machte sich nun an die große Aufgabe, den Weg für die *wundumbu*, für die Totengeister, zu eröffnen. Ich will dir erzählen, wie er den Weg machte.

Er ging in den Wald und fällte eine Sagopalme, öffnete ihren Stamm, so daß das Mark leicht zugänglich wurde. Dann baute er um die Stelle herum einen Zaun. Weißt du, wie man es macht, wenn man ein wildes Schwein locken will? Er baute einen Zaun im Unterholz um die Palme herum, nur an einer Seite ließ er freien Zugang offen. Das Schwein würde hier durchkommen, um von dem Sagomark zu fressen, und wenn er es dann mit seinem Speer verletzen würde, wird das Tier nicht gut weglaufen können. Er machte seine Arbeit, errichtete den Zaun, den Zugangsweg befreite er vom Gebüsch, damit das Schwein ja zum Palmstamm findet, und kehrte nach Hause zurück. Nach der Abenddämmerung wird er wieder in den Wald gehen und dem Schwein auflauern.

Seine Ehefrau sagte zu der Tochter: ›Komm! Gehen wir! Wir wollen im Wald Essen suchen!‹ Und sie verließen das Haus. Bald darauf nahm der Mann seinen Speer und begab sich zu der Stelle, wo er am Tage die Falle aufgebaut hatte. ›Ist schon ein Schwein dabei, am Sagomark zu fressen?‹ Die Frau nahm die Tochter mit, und sie gingen genau zu der gleichen Stelle. Sie gingen in ihre Schweine-*saba* hinein und streiften nun in der Gestalt von Schweinen durch den Wald. Sie suchten nach Nahrung. Der Mann erblickte sie aus seinem Versteck: ›Oh, ein Schwein! Mit einem Jungen! Sie wühlen nach der Nahrung!‹ Er verschob leicht seinen Fuß, fand einen festen Stand und zielte mit seinem Speer – er wollte die Mutter treffen. Er warf! Die Mutter aber, Zauberin, wich aus und der Speer traf das Kind. Der Mann sagte sich: ›Gut. Morgen, bei Licht, komme ich wieder, und schaue mir die Beute an.‹ So sagte er sich und kehrte ins Dorf zurück.

Die Mutter erweckte die Tochter, mit ihrer Zauberkraft bewirkte sie, daß sie noch vor dem Mann zu Hause waren; bald waren sie zu Hause und zogen sich in ihre Schlafröhre zurück und legten sich hin. So. Dort lagen sie. Das Kind war schrecklich verwundet, starb aber nicht. Wie könnte es auch sterben, da es keinen Weg ins Totenland gab. Ihr Leben verlor sich und kam wieder zurück; so lagen sie in der Schlafröhre.

Der Mann kam auch nach Hause. Er stieg die Treppe hinauf und sagte zu seiner Frau: ›Ein junges Schwein fraß an meinem Sago – Ich wollte das Mutterschwein treffen, das ist aber ausgewichen, und ich habe das junge getötet. Es blieb dort liegen. Morgen gehe ich wieder hin, binde es zusammen und bringe es heim.‹ So sprach er und die Frau dachte sich: ›Du meinst, du hast ein Schwein getötet, und erzählst Unsinn! Dein eigenes Kind hast du getötet!‹ Sie dachte sich so, kam aus der Schlafröhre heraus und setzte sich auf den Boden. Sie kehrte ihrem Mann den Rücken zu, starrte die Hauswand an und weinte still.

Das Licht war erloschen. Die Mutter beklagte stumm ihre Tochter und regte sich nicht. Der Mann sagte: ›Mach Feuer an!‹ Das erste Mal sagte er: ›Mach Feuer an, es ist dunkel!‹ Sie antwortete aber nicht, weinte nur still weiter. So saßen sie beide eine Weile. Dann sagte er das zweite Mal: ›He! Geh und mach Feuer an!‹ Nein, sie rührte sich nicht, sie weinte nur still wegen der Tochter. Der Mann sprach sie das dritte Mal an: ›Ai! Du sitzt hier, starrst die Wand an und sagst nichts! Mach jetzt Feuer! Wir wollen doch nicht in Dunkelheit hocken!‹ Die Frau saß nur und sagte nichts; all seine Versuche waren vergeblich. Er dachte sich: ›Was soll das? Ich glaube, etwas ist nicht in Ordnung!‹ Der Mann dachte sich: ›Sie ist eine Zauberin! Ich glaube, sie selbst war es! Sie nahm die Tochter mit sich und es waren die beiden, die ich bei meinem Palmstamm angetroffen habe! Das Mutterschwein war ausgewichen – habe ich etwa mein eigenes Kind getötet?‹ Sie war Zauberin und hatte schon gemerkt, daß er die Situation erfaßte.

Die Zeit verging. Der Mann fragte: ›Ai! Wo ist das Kind?‹ Er wollte die Stimme seiner Frau hören. Würde sie mit einer klaren Stimme antworten? Oder würde ihre Stimme erzittern, als ob sie ihr Kind beklagte? Er fragte wieder: ›Wo ist das Kind?‹
›Es ist in der Schlafröhre. Es liegt.‹
›Es liegt? Wo liegt es?‹
›Es liegt in der Schlafröhre.‹
›Hol es heraus, ich will es sehen!‹ forderte der Mann.
Die Frau dachte sich: ›Oh, ich muß auf der Hut sein! Er ist ein ganz jähzorniger Mann. Wenn er das Mädchen sieht, wird er mich auch töten.‹ So dachte sich die *kurgwa*-Frau. ›Er ist ein Wüterich, er wird nicht zögern, seinen Speer zu werfen!‹
So war es auch, als er sie heiratete. Sie hatte viele Brüder, die alle gegen die Heirat waren, er konnte sich aber durchsetzen und die Heirat kam doch zustande. Die Frau gehört zum Klan Wenguansap; der Mann, ..., zu unserem Klan. Seine Ehefrau dachte sich: ›Er ist ein Wüterich. Wenn ich ihm das Mädchen zeige und er seine Wunde sieht, tötet er mich auch.‹ Sie bekam Angst.
›Beeile dich! Hol das Kind heraus, ich will es sehen!‹ befahl der Mann seiner Frau. Sie erhob sich, schritt langsam zu der Schlafröhre. Sie hob vorsichtig die Matte, mit der die Röhre verschlossen war und kroch halbwegs hinein: sie sah nun ihre Tochter, die in einer Blutlache lag, und kroch weiter hinein, um den leblosen Körper zu fassen und herauszuziehen. Dem Mann war unterdessen alles klar: seine Frau ist eine Zauberin und er selbst hat sein eigenes Kind getötet. Als die Frau in die Schlafröhre hineinging, stand er auf, nahm seinen Speer in die Hand und machte sich zum Wurf bereit.
›Hol das Kind heraus! Ich will es sehen!‹
›Was willst mit ihr? Sie schläft.‹
›Sie schläft? Warum denn? Nur so? Oder ist sie krank?‹ fragte der Mann seine Frau.
›Ja, ich glaube, sie ist ein wenig krank.‹

›Nein! Dieses Kind ist nicht krank! Ich will selbst sehen, was für eine Krankheit es ist! Nimm sie und komm heraus!‹ schrie er. Die Frau nahm ihr Kind und kroch aus der Schlafröhre heraus, hielt es aber wie ein Schild zwischen ihrem Körper und dem Speer des Mannes. Wie hätte er seinen Speer werfen können? Er stand nur da und schaute zu, als die Frau mit dem Kind in den Armen herauskam. Aus seinen Wunden floß immer noch Blut und rann auf den Hausboden. Der Vater wurde wütend und dachte einen Moment, er könnte seine Frau mit dem Speer erreichen. Er holte zum Wurf aus, aber nein, sie schob geschickt den Körper der Tochter vor. Der Mann sprang auf die Seite und versuchte wieder, wieder erfolglos. Auf einmal ließ sie das Kind fallen und sprang zu der Tür hinaus. Sie rief ihre Brüder zu Hilfe: ›Brüder, Brüder! Mein Mann will mich töten! Er will mich mit seinem Speer töten!‹ So hat sie geschrien. Kennst du das Insekt, das wir *pat* nennen? Hast du es schon gehört, wie es schreit?«
Ich: »Ja, ja. Ich kenne sie gut. Wenn sie viele sind, wenn ihre Zeit gekommen ist, machen sie einen geradezu ohrenbetäubenden Lärm.«
Mbara: »Der Schrei von *pat* ist der Schrei dieser Frau, von der ich dir erzähle. Sie ruft ihren Brüdern zu: ›Kommt! Rettet mich! Mein Mann will mich töten!‹ Er sprang ihr aber nach und tötete sie, bevor ihr ihre Brüder helfen konnten. Er traf sie voll mit seinem Speer und ließ sie liegen. Dann kehrte er zu seinem Kind zurück, machte ein Grab und bestattete es.
So. Es gab aber keinen Weg, auf dem sein Kind ins Totenland gehen könnte, ja es gab überhaupt kein Totenland. Er hatte zwar seine Tochter begraben, ihr Geist fand aber keinen Weg dahin und kehrte wieder zurück. Er hörte es unten bei der Hauswand weinen und schluchzen: ›O Vater! Ich finde keinen Weg! Es gibt keinen Weg, auf dem ich ins Totenland gehen könnte. Ich bin nun zurückgekehrt.‹ Sie weinte unten am Haus und der Vater, der oben im Haus saß, hörte zu. Er machte sich Gedanken. Wie konnte

er seiner Tochter den Weg bahnen? Er möchte den Weg für sie eröffnen, aber wie? Wie konnte er die Aufgabe lösen. Er überlegte hin und her. Lange Zeit verging, und er mühte sich immer noch mit der Frage ab. Auf einmal klärten sich seine Gedanken und er machte sich daran, den Weg zu schaffen. Nachdem er den Weg bis ins Totenland gemacht hatte, sagte er zu seiner Tochter: ›Da, geh auf diesem Weg. Diesen Weg habe ich für dich gemacht. Verfolge ihn und am Ende findest du ein Dorf. Das ist das Totenland.‹ So war es. Der Vater selbst hatte das Totenland für seine Tochter erbaut und machte den Weg dahin frei. Die Tochter konnte nun hingehen und sich dort niederlassen. All die Menschen, die bereits lange dabei waren, zu sterben, die aber keinen Weg fanden und immer wieder zurückkehren mußten, konnten nun endgültig sterben. Sie folgten dem gleichen Weg wie seine Tochter; der Weg stand nun offen. Er selbst hatte ihn für seine Tochter gemacht, der Weg stand nun offen, und alle gingen auf diesem Weg dahin, auf dem Weg, auf dem niemand zurückkommen kann. Wenn Männer und Frauen sterben, gehen sie alle dahin, von wo es kein Zurück gibt. So ist es eingerichtet. Möge ich noch so viel einen Toten anrufen, wie könnte er zurückkehren? Das wissen wir nicht.«
Ich: »Die Flötenstimme ist doch ihre Stimme.«
Mbara: »Das ist ein Zeichen. Wir setzen ein Zeichen. Während des Festes hast du gehört – die Flöte und das entsprechende Lied von *ngamba ñan.«*
Ich: »Erzähl doch weiter von Mendatkumban.«

Mbara: »Gut, es ist noch Nachmittag. Wir haben Zeit genug. Ich habe dir bereits erzählt, wie er vom menschlichen Fleisch gegessen hat, wie dann die Dorfbewohner in diese Dinge, in ihre *saba*, hineingegangen sind und sich in Schweine verwandelt haben, wie sie ihn hin und her geschubst haben, bis er sich erbrochen hat, wie sie das Stück Fleisch dem Jungen zurückgegeben haben und wie dieser dann wieder normal gehen konnte, das alles habe ich dir schon erzählt. Hm. Jetzt nehmen wir noch einen anderen Teil dieser Geschichte durch.

Sie verprügelten ihn also, nahmen das Fleischstück, dann wuschen sie ihn und beschenkten ihn. Sie gaben ihm eine große Netztasche, die sie mit Betelfrüchten und Betelpfeffer gefüllt hatten, sie gaben ihm ein Behälter mit Kalkpulver und einen schön geschnitzten Spatel zum Herausnehmen des Kalks, sie setzten ihm gutes Essen vor. Nachdem er gegessen hatte, ölten sie seinen Körper ein, sie ölten ihn mit *ngwat*, einem wohlriechenden Baumöl ein, und gaben ihm nun eine Schweine-*saba*. Sie sagten: ›Deine Schwester kam zu uns und heiratete einen von uns. Du bist gekommen, um deine Schwester zu besuchen. Allerdings hast du einen Fehler gemacht, als du von dem Fleisch genommen hast; was wir dir aber angetan haben, das tut uns wirklich leid. Schau, da hast du noch ein Geschenk, nimm diese Schweine-*saba* mit dir. Wenn du dich unbemerkt fortbewegen willst, gehe nur in die *saba* hinein – dann kannst du in der Gestalt des wilden Schweines durch den Wald streichen. Oder wenn du nach der Nahrung im Wald suchen oder zu uns hier in unser Dorf kommen möchtest, gehe nur in die *saba* hinein!‹ So. Sie gaben ihm eine *saba*. Er probierte sie gleich aus. Sie gaben ihm auch *lagi*, besondere Blätter, die man in den Mund stecken und beißen muß, wenn man in die *saba* hineinschlüpft. Sie ölten auch die *saba* ein, legten einige *lagi*-Blätter als Reserve hinein; einige nahm er in seinen Mund und schlüpfte selbst hinein – nun war er ein Schwein! Wild rannte er im Dorf herum, bewegte seinen großen Kopf, mit Eberhauern bewaffnet, drohend hin und her, als ob er einen Feind anrempeln möchte. Dann legte er die *saba* ab und wieder war er ein Mensch. Die *saba* lag nun leer und bewegungslos da. ›Wann du willst, kannst du ein Schwein werden, und dann wieder die Schweinegestalt ablegen‹, sagten sie ihm.

Eine Zeitlang blieb er noch mit seiner Schwester, und gegen vier Uhr nachmittags machte er sich auf den Weg heim. Er verwandelte sich in ein Schwein, und so ging er

zurück in sein Dorf. Alle Geschenke, die er bekam, die Netztasche mit den Betelfrüchten und der Kalkdose, legte er auch in die *saba,* dann schlüpfte er selbst hinein – und war nun ein wildes Schwein. Auf dem kürzesten Wege kam er zu seinem Dorf; er ging nicht auf dem Pfad, den die Menschen benützen, nein! Er streifte durch den Wald auf den Wegen, die Schweine benützen, bis er zu seinem Garten kam, der abseits des Dorfes lag. Dort legte er die *saba* ab und hängte sie im kleinen Haus auf, das im Garten stand. Das Haus erbaute er bereits früher, damit er hie und da im Garten übernachten kann, wenn sich seine Arbeit in die Länge gezogen hätte. In diesem Haus hing ein hölzerner Haken vom Dachgebälk, worauf man normalerweise Taschen hängt. Jetzt hängte er dort die *saba* auf.
Er kam zurück nach Hause und sagte seiner Frau, seinen Kindern und seinen *lawa,* d. h. seinen Neffen schwesterlicherseits, was sich im Gartenhaus befindet – Ach nein, den *lawa* sagte er nichts, nur der Frau und den Kindern.«
Ich: »Den *lawa* hat er vergessen, Bescheid zu sagen?«
Mbara: »Den *lawa* sagte er nichts. Seiner Frau und seinen Kindern sagte er: ›Wenn ihr in den Garten geht und in das Haus, das ich dort gebaut habe, hineingeht, werdet ihr dort etwas auf dem Haken aufgehängt sehen. Dieses Ding dürft ihr nicht berühren! Berührt es nicht und wollt es ja nicht ausprobieren! Keiner von euch darf dieses Ding berühren, es ist strengstens verboten! Das Ding gehört mir und nur ich darf es berühren.‹ So sprach er zu seinen Kindern und zu seiner Frau, damit sie Bescheid wissen. Seine Neffen, die *lawa,* die Kinder seiner Schwester erfuhren nichts. Die Zeit verging. Wenn seine Frau oder seine Kinder in den Garten und ins Haus hineingingen, sahen sie, was dort am Haken hing, berührten es aber nicht, da sie wußten, daß es verboten ist.
Eines Tages kam einer seiner *lawa* zu ihm und fragte ihn, den *wau,* d. h. den Mutterbruder: ›Ah, *wau!* Ich möchte gern in deinem Garten Bananen holen! Ich möchte hingehen und ein paar Bananen schneiden.‹

›Du willst Bananen essen?‹ fragte der *wau* seinen *lawa* und der *lawa* antwortete: ›Ja. Und meine Mutter auch. Sie möchte auch Bananen essen.‹
›Gut. Geh und nimm soviel du willst. Es gibt genug im Garten.‹ So. So ging sein *lawa* in den Garten. Alleine. Er schnitt eine reiche Bananenstaude ab, brachte sie zum Haus und stellte sie auf ein Gestell unter dem Haus hin. Dann stieg er ins Haus hinauf und schaute sich um: ›Ai! Was hat mein *wau* hier auf den Haken gehängt? Ai! Das muß ich mir anschauen!‹ Er nahm das Ding vom Haken und trug es hinunter vors Haus, um es im Tageslicht gut anzuschauen. Als er gemerkt hatte, daß man hineingehen kann, schlüpfte er hinein – und schon war er ein Schwein! Bevor er sich etwas denken konnte, schon war er ein Schwein geworden! Er war nun ein Schwein und dachte nicht mehr daran, ins Dorf zurückzukehren.«
Ich: »Er ist in die *saba* hinein und konnte nicht mehr heraus?«
Mbara: »Der *wau* konnte das. Man hatte es ihm beigebracht, so konnte er herauskommen; er hängte das Ding auf den Haken und war wieder Mensch. Der *lawa* konnte das nicht. Er wollte es ausprobieren, so war er hineingegangen. Nun gab es aber kein Heraus mehr. Er war nun ein Schwein und machte sich daran, vom Gemüse, das im Garten wuchs, zu fressen.
Als er den ganzen Tag nicht nach Hause zurückgekehrt war, ging die Mutter zu ihrem Bruder und fragte: ›Eh, mein Sohn, ist er zu dir gekommen? Hat er dich gefragt, ob er in deinem Garten Bananen holen kann? Ich wollte Bananen essen und schickte ihn. War er hier?‹ fragte die Schwester ihren Bruder. Und der Bruder antwortete:
›Er war hier. Ich habe ihm gesagt, daß es genug Bananen in meinem Garten gibt. Meine Frau und Kinder essen davon, wir können sie aber nicht aufbrauchen. Sie werden überreif und faulen. Geh nur, habe ich ihm gesagt, und nimm so viel du willst. Dann ist er gegangen. Ist er noch nicht zurückgekommen?‹ fragte er nun seine Schwester.

›Nein, er ist noch nicht zurück‹, sagte die Schwester.
›Ach so! Geh lieber schnell hin und schaue nach! Es war noch früh, als er zu mir gekommen ist und ich ihn in den Garten schickte.‹ Der *wau* dachte sich: ›Oh, dieser Junge macht was er will, der Idiot, sicher hat er das Ding, das ich auf den Haken hängte, nicht in Ruhe gelassen!‹ So dachte er sich.
›Geh schnell! Geh schauen, was mit deinem Sohn geschah!‹ sagte er und schimpfte mit seiner Schwester: ›Wärest du lieber selbst gegangen, um die Bananen zu holen! Warum hast du nur den Jungen geschickt! Und ich schickte ihn dann weiter in den Garten! Geh schnell! Geh nachschauen und sag mir dann, was mit ihm los ist.‹ Er schickte seine Schwester weg, und sie ging ihrem Kind nach. Sie legte den Weg in den Garten zurück und schaute sich um, als sie angekommen war. Die große Bananenstaude, die er abgeschnitten und auf das Gestell unter dem Haus abgelegt hatte, lag immer noch am gleichen Ort. Es gab aber niemanden, der sie ins Dorf getragen hätte; der Junge, der sie abgeschnitten hatte, wurde zum Schwein. Er verwüstete den Garten, machte sich ein Nest im Gebüsch und zog sich dort zurück. Die Mutter fand ihren Sohn weder im Garten noch im Haus und begann nach ihm zu rufen. Sie schaute überall nach und rief seinen Namen. Als er die Stimme seiner Mutter hörte, kam er aus dem Pflanzengewirr heraus. ›Ai!‹ erschrak die Mutter und sprach ihn mit seinem Namen an. Er wollte antworten, was er aber sagte, war nur ein Grunzen: ›Hr! Hr!‹
Die Mutter begann nun zu weinen. Sie kehrte aus dem Garten zurück, und sie hörte nicht auf zu weinen, bis sie wieder bei ihrem Bruder im Dorf war. ›Oh! Was hast du denn im Garten gehabt? Was hast du dort im Gartenhaus gehabt! Mein Sohn ist in das Ding hineingegangen und ist jetzt ein Schwein geworden! Er hat deinen Garten verwüstet, all das Gemüse, das du dort gehabt hast, gefressen, die Bete durchgewühlt. Dann hat er sich im Rankengewirr ein Nest gemacht; aus diesem Nest ist er dann herausge-

kommen, als ich ihn gerufen habe. Er hat meine Stimme gehört, ist herausgekommen und wollte mit mir reden – aber er konnte nicht. Er ist ein Schwein geworden. Er ist kein Mensch mehr.‹ Die Mutter weinte und klagte: ›Oh, wer gibt mir meinen Sohn zurück! Er ist jetzt ein Schwein!‹ Der *wau*, ihr Bruder, hat auch geweint und geklagt, wußte aber keine Hilfe.«

Ich: »Sein *lawa* ist endgültig ein Schwein geworden.«

Mbara: »Ja. Er ist endgültig ein Schwein geworden. Der *wau* weinte und klagte, bis er einen Entschluß faßte, den Speer nahm und seinen *lawa* tötete. Er tötete ihn, machte ein Grab und begrub ihn. Das ist der Schluß der Geschichte. Das war es, was ich dir noch über Mendatkumban sagen wollte.«

Ich: »Es ist wie im Ritual. Da gehen die *lawa* in die Maskenkostüme ihrer *wau* hinein, gleich wie in der Geschichte. Während der Feste deines Klanes kommen riesige Maskenkostüme, die die Gestalt des Schweines haben, aus dem Männerhaus auf die Zeremonialwiese heraus und tanzen dort.«

Mbara: »Es sind immer *lawa*, die in die *saba*, in das Maskenkostüm ihrer *wau*, hineingehen und sie in Bewegung setzen. Mit den großen *mai*-Kostümen ist es auch so. Ich bereite mein *mai* vor, es sind aber meine *lawa*, nicht meine Kinder, die hineingehen. Meine Kinder werden in die *saba* ihrer *wau* hineingehen, das ist die Regel. Die Kinder meiner Schwester gehen nicht in die *saba* ihrer Väter hinein, sondern in meine; während der Feste kommen sie zu mir und tragen meine Maskenkostüme.

Bereits einem kleinem Kind sagt seine Mutter: ›Später, wenn du größer wirst, wirst du die Dinge deines *wau* tragen! Das ist deine Aufgabe. Diesen Dienst kannst du deinen *wau*, meinen Brüdern, nicht abschlagen! Das kannst du dir nicht leisten!‹ Das Kind ist der *winsumbu*, der bewegende Geist, der in die *saba* von *wau* hineingeht; es wird seinen *wau* bei allen möglichen rituellen Anlässen helfen. Es wird *mai*-Kostüme tragen, Flöten blasen und viel anderes mehr. Es wird die Ahnengestalten seiner *wau* verkörpern, das ist seine Aufgabe.«

Wenn eine Iatmul-Frau heiratet, tut sie es aus eigenem Antrieb. »Sie geht die Treppe hinauf«, sagt man; das bedeutet, sie heiratet. Wenn ihr ein junger Mann gefällt, dessen Ehefrau sie sein will, geht sie die Treppe seines, meistens seines väterlichen Hauses hinauf und die Heirat wird damit geschlossen. Es kann geschehen, daß die Eltern und Verwandte des einen oder des anderen Partners gegen die Verbindung eingestellt sind, und es kann ihnen unter Umständen auch gelingen, sie zu verhindern. In einem solchen Konflikt stehen aber der jungen Frau bedeutende Druckmittel zur Verfügung, vor allem die Drohung, daß sie auf gut Glück ihr Mutter- und Vaterdorf verläßt, um in einem anderen Dorf der Palimbei-Gruppe eine Treppe hinaufzusteigen.
Wenn die Verbindung eine Tatsache geworden ist, greift die Gesellschaft zu. Der Klan des Bräutigams und derjenige der Braut treten, über die Köpfe der zwei Jungen hinweg, in ein komplexes Tausch- und Kooperationsverhältnis: ein unendlicher Strom von Gebrauchsgegenständen, Arbeitsleistungen und rituellen Leistungen fließt hin und her zwischen den zwei beteiligten Verwandschaftsverbänden. Der Klan des Bräutigams hat in seiner Frau eine kostbare Arbeitskraft und eine Mutter gewonnen; der Klan der Braut wird nie aufhören, diese Schuldigkeit zu betonen, die auf keine andere Weise als durch eine neue Heirat im umgekehrten Sinn zu tilgen ist. Die immer erneut ausgetauschten zeremoniellen Gaben und eine ganze Reihe von rituellen Verpflichtungen erfüllen die Rolle eines elaborierten Pfandes, das ewig auf das Ereignis der Heirat hinweist und die offenen Ansprüche in Erinnerung ruft. Unmittelbar bei der Heirat stellt sich dieses Verhältnis vor allem als eine Beziehung zwischen den Schwägern dar: die Brüder der Braut haben einen emotionellen und praktischen Verlust erlitten und beziehen den

Ehemann und seine Brüder in eine etwas gespannte und widerspruchsvolle Gegenseitigkeit ein. Für die nächste Generation stellt sich dasselbe Verhältnis als eine Beziehung zwischen *wau* und *lawa* dar, zwischen den Onkeln mütterlicherseits und den Neffen schwesterlicherseits. Die Kinder haben Namen von beiden Klans erhalten, der Vater hat ihnen Namenlisten zugeteilt, die sie mit den väterlichen Ahnengestalten in Beziehung setzen; der Mutterbruder hat ihnen aber andere Listen zugeteilt, die zu den mütterlichen Ahnen führen. Unter den väterlichen Namen lebt man, unter den mütterlichen nähert man sich dem Totenland, sei es im Ritual mit weißbemalten Gesicht oder im wirklichen Tod.

Die Aufgabe der *lawa* ist es, die mütterlichen Ahnen darzustellen; die Gegenleistung der Mutterbrüder, der *wau*, besteht vor allem in einem besonderen Ritual namens *naven,* an dem entweder die *wau,* oder die Mütter, oder beide Geschwisterreihen zusammen teilnehmen. Bei verschiedenen Ereignissen im Leben der Kinder, beim ersten Fischfang zum Beispiel oder bei der ersten Kopfjagd, tanzen die Mütter frenetisch, um den Moment zu bezeichnen und die Wucht ihrer eigenen Präsenz zu veröffentlichen. Das Kind, die erfolgreiche Fischerin oder der Kopfjäger, senken die Blicke zu ihren Füßen, sie wollen die rasende Mutter mit ihrer verführerischen erotischen Gestik nicht anschauen. Bei den gleichen Gelegenheiten verkleiden sich die *wau* als Frauen, stellen ihre Schwestern dar und führen Pantomimen auf, in denen sie die *lawa* wie einen Fisch einfangen, wie ein wildes Schwein töten oder in Wehen auf die Welt bringen. Symmetrisch zum verkleideten *wau* zieht die Vaterschwester des Kindes, das der Anlaß zu einem *naven* wurde, männliche Kleider an, stellt ihren Bruder dar, und behauptet sich gegen die Mütter, die wirklichen und die transvestitischen.

Sololied:

»Du, Wangeimeri, Wangeimeri,
Wangeimeri, Ngangeimeri!

Du, *wau!* Du, *wau!*
Aah-hii-aah!
Wangeimeri wau!
Nur von dir
will ich einen *kambu vavi!*
Gib ihn her!
Gib ihn her!
Wau, gib mir einen!
Wau, gib ihn her!
Du, Ngangeimeri, Ngangeimeri,
Ngangeimeri, Wangeimeri!
Du, *wau!* Du, *wau!*«

Mbara: »Er ruft seinem *wau*, er will, daß dieser seine Zauberkraft weckt und ihm hilft, einen Gefangenen zu töten. Der *wau* hat während des Kopfjagdzuges einen Gefangenen genommen und dem *lawa* zum Töten gegeben. Der *lawa* ist wie sein eigenes Kind. Er ist ja ein Kind seiner Schwester und schaut seinen *wau* wie seine eigene Mutter an. So weckt der *wau* seine Zauberkraft, damit der *lawa* seinen Speer sicher zum Ziel führt. Der *wau* wird mit seiner eigenen Hand den Speerschaft seines *lawa* fassen und zusammen mit ihm den tödlichen Stoß versetzen. Der *lawa* kann dann wie ein erfolgreicher Kopfjäger seinen Körper schwärzen.«

Ich: »*Kambu* ist ein Vogel mit schwarzem und weißem Gefieder?«

Mbara: »Nein. Hier ist es ein Mensch, das Opfer, das getötet werden soll. Der *lawa*, noch ein Kind, tötet ihn, damit er später zu einem großen Kopfjäger wird.«

Ich: »Sein Vater könnte ihm auch einen Gefangenen zum Töten beschaffen?«

Mbara: »Nein, der Vater nicht. Er ruft der Mutter: der Klan der Mutter, die Mutter selbst besitzt den nötigen Zauber, so wendet er sich an sie. Wenn die Mutter ihre Zauberkraft weckt, kann sie mir einen Menschen beschaffen; ich werde ihn töten und mir einen Namen machen. Meine Mutter sorgt dafür, daß ich ein rechter Mann werde. ›Oh, der hat ja noch nie getötet!‹ wird man über mich sagen, solange mir die Mutter keine Gelegenheit dazu verschafft hat. Deswegen ruft der *lawa* seiner Zaubermutter zu, daß er einen *kambu vavi* will. Nachdem er ihn getötet hat, kann er den ersten Anhängsel an seinem Kalkspatel befestigen.

Den *kambu vavi* gibt immer die Mutter, der Vater kann ihn nicht geben. Wenn der Junge einen Streit mit Leuten aus anderen Klans hat, werden sie ihn auslachen und sagen: ›Eh, du weißt nichts vom Kampf und Kopfjagd, noch nie hast du getötet! So halte deine Schnauze, gut? Deine Schnauze ist nicht die Schnauze eines Kämpfers! Und dein Vater ist auch nicht besser, er ist auch kein Kopfjäger!‹ Wenn sie ihn so anfahren, wird er ihnen die folgende Antwort geben: ›Larifari! Rede nicht von meinem Vater! Wenn meine Mutter will, werde ich einen töten.‹ So. So ist es. Deswegen wendet er sich an seine Mutter; die Mutter gibt dem Kind Kräfte. Der Vater gibt nur den Knochen, das tote Skelett; was wirklich wichtig ist, ist die Mutter, die das Leben gibt, das Fleisch und das Blut, mit dem die Knochen bekleidet sind. Die Mutter! Niemand außer Mutter kann dem Kind Kräfte verleihen. Sie gibt ihm *lagi* und *kameñ,* sie gibt ihm seinen Speer, seinen Kopfschmuck, seine Zähne. Seine Kraft bezieht er bei der Mutter. Ich, Vater, es ist wahr, ich habe die Mutter beschlafen, mein Sperma habe ich beigesteuert – daraus entsteht das Skelett des Kindes. Doch das Blut, das sich um den Knochen herum zum Fleisch verdichtet, hat die Mutter beigesteuert. Einzig sie schafft es, daß ein Kind zur Welt kommt und glücklich wächst. Der Vater, es ist wahr, ist auch wichtig; er kann auch Kräfte verleihen, auch er hat seinen Zauber. Er ruft die Ahnen an, singt Zauberlieder in der Nacht und klopft den Takt mit seinem Besen auf den Feuerschalenrand. Hie und da sagt er seinen Kindern etwas, belehrt sie oder straft sie. Ein Zauberwort, um den Gegner in der Schlägerei zu lähmen, erfährt der Sohn von seinem Vater; das ist wahr. Doch die Mutter hat das Kind genährt,

sie hat es aufgezogen; vom Klan der Mutter erfährt es die wirksamsten Zauberlieder, von der Mutter erhält es seine Lebenskraft. Im Initiationsritual werden die jungen Männer in die Männerhausgesellschaft aufgenommen, ab jetzt sollen sie zu der Männerwelt gehören. Unmittelbar danach richtet sich die Mutter auf und sagt: ›Was? Vater? Nichts da! Ich! Die Mutter! Ich habe dich auf die Welt gesetzt! Während der Geburt war ich ein elendes Wesen, es ging mir schlecht und ich war schlecht! Jetzt bist du groß! Jetzt bist du ein großer Mann und ich bin stolz auf dich!‹ Wenn die Mutter gebiert, nähert sie sich dem Totenland, sie steht auf dem Weg zum Tod. So. So ist es. Das Kind kann nicht anders als immer der Mutter gedenken, immer wieder sein Gesicht der Mutter und ihren Brüdern zuwenden. Ich, Vater, ich habe die Mutter geschwängert und den Geburtsschmerzen ausgeliefert. Für mich gibt es keine solche Folgen – sie leidet, ich sitze nur in der Gesellschaft der anderen Männer und warte, bis das Kind da ist. Es ist hart, eine Geburt. Ein Kind gehört zwar zu seinem väterlichen Klan und mehrt die Kraft der Väter; doch wenn die Mutter ruft, eilt es zu ihr. Wenn der mütterliche Klan Hilfe braucht, wenn sie zum Beispiel ein Haus bauen, dann muß es dabei sein. Eine Hilfeleistung dem mütterlichen Klan gegenüber hat Vorrang, erst dann kommt der eigene väterliche Klan.
Ah, Milan! Ich erzähle, erzähle, und du? Willst du nicht auch etwas erzählen? He? Gut? Erzähle doch du eine Geschichte und ich werde zuhören!«

Mbara: »Habe ich dir diese Geschichte schon erzählt? Nein? Von dem Kopf, der in die Hoden von Wendu gebissen hat? Noch nicht? Wendu fragte ihn: ›Was willst du essen? Was du auch immer willst, gebe ich dir!‹ Er hoffte, seine Hoden zu befreien. Aber nein, der Kopf ließ nicht los, bis ihm Wendu die Brotfrucht angeboten hatte. Da sagte der Kopf: ›Gut. Eine Brotfrucht möchte ich essen.‹ Ich erzähle dir diese Geschichte gleich; schau, meine Zigarette ist bereits gemacht. Also. Diese Geschichte gehört unserem Klan. Es handelt sich darin um zwei Schweine Sui und Wendu. Von anderen hast du schon einen Teil dieser Geschichte gehört, nun erzähle ich sie dir ganz. Die anderen haben in der Mitte angefangen – ich will ganz am Anfang ansetzen und die ganze Geschichte erzählen. Die zwei waren nämlich Menschen. Zuerst waren sie keine Schweine, sondern Menschen; zwei Brüder. Sie hatten eine Schwester, die bereits verheiratet war. Die zwei Brüder waren noch nicht verheiratet, sie lebten zusammen mit ihrer Schwester. Die Schwester hatte eine Tochter. Das Kind war noch klein, konnte noch nicht selbständig gehen, und einer der Brüder mußte es an den Vormittagen herumtragen, an denen die Schwester zum See fischen ging.

Vor allem der jüngere Bruder sorgte für das Kind, trug es auf dem Arm, nahm es beim Spielen überall mit, paßte auf seine kleine Nichte auf. So sorgten die zwei Brüder für ihre Nichte, die zwei *wau* für ihre *lawa*, die Tochter ihrer Schwester.

Der ältere Bruder hieß Sui, der jüngere Wendu. So. Ihre Schwester war verheiratet, hatte bereits ein Kind, für welches die zwei zu sorgen hatten, als sie zum Fischfang hinausfuhr und Nahrung für alle holte. Die zwei Brüder lebten nämlich im Haus der Schwester, und diese sorgte auch für den Unterhalt der beiden. So war es. So lebten sie bereits lange Zeit. Schließlich war es dem jüngeren Bruder zu viel, das Kind immer mit sich herumzuschleppen. Die Jungen, zu deren Spielgruppe er gehörte, waren frei, mußten nicht auf kleine Kinder aufpassen, nur er, er mußte immer seine kleine *lawa* mitschleppen. Die anderen konnten unbekümmert spielen, nur er mußte immer Sorge tragen. Es ging bereits lange so und nun hatte er genug, das Kind zu umsorgen. Er ging zu seinem Bruder. Der ältere Bruder saß im Schatten eines kleines Daches und arbeitete: er schnitzte an einem Dechselschaft. Du kennst das, nicht wahr? Wenn wir eine Klinge festmachen wollen, schnitzen wir den Griff und ein kleineres Stück, *kura sembi;* die Klinge kommt dazwischen und alles wird zusammengebunden. Der ältere Bruder saß also im Schatten und schnitzte das kleine Stück. Der jüngere kam zu ihm und beschwerte sich: ›Ah! Ts! Das Kind schreit wieder! Ah! Ich habe es satt, es immer mit mir zu tragen. Schau! Die anderen in meinem Alter müssen keine Kinder hüten! Schau sie nur an! Sie laufen herum und spielen, ohne daß sie so etwas behindern würde. Nur ich muß Tag für Tag diese kleine *lawa* mit mir schleppen. Ich habe es satt!‹ So sprach der jüngere und der ältere antwortete: ›Ai, sage nicht, daß du es satt hast, auf deine kleine *lawa* aufzupassen. Unsere Schwester würde es ohne unsere Hilfe nicht schaffen! Wenn wir nicht auf das Kind aufpassen würden, könnte sie nicht zum See fischen gehen und wir hätten alle nichts zum Essen. Es muß so sein: wir passen auf das Kind auf, unsere Schwester holt Nahrung für ihre Familie, aber auch für uns, nicht wahr? Wenn du die *lawa* nicht in deine Spielgruppe mitnimmst, kann die Schwester nicht zum See fahren und wir bleiben alle ohne Nahrung‹, sagte der ältere Bruder.

›Ah! Ich habe es wirklich satt! Ich mag dein Gerede nicht!‹ sagte der jüngere eigenwillig und ging. Er trug seine *lawa* hinauf ins leere Haus und tötete sie mit einem Holzscheit – mit einem Schlag brach er das Genick des kleinen Kindes. Er legte es in die Schlafröhre. Es blieb dort bewegungslos liegen, es war wirklich tot. So. Nun ging der Junge vors Haus herunter und spielte weiter mit seinen Kameraden. Der ältere Bruder hob die Augen von seiner Arbeit und merkte, daß der jüngere ohne Kind herumläuft und spielt.

›Ai! Wo ist die *lawa!* Wo ist die kleine *lawa*, auf die du aufpassen sollst?‹ fragte der ältere Bruder.

›Bruder! Sie liegt in der Schlafröhre und schläft. So habe ich sie dort gelassen und kam hier heraus. Sie schläft.‹ So antwortete der jüngere Bruder.

›Ai! Hast du sie alleine im Haus gelassen?‹

›Ja. Wenn sie erwachen und rufen sollte, werde ich es

schon merken. Dann gehe ich hinauf und hole sie wieder.‹ So erklärte der jüngere Bruder.
›Oh! Du weißt gut, daß du das nicht machen solltest! Wenn das Kind einschläft, kannst du es schon in die Schlafröhre legen. Du solltest aber im Haus bleiben und aufpassen. Du solltest es nicht alleine im Haus lassen.‹ So sprach der ältere.
›Ah! Schon in Ordnung! Sie schläft‹, antwortete der jüngere und spielte weiter. Als die Schwester zurückkehrte und hinauf ins Haus stieg, hatte es keiner von beiden gemerkt. Sie legte ihr Arbeitskleid, einen älteren Faserrock, ab und band sich einen schönen, neuen Rock um, stieg vors Haus herunter und suchte ihr Kind. Sie sah den jüngeren Bruder und fragte:
›Ai! Wo ist denn deine *lawa*, die du in der Obhut hast?‹
›Oh! Sie schläft! Ich habe sie in die Schlafröhre gelegt und bin herausgekommen. Geh ins Haus! Dort ist sie‹, sagte er seiner Schwester.
›Ah! Das arme Kind! Wie konntest du sie alleine im Haus lassen! Du weißt gut, daß du das nicht machen solltest!‹ Die Schwester kehrte ins Haus zurück, öffnete die Schlafröhre und nahm ihr Kind heraus. Sein Körper war bereits kalt und steif, das Blut aus der Wunde vertrocknet. Es war tot. So! Nachdem sie das Kind herausgenommen und seinen Zustand wahrgenommen hatte, machte sie sich bereit. Sie nahm einen Stock – eine Art Messer, die man früher aus dem harten Holz der Kokospalme machte, und – ja, sie wollte ihren Bruder töten. Sie band sich ihren Rock fest an und sprang vom Haus herunter, das Messer in der Hand. Der ältere Bruder – der jüngere sah sie nicht – der ältere sah sie und rief dem jüngeren: ›Ai!‹ Da bemerkte sie der jüngere auch: ›Ih! Unsere Schwester läuft wütend herbei! Was hast du mit der *lawa* gemacht? Sie will mit dir kämpfen, sie hat ja ein Kampfmesser in der Hand!‹ Der jüngere sah sie und scht! – lief davon. Der ältere Bruder sprang von seiner Arbeit auf und folgte dem jüngeren. Der jüngere lief als erster, der ältere als zweiter, ihre Schwester hinter ihnen. Sie

wollte den jüngeren töten und sie hätte ihn schon eingeholt, wenn nicht der ältere dazwischen getreten wäre: ›Was willst du!‹ fragte er. Als sie aber nicht antwortete und wütend den jüngeren weiter verfolgte, riß er ein Palmblatt ab, verzauberte es und warf es seiner Schwester entgegen. Der ältere Bruder verzauberte mit seinem Spruch das Kokosblatt und warf es zurück, damit es der Schwester den Hals zerschneidet. Er traf sie aber nicht, und das Blatt fiel neben ihr auf den Boden. Sie liefen alle drei weiter. Da riß der ältere Bruder ein Blatt von einer anderen Palmart ab – kennst du die hohen, geraden Palmen, die wir *tepmayaman* nennen? Er brach ein Stück davon ab, verzauberte es, kehrte sich um und zielte nun sorgfältig – ssst! Er warf es, traf seine Schwester, und das Blatt schnitt ihr den Hals durch: der Körper blieb auf dem Weg liegen, der Kopf rollte weg und blieb abseits im Gras liegen. Der Körper der Schwester zuckte in allen Gliedern, bis er endgültig starb. Der Kopf, der abseits liegen blieb, starb aber nicht. Nur der Körper war ganz gestorben. So, das wäre der Anfang dieser Geschichte.«

Ich: »In der Fortsetzung geht es um die Rache der Schwester?«

Mbara: »Ja. Ja. Der Kopf, der auf die Seite rollte – Der ältere Bruder ruft dem jüngeren: ›Ai! Halte doch an, schau! Siehst du? Du kannst dich ausruhen. Unsere Schwester ist tot, sie kann dir nichts mehr antun.‹ So half der ältere dem jüngeren Bruder, indem er den Hals ihrer Schwester durchschnitt; sie hatten aufgehört zu laufen und holten Atem.

So. Die zwei Brüder hatten sich einen Ort ausgesucht und dort eine Siedlung aufgebaut. Sie gingen nicht zurück in das Dorf, aus dem sie geflüchtet sind, sondern gründeten ein neues, eigenes Dorf. Zunächst waren sie nur zu zweit. Der ältere sagte dem jüngeren: ›Du! Wenn du ausgehst, wenn du den Wald nach der Nahrung durchstreifst, gehe ja nicht in die Gegend, wo ich unsere Schwester getötet habe. Sie ist immer noch dort; denke nicht, daß die weg-

gegangen wäre! Sie ist immer noch dort, und wenn du hingehst, mußt du damit rechnen, daß sie dich angreift.‹ Der jüngere antwortete: ›O ja. Ich werde nicht hingehen.‹ Die Zeit verging.
Der jüngere Bruder paßte aber nicht auf. Eines Tages ging er aus und verfolgte gedankenlos denselben Weg, auf dem sie gekommen waren – In der Gestalt des Schweines suchte er nach der Nahrung, streifte durch den Wald und durch das Grasland. Er hatte sich in ein Schwein verwandelt. Wenn die zwei Brüder Essen wollten, nach der Nahrung im Wald suchen wollten, verwandelten sie sich in Schweine, zwei Schweine Sui und Wendu. Dies konnten sie dank der Kraft des Urahnen, die sie besaßen. Dies ist eine Geschichte meines Klans, und sie will ich dir erzählen. Der jüngere Bruder streifte durch den Wald und näherte sich der Stelle, wo der Kopf der Schwester im Gras lag. Er wühlte in der Erde nach den Würmern, verzehrte sie, und suchte sich eine neue Stelle aus. Plötzlich stieß er mit seinem Rüssel auf den Kopf und scht! – der Kopf biß ihn in seine Schnauze! Kannst dir das vorstellen! Er steckte seine Schweineschnauze direkt dem Totenkopf in den Mund und seine Schwester macht scht! – sie biß sich ein wie eine Krabbe! Er begann zu schreien: mehehehe! mehehehe! und versuchte den Kopf los zu werden. Endlich gelang es ihm mit einer mächtigen Bewegung, den Kopf abzuschütteln, der in hohem Bogen davonflog und in einen Teich fiel. Der Kopf der Schwester befand sich nun im Wasser. Der jüngere Bruder lief mit einer blutigen Schnauze heim – der Kopf hatte ihm schwere Bißwunden versetzt. Der ältere Bruder schaute seine Wunden an und sagte: ›Du bist ein Dummkopf! Habe ich dir nicht gesagt, daß du dorthin nicht gehen sollst? Habe ich dir nicht gesagt, daß sie sich in der Gegend, wo ich ihr den Kopf abgeschnitten habe, immer noch aufhält? Nur ihr Körper wurde begraben – ihr Mann kam, fand ihn auf dem Weg und bestattete ihn. Der Kopf ist immer noch nicht gestorben, sagte ich dir doch, warum bist du also hingegangen? Du, du, eigenwilliger

Schwachkopf!‹ Nachdem er seinen Bruder ausgeschimpft hatte, schmierte er ihm seine Wunden mit Baumöl ein und sorgte für ihn. Die Zeit verging und der jüngere Bruder war wieder gesund.
Der Kopf fiel in einen kleinen Teich, es war eine alte Windung eines kleineren Zuflusses des Sepik. In diesem Teich gab es viele Wasserpflanzen, seine Oberfläche war besät mit Teichrosen, deren feste, lange Stiele unter dem Wasser verschwanden und bis zum Boden führten. Als der Kopf in den Teich gefallen war, verfing er sich an einem Ort, wo viele Stiele von einer Wurzel empor zur Wasseroberfläche wuchsen. Die zwei Brüder gingen einmal aus und kamen zu diesem Teich. Die Wunden des jüngeren waren längst verheilt, und sie gingen nicht als Schweine, sondern in der menschlichen Gestalt aus. Sie schlenderten in der Gegend umher, und als sie die reifen Körbchen der Teichrosen sahen, beschlossen sie, ihre Samen einzusammeln. Sie stiegen in den Teich, wateten durchs Gras, das in der Nähe des Ufers im Wasser wuchs, von einer Teichrose zur anderen und brachen die mit Samen angefüllten Körbchen ab. Dann nahm sich der jüngere Bruder wieder etwas Besonderes vor. Etwas weiter vom Ufer auf dem offenen Wasser erblickte er eine größere Gruppe, ein ganzes Nest von Teichrosen: ›Oh! Die dort werde ich pflücken!‹ Er zeigte auf die große Ansammlung der Rosen. Der ältere Bruder sagte:
›Nein. Laß die lieber sein, die sind viel zu weit draußen. Komm, pflücken wir noch diese da, die noch nahe am Gras sind, dann waschen wir uns und gehen zurück. Die dort, die weit draußen auf dem tiefen Wasser schwimmen, laß lieber sein!‹
›Nein! Die dort werde ich pflücken!‹ sagte der jüngere.
›Gut. Mach was du willst. Ich wasche mich jetzt und gehe. Du kannst nachkommen.‹ So antwortete der ältere Bruder. Der jüngere wollte die Warnung des älteren nicht beachten, so war der ältere jetzt verärgert. Er wusch seinen Körper und ging an das Ufer. Ohne den jüngeren Bruder

nochmals anzuschauen, packte er die Samen der Teichrosen, die er gepflückt hatte, zusammen und ging zurück ins Dorf. Er war verärgert. Der jüngere hatte sich auch nicht mehr um den älteren gekümmert, schwamm hinaus zu dem großen Teichrosennest; dort war aber der Kopf hingefallen und wartete nur darauf, um in seine Hoden zu beißen. Scht! – der Kopf biß zu! Er hatte sich an seinen Hoden festgebissen und ließ sich durch seine Schreie und Bitten nicht beeindrucken. Der jüngere Bruder versuchte, dem Kopf verschiedene Speisen anzubieten, damit er von seinen Hoden abläßt, es war aber alles vergeblich. Schließlich bot er die Brotfrucht an und der Kopf willigte ein. Mühsam kam der jüngere Bruder aus dem Wasser heraus und kletterte auf einen Brotfruchtbaum. ›Ai! Bleib doch hier unten! Ich werde alleine hinaufklettern und die Früchte herunterwerfen. Du kannst sie dann einsammeln und auf einem Haufen zusammenlegen‹, sagte er dem Kopf.

›Nein‹, sagte der Kopf. ›Klettere nur hinauf! Ich lasse nicht los.‹ Der jüngere Bruder kletterte also mit dem Kopf an seinen Hoden in die Krone des Brotfruchtbaumes. Nachdem er alle Früchte, die er erreichten konnte, hinunterwarf, machte er sich aus einem Ast einen Haken, wir nennen ihn *ngwai,* und mit seiner Hilfe langte er nach Früchten, die weiter entfernt hingen. Diese Früchte fielen nun etwas weiter vom Baum, und der Kopf machte sich Sorgen, daß sie sich im Gras verlieren könnten. So ließ er die Hoden los, sprang herunter, sammelte schnell die Früchte ein, und beeilte sich wieder in die Baumkrone, um dem Jungen wieder in die Hoden zu beißen. So ging es eine Weile: je weiter eine Frucht fiel, desto länger konnte sich der Junge erholen. Die letzte Brotfrucht, die ganz oben an einem entfernten Ast hing, versuchte er möglichst weit zu schleudern: sie fiel ungefähr so weit, wie von Palimbei nach Kamanembet. Der Kopf ließ los und ging die Frucht suchen. Der Junge verzauberte den Haken, hängte ihn in der Baumkrone auf und machte sich davon. Er lief ums

Leben weg – allerdings mit etwas Mühe, wenn man an seine kaputten Hoden denkt. Der Junge war bereits weit weg, als der Kopf mit der Brotfrucht zurückkehrte. Er legte sie auf den Haufen unter dem Baum, und suchte den Jungen in der Krone – fand ihn aber nicht. Er rief ihm: ›Ngwainameri! Wo bist du!‹ Der Junge antwortete nicht, nur der Haken rief zurück: ›Uuuuh!‹ Der *ngwai*, der in der Krone des Brotfruchtbaumes hing, machte sich über den Kopf lustig. Der wurde aber wütend und biß wild in den Haken, von dem bald nur Sprießen geblieben waren. Der Kopf rief wieder: ›Ngwainameri!‹ Jetzt riefen die Äste des Brotfruchtbaumes zurück: ›Uuuuh!‹ Der wütende Kopf biß die Äste in Stücke, die bald verstummten. Dann rief er das dritte Mal: ›Ngwainameri! Wo bist du!‹ Jetzt riefen der Bambus und das Schilfrohr unten vom Ufer zurück: ›Uuuuh!‹ Von ohnmächtiger Wut überwältigt ließ sich der Kopf vom Brotfruchtbaum herunterfallen; er machte sich ein Loch und verschwand unter der Erde.

Nach einer gewissen Zeit kam an dieser Stelle ein Sproß hervor. Es war ein Kokospalmensproß. So. Dies ist der Ursprung der Kokospalme. Die erste, die ursprüngliche Kokospalme, die *angwa repma*. Verstehst du, wenn dieser Mann, Wendu, unser Vorfahre, zurückgekehrt wäre, hätte er bemerkt, was aus dem Kopf seiner Schwester entstanden war. Wenn er zurückgeschaut hätte, hätte er den ersten Kokospalmensproß, der aus ihrem Kopf hervorkam, gesehen; die beiden Brüder hätten für den Sproß Sorge getragen, in seiner Umgebung gejätet, einen kleinen Zaun rundherum gebaut und ein Mahnmal gesetzt, damit ihn niemand breche. Wenn sie das alles gemacht hätten, würde die erste Kokospalme zu unserer Mythologie gehören und den Namen Angwarepma würde eine Frau unseres Klans tragen. Es waren aber Vorfahren eines anderen Klans, die den Sproß gefunden und für sein Gedeihen Sorge getragen haben. Ai! Hier im Wald hat es diese Art Baum oder was es auch immer ist vorher nicht gegeben! Dies ist aber eine seltsame Sache! Was ist es denn, was hier

sprießt? So sprachen sie, die Leute von einem anderen Klan, die den Sproß bemerkten, das Unkraut rund herum entfernten, einen Zaun errichteten und ein Mahnmal aus einem verknoteten Blatt, d. h. ein Verbotszeichen, an einem Stock anbrachten. Die Palme wuchs hoch, und endlich trug sie Früchte. Die Leute, die für sie gesorgt hatten, kamen nun und pflückten ihre Früchte, die Kokosnüsse, in unserer Sprache *tepma* genannt. Sie machten sie auf und versuchten davon: ›Oh! Es ist gut!‹ sagten sie. Es schmeckt sehr gut, die Flüssigkeit und das Fleisch, beides ist vorzüglich! Es waren Leute von einem anderen Klan, die für den Sproß gesorgt hatten, so werden ihre Frauen Angwarepma genannt. Es ist der Klan Yatmel, der den Namen Angwarepma besitzt. Er gehört ihnen, sie bemerkten den Sproß und sorgten dafür – Wenn es unsere Vorfahren gewesen wären, würde dieser Name uns gehören. Er gehört aber den Klans Lenga und Yatmel. Der Anfang der Geschichte gehört zu unserer Mythologie, die zwei Brüder waren aber nicht zurückgekehrt und hatten das Unkraut nicht entfernt, den Zaun nicht gebaut und das Mahnmal nicht aufgebunden; so gehört Angwarepma den anderen Klans.
Siehst du, Milan, manche Menschen erzählen dir Geschichten, sorgen aber nicht dafür, daß die Geschichten vollständig sind! Ich bin anders, ich beginne im Ursprung und arbeite mich systematisch bis zum Ende durch! Ich grabe tief im Grund und schaue, daß ich nichts auslasse. Wenn ich auch ein Stück vergesse, suche ich in meinem Gedächtnis, bis alles vollständig ist. So bin ich.«
Ich: »Wirklich, du nimmst dir Zeit, alles in einer Geschichte durchzunehmen. Schön ruhig, zuerst der Anfang, dann die Fortsetzung und so bis zum Ende.«

»So. Es gibt noch eine Geschichte mit dem Schwein; die Geschichte über Marisui. Ich erzähle sie dir. Als die Menschen noch in Mevembet lebten, waren sie noch keine Jäger, sie wußten nicht, wie man Schweine tötet. Sie verstanden es noch nicht.

Marisui war der erste. Er schnitt ein Stück Palmholz zurecht, ein längliches Stück, das er aus dem Palmstamm herausgebrochen hatte. Dann schnitzte er daraus einen Speerschaft. Die Speerspitze machte er aus dem *mbai* der gleichen Palme, d. h. aus dem Hüllblatt ihres Fruchtteiles. Die Spitze befestigte er am Schaft und der Speer war scheinbar fertig, er sah wie ein richtiger Speer, wie ein *yaman* aus.
Er fällte eine Sagopalme, öffnete den Stamm und brach etwas Mark heraus; dann umzäunte er die Stelle von drei Seiten, nur von einer Seite her ließ er den Zugang frei, damit ein Schwein kommen und vom Sagomark fressen kann. So hatte er die Falle eingerichtet und kehrte zurück ins Dorf – in der Nacht wird ein Schwein kommen, um von dem Sagomark zu fressen! Er kehrte zurück. Als die Nacht bereits fortgeschritten war, sagte er zu sich: ›Oh! Ich glaube, es ist Zeit, die Falle, die ich gemacht habe, anzuschauen.‹ Er ging in den Wald; die neue Waffe, seinen Speer in der Hand zum Wurf bereit pirschte er sich zum Zaun, und in der Tat, es war dort ein Schwein, das am Sagomark weidete. Er warf den Speer, traf zwar das Tier, konnte es aber nicht verwunden. Die Speerspitze brach nämlich ab, anstatt in den Körper des Schweines einzudringen. Das Tier scht! – verschwand im Unterholz.
›Ah! Der Speer ist nichts!‹ Er schaute die Speerspitze aus *mbai* an. ›O nein! Mit dem kann man ein Schwein nicht töten.‹ Das *mbai* ist nämlich ein viel zu weiches Material. Er kehrte heim, schlief sich aus und machte sich am Morgen wieder an die Arbeit. Er löste die *mbai*-Spitze vom Schaft und schnitzte eine neue aus Bambus. Er schnitt einen Ast des wilden Bambus ab, brach ein Stück seiner Wand heraus und schnitzte sie in die Form der Speerspitze. Als er damit fertig war, betrachtete er seine Arbeit und sagte: ›Jetzt habe ich eine gute Spitze gemacht! Diesmal wird es ein richtiger *yaman* sein.‹ Er befestigte die neue Spitze am Schaft und begann gleich einen zweiten Schaft und eine zweite Spitze zu schnitzen. Er dachte sich: ›Oh, ich glau-

be, jetzt habe ich es gut gemacht! In der Nacht werde ich wieder bei meinem Sagostamm nachschauen.‹ So. Er wartete bis zum Abend und schlich sich wieder zu der Falle. Das Schwein war wieder gekommen und fraß vom Sagomark. Er suchte einen guten Stand für seine Füße, richtete sich auf und schleuderte den Speer – *petang!* Das Schwein schrie auf – *eeehehe!* Es machte noch ein paar Sprünge und fiel auf den Boden. ›Ho! Ho! Das ist ein Speer! Jetzt habe ich es richtig gemacht! Ab jetzt werden ich und meine Frau Schweinefleisch essen!‹ Das Schwein fiel auf den Boden, schrie noch eine Zeitlang, und starb endlich. Marisui machte Feuer, zündete ein trockenes Palmblatt an, das er wie eine Fackel in der Hand hielt und leuchtete auf das tote Tier. ›Gut. Gut. Morgen komme ich wieder und mache, was nötig ist. Morgen komme ich wieder zusammen mit meiner Frau.‹ Er zog den Speer aus dem Körper des Schweines heraus und kehrte ins Dorf zurück. Es war noch Nacht, und er legte sich zum Schlafen. Am Morgen sagte er seiner Frau, sie solle Taschen mitnehmen, und sie gingen zusammen in den Wald. Sie zerteilten das Schwein, schnitten es in Stücke und räucherten es. Sie wollten nicht, daß die anderen Dorfbewohner etwas davon erfahren, sie wollten vor ihnen verbergen, daß sie Schweinefleisch haben. So hatten sie alles noch im Wald gemacht: sie räucherten das Fleisch den ganzen Tag lang, bis es trocken wurde. Dann füllten sie die Netztaschen, welche die Frau mitgenommen hatte; den Rest des Fleisches packten sie in ein großes *mbai,* ein großes Hüllblatt, das von einer Palme in der Umgebung der Falle abgefallen war, und das der Mann aufgelesen hatte. Dann trugen sie alles ins Dorf, die Frau die Netztaschen, der Mann den Rest im *mbai* eingepackt. Sie hatten gewartet, bis die Abenddämmerung gekommen war, und erst dann gingen sie ins Dorf hinein; als sie den Waldweg verlassen hatten und zwischen den Häusern gingen, war es bereits dunkel. Sie kamen in ihr Haus und verstauten alles Fleisch im *ngusenga.* Das ist eine Art Schrank; wir machen es aus Bam-

busleisten und hängen es über die Feuerstelle. Da es darunter immer ein kleines Feuer gibt, wird das Fleisch drinnen weiter geräuchert. So hatten sie alles im *ngusenga* versteckt. Es gab keine Kinder im Haus, die im Dorf herumerzählen würden, was sich im *ngusenga* befindet; nur die zwei, der Mann und die Frau, lebten im Haus und hatten niemandem verraten, was sie essen.
Die Zeit verging. Marisui tötete regelmäßig ein Schwein, er und seine Frau zerlegten es im Wald, räucherten es und brachten es heimlich nach Hause. Die anderen Leute im Dorf hatten kein Fleisch. Nur verschiedene Würmer, die sie im Wald gesammelt oder aus der Erde ausgegraben hatten. Pflanzen hatten sie genug zum Essen, wildwachsende Pflanzen oder aus den Gärten, die sie angelegt hatten, Gemüse, Sagomark, Kokosnüsse, Früchte. Fleisch war aber unbekannt. Der Bruder der Frau merkte eines Tages, daß aus dem Haus der Schwester sich ein Geruch verbreitet; er saß in seinem Haus, und da schlug ihm der Geruch von Schweinefleisch in die Nase. Er roch und fragte sich: ›Was für ein Geruch ist es, der da aus dem Haus meines Schwagers kommt?‹ Er wartete ab, bis sein Schwager das Haus verließ und ins Männerhaus ging. Als er sicher war, daß seine Schwester alleine war, ging er sie besuchen.
Marisui hatte aber alle Fleischstücke, die im Haus waren, gezählt. Kleine Stäbchen hatte er sich vorbereitet und legte immer die gleiche Anzahl wie die der Fleischstücke auf die Seite, band sie zusammen und versteckte sie im Dachgebälk. Er traute seiner Frau nicht. So konnte er immer kontrollieren, wie viele Fleischstücke gegessen wurden und wie viele geblieben sind.
›Ah! Schwester! Wo ist dein Mann?‹
›Er ist ins Männerhaus gegangen.‹
›Ich bin gekommen, weil ich einen Geruch wahrgenommen habe. Solchen Geruch habe ich noch nie in unserem Dorf gerochen. Es muß eine besondere Sache sein! Was ist es denn für einen Geruch, der da direkt aus eurem Haus hervorkommt? So dachte ich mir und kam zu dir.‹

›Zu uns? Wieso? Wir wissen nichts von diesem Geruch.‹ Die Schwester versuchte sich herauszureden.
›Nein. Du versteckst mir etwas!‹ sagte der Bruder und begann im Haus zu suchen. Da sah er die Bambusspitzen, die sein Schwager gemacht und im Haus hingelegt hatte.
›Ah! Was ist denn das! Meine liebe Schwester, es ist mir alles klar! Nur dank diesen Dingen riecht es so seltsam im ganzen Dorfteil. Ihr tötet Schweine und eßt sie! Wir essen kein Fleisch, wir anderen im Dorf verstehen es nicht, Schweine zu töten; nur dein Man hat es herausgefunden und diese Dinge geschnitzt. So eßt ihr beide Schweinefleisch und wir anderen haben das Nachsehen. Oh, Schwester! Ich nehme eins von den Dingern!‹
›Ah! Bruder, nimm es nicht! Mein Mann ist ein grausamer Mensch. Wenn du es einfach nimmst, wird er mich töten!‹ So sprach die Schwester.
›Nein, er darf dich nicht töten.‹
›Ha! Doch. Er hat mich nicht aus Liebe geheiratet. Er ist ein jähzorniger, grausamer Mensch und zögert nicht, zu töten. Diese Dinger hat er ja alle gezählt, er wird sofort merken, daß du eines genommen hast. Es sind nicht solche, die er nicht mehr brauchen würde und abgelegt hätte! Er hat nur wenige und weiß genau, wie viele sie sind. Er braucht sie! Wenn du es einfach nimmst, tötet er mich.‹ Vergeblich hat die Frau ihrem Bruder zugeredet – er nahm eine Speerspitze und ging.
Als der Ehemann zurückgekehrt war, sagte ihm seine Frau nicht, daß der Bruder kam und eine Speerspitze genommen hatte. Sie fürchtete sich vor ihm und konnte nicht aufhören, daran zu denken, was er mit ihr macht, wenn er merkt, daß die Speerspitze fehlt. Aber sie sagte nichts. Ihr Bruder machte sich unterdessen einen Speer, fällte eine Sagopalme, baute eine Falle und erjagte tatsächlich ein Schwein. Zusammen mit seiner Frau hat er es ins Dorf gebracht, zerteilt und gekocht. Jedem im Dorf gaben sie ein kleines Stück Schweinefleisch und in allen Häusern war man damit beschäftigt, davon zu essen. Als Marisui dies

sah, fragte er sie: ›Ah! Woher habt ihr dieses Fleisch? Niemand im Dorf weiß, wie man Schweine tötet, nur ich! Woher habt ihr es?‹ Er ging in sein Haus und zählte die Speerspitzen – eine fehlte. ›Irgendjemand hat mir eine genommen!‹
Seine Frau war noch nicht zu Hause, sie ging in den Wald, um Feuerholz zu holen. Er nahm einen Speer, ölte die Spitze ein, damit sie besser in den Körper des Opfers eindringt, und wartete. Er beschloß, seine Frau zu töten. ›Sicher hat sie eine Spitze genommen und ihrem Bruder gegeben! So. So. Ihr Bruder nahm das Ding, machte sich ein Speer und tötete ein Schwein. Jetzt essen sie alle Schweinefleisch. So etwas wie mich zuerst fragen ist ihr nicht eingefallen! Wie konnte sie das nur wagen, eine meiner Spitzen ihrem Bruder zu geben! Gut. Die wird schon heimkommen. Wollen wir sehen!‹ Er ölte die Spitze seines Speeres ein und wartete auf die Frau. Endlich war sie gekommen. Sie kam hinauf ins Haus. ›Ai!‹ Sie kam und ging in ihre Ecke, wo ihre Feuerschalen standen, und setzte sich auf die Stelle, wo sie immer zu sitzen pflegte. ›Hast du schon gegessen?‹ fragte sie ihren Mann. ›Ich habe dir einen Sagofladen in dein Täschlein hingelegt, bevor ich in den Wald ging, um Feuerholz zu holen.‹ Der Mann sagte nur: ›Hm.‹ Keine andere Antwort gab er und blieb auf seinem Hocker sitzen. Er war wütend. Nach einer Weile fragte er:
›Ai! Diese Speerspitzen, die ich geschnitzt habe – zwei Stück sind gebrochen. Sie sind unbrauchbar und ich habe sie hier liegen gelassen. Sie sind auch da. Dann habe ich drei neue Spitzen geschnitzt und sie unter dem Dach hingelegt, ich habe sie dort oberhalb des Querbalkens ins Geblätter gesteckt. Es sind nur zwei da. Wo ist die dritte?‹ fragte er seine Frau.
›Ah! Ich weiß nicht‹, antwortete sie.
›Sag es! Wem hast du sie gegeben?‹
›Ich weiß nicht! Ich habe sie niemanden gegeben!‹
›Du lügst! Du hast eine genommen und deinem Bruder gegeben! Ich habe gesehen, was das Volk im Dorf ißt!‹

›Ah! Ich habe es ihm nicht gegeben ...‹ Da nahm der Mann seinen Speer und scht! – er stieß ihn in seine Frau. ›Ah, ah, Tounobwei!‹ rief sie ihren Brüdern. ›Ah, Tounobwei, Mounobwei! Kommt her, kommt, kommt, kommt!‹ Sie ruft ihren Brüdern, sie klagt und weint. Sie ist das Insekt *pat*. Marisui tötete sie und sie schreit bis heute in der Gestalt dieses Insekts. Dies ist eine ganz wichtige Geschichte von unserem Klan. Das sind Sachen, die wir anderen Leuten, die von anderen Klans abstammen, nicht erzählen.«

Ich: »Es handelt sich um dasselbe Insekt, das man auch *suat* nennt?«

Mbara: »Es ist eine andere Art der Zikade, es handelt sich dabei um dieselbe Ahnfrau; die Yamsknollen, die wir in unseren Gärten pflanzen, stehen in Zusammenhang mit den Brüdern, ihre Schwester, Suatnamak-Patnamak, ist die Zikade. In der Jahreszeit, in der sich die Zikaden stark vermehren und durch ihren Schrei bemerkbar machen, kommen die Yamsknollen in den Gärten zur Reife.«

Ich: »Die Brüder gehören zum Klan Wengwansap?«

Mbara: »Jawohl. Der Mann von unserem Klan, Marisui, nachdem er seine Frau getötet hatte, verließ er sein Haus, ging in den Wald und irrte zunächst herum, bis er sich in den Kronen der Bäume ein Nest machte. Er hatte sich in den Vogel *kisa* verwandelt. Du und deine Frau habt einen solchen im Haus; Kinder sammeln für ihn Heuschrecken ein, bringen sie deiner Frau und sie sorgt für den *kisa*. In diese Art Vogel hatte er sich verwandelt, mein Ahne! Seine Namenliste habe ich dir schon aufgesagt: Kisasameri-Masasameri. Dieser Vogel ist nichts anderes als eine neue Form von Marisui.«

Ich: »Ist dieser Marisui mit Suikumban gleichzusetzen?«

Mbara: »Marisui ist ein Mensch, und nichts als Mensch. Zu seiner Zeit waren bereits alle Arten der Dinge klar geschieden. Früher konnte sich der Mensch in ein Schwein verwandeln, um dann wieder ein Mensch zu werden; oder in eine Schlange, die dann wieder ein Mensch werden konnte; so ging es, so war es eingerichtet. Jetzt ist es nicht mehr so. Wir zwei, wir sind Menschen, Männer, und nie können wir etwas anderes werden! Ebensowenig die Frauen! Das Licht ist aufgegangen. Kabak, der Erdboden, fiel nach unten, Yamburu, der Himmel, schnellte empor; Kabak fiel herunter und deckte die ganze Zauberwelt der Verwandlungen zu.«

Ich: »Wir zwei sind hier im Dorf; das Krokodil im Wasser, die Schlange auch, das Schwein im Wald ...«

Mbara: »Die Vögel fliegen über unsere Köpfe.«

Ich: »Früher gab es diese Verwandlungen. Heute nicht mehr. Nur die Zauberer, sagt man, können es immer noch.«

Mbara: »Nur die Zauberer. Diese Zauberei, was ist es eigentlich? Es ist nichts anderes als diese Fähigkeit, die in der früheren Zeit verbreitet war. In bestimmten Familien hat sich diese erhalten: der Vater hat es seinen Sohn gelehrt, der wieder seinen Sohn und so weiter bis in unsere Zeit. In anderen Klans wieder ist diese Fähigkeit untergegangen; irgendein Vorfahre nahm das Wissen mit sich ins Grab und die Nachkommen können nicht mehr zaubern.«

Ich: »Das Dorf, in das die Schwester von Mendatkumban geheiratet hat, gehört in die frühere Zeit?«

Mbara: »Nein. Es ist kein Dorf der Urzeit, es ist ein gewöhnliches Dorf wie Palimbei. Etwas entfernt – so wie – sagen wir, von hier nach Sotmeri. Nein, das wäre zu nahe. Von hier nach Sapanaut oder Ñaurangei, so ungefähr in dieser Entfernung befand sich das Dorf, wo Mendatkumban die Schweine-*saba* bekam. Seine Schwester hat sich in einen Mann von diesem Dorf verliebt, und sie heiratete ihn. Es war kein urzeitliches Dorf, nein, nur ein gewöhnliches Dorf. Die Männer dort haben die *saba* hergestellt, im Männerhaus versorgt, und das Wissen, wie man hineingeht und zum Schwein wird, haben sie von ihren Vätern erhalten; diese wiederum von ihren Vätern und so in einer ununterbrochenen Linie bis zu den Bewohnern von Mevembet; so haben sie das Wissen und die Fähigkeit von

Generation zu Generation weitergeben und gehütet. Und dann ist das geschehen, was ich dir bereits erzählt habe: Mendatkumban nahm vom Fleisch eines jungen Mannes, sie haben das Stück aus ihm herausbekommen, und um ihn für das Erlittene zu entschädigen, gaben sie ihm eine *saba.* Sie sagten: ›Schau, es geht so bei uns. Wenn du hungrig bist, oder schnell irgendwohin ankommen willst, oder unser Dorf wieder besuchen willst, kannst du dich in ein wildes Schwein verwandeln, im Wald nach der Nahrung suchen, oder abseits der Wege der Menschen vorwärtskommen.‹

Die Geschichte von Marisui ist eine zentrale Geschichte unseres Klans. Die Klangruppe Wengwansap nennt ihn Yambiwuse, die Klans Mbowi-Semal nennen ihn Toatmeri, wir von der Klangruppe Sui nennen ihn Marisui; es handelt sich aber immer um denselben Mann. Man gibt ihm verschiedene Namen, er erscheint immer wieder in verschiedenen Gestalten, es handelt sich aber nur um einen Mann. Jetzt habe ich dir eine wichtige Sache gesagt.«

Ich: »Ist er mit dem zentralen Männerhauspfosten identisch? Oder handelt es sich hier um einen anderen Mann?«

Mbara: »Das ist ein anderer Mann und eine andere Geschichte: es ist Mongwa, der Mann, der Palimbei gegründet hat. Gleichzeitig geht es doch um ein- und denselben in der langen Reihe der Verwandlungen; wir sagen, der eine steht auf den Schultern des anderen. Suikumban, dann Marisui, dann Mongwa, es sind alles Gestalten, die er angenommen hat, Verwandlungsstufen von ein- und demselben Wesen. Ein Klan gibt ihm einen Namen, ein anderer Klan einen anderen, wir selbst geben ihm einmal einen, ein anderes Mal wieder einen anderen Namen; der große Stuhl steht in der Mitte des Männerhauses, neben dem Zentralpfosten, und verkörpert seine Einheit. Namen gibt es viele in allen Klans, die Wurzel gibt es nur einfach.«

Ich: »Toatmeri ist auch einer, der sich einen Speer gemacht hat, ein Mann des Kampfes, ein Mann, der nicht zögert, zu töten. Später hat er sich in die Sonne verwandelt. Der

Speermann deines Klans kommt oft in der Gestalt des wilden Schweines vor. Yambiwuse von der Klangruppe Wengwansap steht in Zusammenhang mit dem mannshohen Riesengras, das an den Ufern wächst.«
Mbara: »Es geht immer um den gleichen Mann! Paß auf! Wir Menschen, weiße oder schwarze, Menschen aller Gegenden Neuguineas, Papuas, oder von Neubritannien, aber auch von Australien und wie auch all die Orte heißen, wo weiße Menschen leben, wir alle stammen von einem einzigen Ort ab, denke nicht, daß es für verschiedene Menschen verschiedene Ursprungsorte gäbe, nein, es gibt nur einen! Wir alle stammen von einem Ort ab, später haben wir uns aber voneinander getrennt, in alle Richtungen verbreitet, und jetzt denken wir, daß wir verschiedener Abstammung sind. Aber das stimmt nicht.«
Ich: »Dieser Ort heißt Mevembet.«
Mbara: »Wir nennen es Mevembet. Es ist eine Frau. Unser Klan nennt sie Kaviwolimange oder Ndemagwanembet, Yatmel von der Mutterhälfte nennen sie Ndemanagwi, die Klangruppe Ngragen nennt sie Maugrumbi; es handelt sich hier um eine einzige Frau. Jeder gibt ihr einen besonderen Namen, es ist aber nur eine Frau, eine Mutter. Ein Urahnenpaar, ein Mann und eine Frau, der Vater und die Mutter – Hat sie das Menschengeschlecht durch ihre Vulva geboren? Wurde sie von dem Urahnen geschwängert? Oder hat sie die Menschen auf eine andere Weise hervorgebracht? Brachte sie es unabhängig vom Mann zustande? Wer diese Fragen beantworten kann, hat die Wurzel des Wissens berührt. Wir können sie nicht beantworten, ich selbst, ich weiß nicht, wie es eigentlich war. Was ich weiß, kann ich dir sagen; aber ich selbst weiß nicht viel. Hast du noch eine Frage, willst du noch etwas wissen?«
Ich: »Als wir die Lieder deines Klans übersetzten, hatten wir viel mit Suikumban zu tun. Über seinen Konflikt mit der Mutter möchte ich mehr wissen.«
Mbara: »Es war so. Es war noch zur Zeit, als alles in der Dunkelheit versunken war, es gab noch kein Licht. Die

Mutter war da, in menschlicher Gestalt, wenn sie aber wollte, verwandelte sie sich in ein Schwein. So ging es zu. Der Mann, der Sohn, der zusammen mit seiner Mutter lebte, war auch so: wenn er auf die Menschenjagd gehen wollte, verwandelte er sich in ein Schwein; als er hungrig war und Menschenfleisch essen wollte, nahm er die Gestalt des Schweines an. Suikumban entfernte sich ein wenig von seiner Mutter, damit sie nicht sieht, was er macht, und begann zu fressen.

Es hat sehr viel Menschen dort gegeben, es war ein stark bevölkerter Ort, Männer und Frauen füllten den ganzen Raum aus. Ja sie mußten sich übereinander legen, damit sie Platz haben, und verharrten so in völliger Dunkelheit. Hast du gesehen, wie man das Holz in einer Beige übereinander schichtet? So lebten dort die Menschen, Männer und Frauen, in der Dunkelheit übereinander gestapelt. In jener Zeit hatten sie noch keine geschlechtlichen Beziehungen miteinander; diese Art der Vermehrung kam erst in der folgenden Zeit auf, nachdem das Licht zustande kam.«

Ich: »Sie haben noch keinen Geschlechtsverkehr gekannt?«

Mbara: »Nein. Es gab noch keinen Geschlechtsverkehr, die Vulva hatte noch keine Öffnung und der Penis keine Erektionen; er hing nur herunter. So war es in jener Zeit. Suikumban entfernte sich ein wenig von seiner Mutter, er machte ein paar Schritte so wie von hier zum Haus von Sembara, und begann zu fressen. Er fraß nun die Menschen: *ngrum, ngrum!* Die Schädel barsten, als er hineinbiß – *ngrum ngrum, ndung ngrum ngrum!* Er schmatzte glücklich und fraß sich voll. Die Mutter vernahm Geräusche in der Dunkelheit und wußte, es ist das Maul ihres Sohnes. ›Oh, mein Kind! Was frißt er wieder! Ah, sicher frißt er Menschenfleisch, er wird es noch so weit bringen, daß er alle auffrißt! Oh, wie kann ich nur seinem Treiben ein Ende setzen.‹ Die Mutter machte sich Gedanken über die anderen Menschen. ›Was nur, wenn er sie alle auffrißt? Was werden wir dann machen?‹

Suikumban aß sich satt und war dabei, zur Mutter zurückzukehren. Er kaute noch am letzten Happen, als er sich der Mutter näherte, und sein Schmatzen ging ihm voraus: *hrr – ñam, hrr – ñam!* Er kam näher und die Mutter rief ihn: ›Suikumban! Ali!‹

›*Hrr, – ñam!*‹

›Ah! Suikumban! Wo warst du!‹

›*Hrr – ñam!*‹ Er nahm wieder menschliche Gestalt an.

›Wo warst du?‹ fragte die Mutter.

›Ah! Ich war hungrig und ging Nahrung suchen.‹

›Was hast du gegessen!‹

›Ah! Was es so gibt. Worauf ich auch gestoßen bin, das habe ich gefressen. Wenn ich auf Menschen kam, fraß ich Menschen!‹

›Oh! Nein! Das solltest du nicht. Du darfst nicht so wahllos fressen! Was machen wir, wenn du alle Menschen auffrißt!‹

›O nein, Mutter, es gibt noch viele; das gelingt mir nie, alle aufzufressen.‹ Und so ging es weiter. Solange er nicht hungrig wurde, blieb er Mensch. Wenn er Hunger verspürte, nahm er die Gestalt des wilden Schweines an und brach auf. Er dachte sich: ›Ich darf nicht nahe bei der Mutter bleiben, sie würde mich hören und mit mir schimpfen!‹ Er ging etwas weiter als sonst und begann die Menschen zu töten und zu verzehren – *ngrum* – der Knochen brach, *ngrum ndung ngrum, hrr! ngrum ngrum ngrum!* – er fraß und schmatzte. Während das Schwein so fraß, hörte seine Mutter zu: ›Oh, dieses Kind ist eigenwillig! Es gehorcht nicht und will in der Tat alle Menschen im Dorf auffressen. Was soll ich nur machen? Er nimmt die Gestalt des wilden Schweines an und geht aus, um Menschenfleisch zu essen.‹ Die Mutter machte sich Sorgen, ihr Sohn wollte sich aber nicht bessern. Satt, zurückkehrend, kaute er immer noch an einem Stück Fleisch, schmatzte zufrieden – *ñam! ñam!* Er kam nahe und die Mutter rief: ›Suikumban!‹

›*Ha! Hrr! ñam!*‹

›Wo warst du?‹

›*Hrr!*‹ Er legte seine Schweine-*saba* ab und stand vor seiner Mutter wieder in menschlicher gestalt.
›Wo warst du?‹ fragte sie wieder.
›Du kannst mich nicht mehr bei dir behalten! Ich bin kein kleiner Junge mehr, daß ich bei deinen Füßen sitzen bliebe! Wenn ich hungrig bin, gehe ich in die *saba* hinein und gehe auf die Nahrungssuche‹, sagte er seiner Mutter.
›Ah! Du bist dabei, alle Menschen im Dorf aufzufressen!‹
›Aber nein! Es gibt ihrer sehr viel; es wird mir nie gelingen, sie alle aufzufressen‹, antwortete er übermütig.
›Oh! Jetzt trotzt du! Früher, als du noch klein warst, hast du immer schön gefolgt; du warst ein folgsamer Junge. Was ich auch sagte, hast du befolgt. Jetzt bist du groß geworden, bewegst dich selbständig, gehst, wohin du willst, und willst meine Worte nicht mehr anhören‹, tadelte ihn seine Mutter.
›Was hast du? Wieso sagst du, daß ich nicht folgen würde. Ich trotze doch gar nicht! Wenn ich hungrig bin, gehe ich einfach auf die Nahrungssuche; das ist alles!‹
Er wollte auf die Vorwürfe der Mutter nicht eingehen und machte weiter, wie vorher. Jeden Tag fraß er sich voll. Man kann eigentlich nicht sagen, er hätte sich jeden Tag voll gefressen, weil es zu jener Zeit noch kein Licht gab. Alles spielte sich in tiefster Dunkelheit ab. Er ließ sich also von seiner Menschenfresserei nicht abbringen und fraß weiter, was er wollte. Die Mutter, nachdem sie ihn lange erfolglos tadelte, beschloß nun, seine großen Kampfzähne unschädlich zu machen; sie wollte seine langen und scharfen Hauer krümmen, nach innen biegen, damit er sie nicht mehr zum Angriff verwenden kann. Sie versuchte es, seine scharfen Eckzähne zu biegen, er setzte sich aber zur Wehr und im folgenden Kampf haute er seiner Mutter die Hände ab. Seit diesem Ereignis hat sie kurze Hände; ihre Beine sind lang geblieben, und auf denen springt sie herum – sie ist das Känguruh, ihr Name ist Yembungurun. Seit diesem Kampf sind aber auch seine Zähne etwas krumm, so daß er nicht mehr so eine schreckliche Waffe besitzt.«

Ich: »Im zwölften Lied der Liederreihe von Suikumban singt ihr von seinem Tod.«
Mbara: »So. Er hat die Gestalt des Schweines angenommen, wie ich es dir bereits erzählt habe. Dann baut man die Falle, damit man ihn töten kann. Man fällt eine Sagopalme, öffnet den Stamm; wenn er hingehen wird, um vom Sagomark zu essen, wird man mit dem Speer auf ihn werfen; man wird ihn erlegen. Er stirbt.«
Ich: »Seine eigene Kinder töten ihn?«
Mbara: »Die Zeit der Trauer bricht an. Wir singen:

Unser Vater!
Jetzt
wollen wir dich erstechen,
wollen wir dich erlegen!
Jetzt
erstechen wir dich,
erlegen wir dich!
Unser Vater!

Dies ist ein Trauerlied für den Vater, sie beklagen ihn. Er kommt in die Falle, und sie töten ihn. Sie töten ihn mit seinem eigenen Speer. Nicht etwa mit einem anderen Speer, nein! Mit seinem eigenen! Nun geht er weg und baut sich ein Nest in der Krone eines mächtigen Baumes. Habe ich dir von dem kleinen Vogel *kisakisa* erzählt? Das ist ein Knotenpunkt vieler Geschichten, was ich dir jetzt erzähle. Das sind Dinge, die unserem Klan gehören und die wir anderen Menschen nicht erzählen. Vorhin hast du die Lieder mit dem Tonband aufgenommen, dann aufgeschrieben. Jetzt willst du noch die Geschichte dazu wissen. Du willst ein Buch machen, wo alles drin steht, deswegen fragst du mich aus.«
Ich: »Er macht sich ein Nest?«
Mbara: »Zuerst hat er seine eigene Tochter erlegt und das Totenland errichtet. Dann, als die Brüder seiner Frau ihm den Speer gestohlen haben, tötet er seine Frau. Nun beschließt er zu sterben. Er selbst will nun sterben, so ver-

wandelt er sich in ein Schwein und läuft den Jägern in die Falle. Aus seinem eigenen Willen hat er es so eingerichtet, daß man ihn mit seinem Speer tötet. Er folgt dem Weg, den er selbst erschaffen hat, dem Weg des Todes. Nicht daß es jemand anders hätte so einrichten können, nein! Er selbst!«

Ich: »Als Schwein ist er gestorben, er besteht aber weiter?«

Mbara: »Nachdem man ihn getötet und gegessen hat, verwandelt er sich weiter. So ist es. So hat er es eingerichtet.«

Ich: »Man hat ihn gegessen?«

Mbara: »Jawohl.«

Ich: »Der Ahne selbst bietet sich in der Form der Tiere als Beute an?«

Mbara: »Ja. Der Fisch ist ein Mensch! Der Aal ist auch ein Mensch! Der Vogel ist ein Mensch. Ja, das Schwein ist ein Mensch, die Schlange ist ein Mensch; auch die Sagopalme ist ein Mensch. So. Das ist unsere Nahrung. All diese Wesen, Schlange, Krokodil, Schwein und Vogel und Sagopalme, alle werden von einer Mutter geboren und von einem Vater gezeugt. So hat es der Vater selbst eingerichtet und verwandelte sich selbst in unsere Nahrung.«

Ich: »So. Und seine Kinder, die Nachfahren, töten ihn.«

Mbara: »Er ist ihre Nahrung in seinen verschiedenen Verwandlungsformen.«

Ich: »Die Mutter des Schweines heißt Suiwolimange. Wie heißt sein Vater?«

Mbara: »Sein Vater? Der heißt ---. Ho! Jetzt habe ich es dir gesagt. Behalte es aber für dich!«

Ich: »Wenn ich die ganze Liederreihe betrachte, sehe ich, daß Suikumban bereits im zwölften Lied stirbt, um in weiteren Liedern wieder aufzutauchen. Im Lied No. 35 bereitet er sich auf das Initiationsritual vor, in No. 44 tanzt er zusammen mit jungen Männern, seinen Gleichaltrigen, auf dem Zeremonialplatz, im Lied No. 47 wird er sogar geboren. Sollte man den Zeitablauf des Geschehens nicht in Ordnung bringen und die Reihe mit dem Lied von seinem Tod abschließen?«

Mbara: »Es ist schon richtig. Es ist schon richtig, wie es ist. Er kehrt wieder, er kann nicht für immer verschwinden. Er wird wieder hier bei uns im Dorf herumgehen, er wird sich zurückwenden und wieder hier unter uns sich niederlassen, er wird wieder ein Mensch sein. Man tötet ihn, er kann aber nicht ganz verenden, er wird wiederkehren. Begreifst du, wie ich es meine? He? Ich kann sterben, mein Atem, mein Leben wird aber wiederkehren und wie vorher eine menschliche Gestalt annehmen. Bin ich eine Wiederverkörperung meines Großvaters? He? Ich glaube, ich bin es.«

Der koloniale Mythos

Was heißt es wohl, was wird assoziiert, wenn man jemandem *boy* zuruft? »Hei, Boys, wollen wir zusammen einen Drink haben?« Die Intimität der Kinderstube, die verleugnete Erotik des Turnunterrichts, die gemeinsamen Bubereien, ja, eine egalitäre Haltung, wenn auch verklemmt. Es gibt Wörter, die ihren eigenen Gegensatz wie einen versteckten Körperschaden in sich tragen; der geheime Tip, den die Zyniker geben können, das Mysterium der Gleichzeitigkeit. Das Wort »Boy« drückt die weiteste Distanz des Klassengegensatzes aus, in den grünen Gärten der Tropen prothetisch noch weiter verlängert, eine Verdichtung des Rassengedankens. Oxford Dictionary bemißt sein semantisches Feld wie folgt: *»male child (strictly till puberty, loosely till 19 or 20); servant, slave, native labourer, male native, in various countries with subject races.«* Ein Diener, besonders Neger. Mit eindrucksvoller Konsequenz wird das ganze männliche Volk Melanesiens als »Diener« bezeichnet; sie sind alle »Boys«, gleichgültig ob alt oder jung, ob Arbeiter oder freie Menschen, ob in der Kolonialstadt oder in der Tiefe des Waldes.

Auch die Iatmul-Männer nennen sich selbst »wir Boys«, wenn sie im Melanesischen Pidgin sprechen. Dennoch, wenn sie dieses Wort verwenden, drückt es vielmehr ihr Selbstbewußtsein und ihre Zusammengehörigkeit aus; die Bedeutungsentwicklung hat hier den vollen Kreis durchlaufen und ist zu der Intimität des Sportklubs zurückgekehrt. Das Männerhaus resp. das Kulthaus der Iatmul wird im Pidgin entweder als *haus tambaran* bezeichnet – *tambaran* steht für das Iatmul-Wort *waken,* für den erscheinenden, den aktiven, den tötenden Ahnen – oder als *haus boi.*

Mbara: »Die Weißen kamen und nahmen die Boys mit und die Boys arbeiteten für sie. Die Männer, die eine gute Stelle hatten, verdienten fünf Schilling im Monat. Die Jüngeren, die Adoleszenten, die bei mannigfaltigen Nebenarbeiten eingesetzt wurden, verdienten zwei bis drei Schilling. Du mußt nicht meinen, daß die Jungen leichtere Arbeit hatten, oh nein! Sie arbeiteten Tag für Tag gleich hart wie die Erwachsenen. Die größte *lain boi,* die zahlreichste Kategorie der Arbeiter waren die Plantagenarbeiter. Die Männer, die eine bessere Arbeit hatten, wie Hausdiener, oder in einer Wäscherei, oder auf einem Schiff, verdienten ihre fünf Schilling im Monat. Die *biklain,* die Boys, die entweder Gras zwischen den Palmenreihen mähten oder das Kokosnußfleisch aus den Schalen herausschnitten und weitere Plantagenarbeiten ausübten, die mit der Koprabearbeitung zu tun hatten, verdienten auch nur zwei, drei Schilling im Monat, obwohl es großenteils erwachsene Männer waren. So arbeiteten sie. Nach einem Jahr Arbeit erhielt jeder eineinhalb Pfund. Das, was sie verdienten, war nicht viel Geld, vom Lohn hätten sie nicht leben können. Man hatte aber jede Woche den Reis gewogen und ausgeteilt, der Master selbst hatte sie mit Nahrung verpflegt. Man sagte: ›Euer Lohn ist deswegen so klein, weil ihr ihn bereits aufgegessen habt! Habt ihr nicht jede Woche Essen bekommen?‹ Die Boys mußten weder die Nahrungsmittel kaufen, noch die Reise vom Heimatdorf bezahlen. Alles arrangierte der Master: den Transport, die Ernährung, die Unterkunft auch. Nicht wie heute, wo wir selbständig reisen und unseren Unterhalt aus dem Lohn bestreiten müssen.«

Ich: »Es war ein mieser Lohn und die heutigen sind nicht anders.«

Mbara: »Ja. Sie denken über uns: ›Das sind doch gewöhnliche Kanaker. Die haben ja keine Ahnung, was ihre Arbeit wert ist.‹ Und so haben sie uns beschissen.«

Ich: »Die Weißen sind nicht gekommen, um euch zu helfen. Sie sind gekommen, um sich selbst zu helfen.«

Mbara: »Ja. Das konnte man gut sehen. Die Master, die neu kamen, waren oft arm. Sie kamen und bauten zunächst nur ein einfaches Haus aus Buschmaterial; ja, mit einem Dach aus Palmblättern, wie wir es machen. Dann stellten sie eine *lain boi* an, die Boys arbeiteten, arbeiteten, arbeiteten, und siehe da! Nach einer gewissen Zeit kam

Wellblech, Zement, Bauholz aus dem Sägewerk; nun waren es wieder die Boys, die sich an die Arbeit machten, Beton mischten, Balken zuschnitten, ein schönes, neues Haus für den Master errichteten. Die Arbeit von den Boys machte den Geldbeutel vom Master dick und so konnte er sich ein besseres Haus leisten.«
Ich: »In australischen Städten sind alle Menschen weiß, auch diejenigen, die arbeiten. Diese weißen Arbeiter würden für einen Lohn, wie ihr ihn bekommt, nicht arbeiten.«
Mbara: »Ich habe einmal einem Master ins Gesicht geschlagen. Es war auf der Pflanzung Wulabio bei Rabaul. Wir, unsere Gruppe vom Sepik, wußten damals noch nicht Bescheid, wie es auf den Plantagen zugeht. Als ich das erste Mal bei den Weißen arbeitete, war ich bei der Mission; da machte ich etwas anderes, keine Plantagenarbeit. Dann kehrte ich ins Dorf zurück und heiratete. Als ich später nach Rabaul ging, ging meine Frau mit. Wir waren auf Wulabio angestellt. Wir sammelten trockene Kokosnüsse ein, öffneten sie, schabten das Kernfleisch heraus und füllten Säcke damit. Es war das erste Mal, daß wir diese Arbeit machten und wir waren noch unerfahren, ich, meine Frau, und einige weitere Männer mit ihren Frauen. So waren wir dort auf Wulabio.
Ein Master, der auch arbeitete, war dort mit uns. Es gab schon einen obersten Master, der uns am Monatsende den Lohn austeilte. Der andere dagegen war fast ein Arbeiter wie wir, er war wie ein weißer *bosboi,* ein Vorarbeiter. Er war zwar ein Master, er stand aber mit uns dort draußen in der Pflanzung und arbeitete. Seine Aufgabe war es, die Säcke entgegenzunehmen, die wir mit Kopra gefüllt hatten. Er kontrollierte, ob die Säcke wirklich voll sind. Wenn man ihm einen brachte, faßte er ihn mit beiden Händen am oberen Rand und stieß mit seinem Knie mit seinem ganzen Gewicht gegen den Inhalt. Wenn der Sack nicht gestoßen voll war, schickte er den Arbeiter zurück zu den Palmen; der Sack mußte nachgefüllt werden, bevor er ihn abgenommen hatte. Dann konnte man den Sack zur

Trocknungsanlage bringen und dort leeren. Dieser Master, ich sage dir, sparte nicht mit Schlägen. Er prüfte einen Sack, dann sagte er:
›Wem ist der Sack da?‹
›Mir‹, antwortete der Arbeiter.
›Zurück!‹ sagte der Master und versetzte dem Arbeiter einen Schlag mit dem Rohrstock. Er schickte ihn, weiter Kopra zu schneiden. Wenn sein Sack beim zweiten Anlauf wirklich knallvoll war, gut, er wurde abgenommen und in die Trocknungsanlage gebracht. So ging es dort zu. Er war nicht besonders stark, dieser Master; zwar hoch gewachsen, aber ziemlich hager.
Einmal, als wir mit unseren Koprasäcken Schlange standen, wies er die Säcke von zwei unserer Männer zurück. Ich war bereits durch die Kontrolle gegangen, stand etwas abseits, wartete, bis die anderen erledigt werden, und schaute mir das Geschehen ruhig an. Es waren zwei von Kanganamun, Wangeimeri und Masem, mit ihren Frauen. Ich stand dort auch mit meiner Frau. Er prüfte ihre Säcke und sagte:
›Wem?!‹
›Uns!‹ antworteten die beiden.
›Ihr zwei geht nun zurück in die Pflanzung und füllt eure Säcke! Gut? Also los! Worauf wartet ihr noch!‹ Der Master schickte sie weg, und sie, zusammen mit ihren Frauen, schleppten die Säcke zurück zu den Palmenreihen. Es war schon spät, mindestens fünf Uhr nachmittag. Ich arbeitete zusammen mit dem jungen Kutabi – heute lebt er in Madang. Zu zweit füllten wir vier Säcke; diese standen nun, schön zusammengestellt, neben uns, wie wir auf die zwei von Kanganamun warteten. Wir füllten sie gut, stießen die Kopra mit Gewalt hinein, und der Master, obwohl er sich sehr Mühe gegeben hatte, konnte den Inhalt nicht tiefer in den Sack stopfen. Die Säcke standen seinen Angriff gut durch. Zusammen mit Kutabi warteten wir. Ich sah die zwei von Kanganamun, wie sie langsam zu den Palmen gehen, dann schaute ich mir den Sonnenstand an: die

Sonne befand sich tief über dem Horizont, es mußte mindestens fünf Uhr sein! Wahrscheinlich bereits gegen sechs, so fünf und halb. Ich schaute mir die Sonne an, dann wieder die zwei, wie sie mit ihren Frauen zu der Pflanzung schritten. Sie werden Kokosnüsse auf einen Haufen zusammentragen müssen, das Kernfleisch herausschaben und in ihre Säcke stopfen. Sie waren noch nicht weit gegangen, als ich ihnen in unserer Sprache zugerufen habe:
›Ai! Ihr zwei! Wie wollt ihr denn die Nüsse auflesen, zusammentragen, spalten, und das Fleisch herausnehmen? Meint ihr etwa, daß die Sonne demnächst aufgehen wird?‹ So fragte ich sie. ›Oder wollt ihr euch zur Arbeit mit Fackeln leuchten?‹ Der Master hörte mich, verstand aber nichts, weil ich in unserer Muttersprache sprach; er schaute mich an, dann die zwei, denen ich zugerufen hatte und die nun anhielten und uns anschauten. Sein Blick wanderte hin und her, von mir auf meine Freunde und wieder zurück, bis er mich angesprochen hat:
›Was hast du ihnen gesagt, daß sie angehalten haben?‹ Die zwei mit ihren Frauen blieben bewegungslos. ›Ich habe sie geschickt, die Säcke nachzufüllen. Und du, was hast du ihnen gesagt? Warum haben sie nun angehalten?!‹ fragte mich der Master, und ich antwortete:
›Es gibt keine Zeit mehr zum Arbeiten, sagte ich ihnen. Könnt ihr etwa den Lauf der Sonne umkehren? Wenn die Dämmerung da ist, wollt ihr euch zur Arbeit mit Fackeln leuchten? So sprach ich zu ihnen und sie hielten an. Warum schikanierst du sie? Wer bist du denn? Bist du etwa der oberste Master, der uns den Lohn gibt? Du bist ein Master-Arbeiter, wir sind Boys-Arbeiter! Schau, es ist schon spät, der Tag ist vorbei! Es ist Zeit, mit der Arbeit aufzuhören. Willst du, daß sie in der Nacht arbeiten?‹ So sagte ich es ihm.
›Ha! Bist du der *bosboi?* Du bist nicht der *bosboi* und mische dich nicht hinein!‹ sagte er mir und ich sagte ihm zurück:
›Bist du etwa der *bosboi?*‹

›Du schwarzer Bastard!‹ *Yu blak bastat,* beschimpfte er mich.

›Du verfluchter weißer Bastard!‹ *Yu bladi wait bastat,* gab ich ihm zurück. Da holte er zum Schlag gegen mich aus. In dem Moment hat Kutabi, mein jüngerer Bruder, nochmals gesagt: *›Yu tu wait bastat, bastat, yu sit!‹* Durch diese neue Beschimpfung abgelenkt hatte der Master, anstatt sich gegen mich zu wenden, Kutabi einen Schlag versetzt, dann packte er seinen Kopf mit einem Würgegriff und hielt ihn fest. Kutabi blieb ruhig, wehrte sich nicht, bis er sich mit einer plötzlichen, unerwarteten Bewegung befreite und seinerseits den Master in den Würgegriff nahm. Und er würgte gut! Die Augen sind dem Master aus den Augenhöhlen getreten. Nach einer Weile des Herumzerrens befreite er sich auch, Kutabi entwich aber geschickt und rannte weg. In einer sicheren Entfernung hielt er an und schaute zurück; er holte Atem und beobachtete, was weiter geschieht. Da sagte ich:

›Das steht doch dem Master nicht an, mit einem Buben zu kämpfen. Laß doch meinen kleinen Bruder in Ruhe. Erledigen wir es unter uns‹, sagte ich dem Master. Ich machte mich parat.

›Ich komme also, gut?!‹ sagte ich.

›Gut, komm!‹ sagte der Master und machte sich auch parat. Meine kleine Tasche, die immer an meiner Schulter hing, nahm ich ab und legte sie auf unsere Koprasäcke. Der Master stand mir gegenüber, die Hände zum Kampf erhoben. Ich verzichtete aber auf langes Beobachten und Abwarten, stürzte voran und im nächsten Moment war ich schon in seiner Körpernähe. Ganz überrascht machte er ein paar Boxbewegungen. Ich wich aus und versetzte ihm mit der linken Hand einen direkten Faustschlag ins Gesicht. Der saß gut! Von seiner Lippe und Nase begann ein kleines Blutrinnsal zu fließen, er schwankte, und einen Augenblick sah es so aus, als ob er umfallen würde. Dann sammelte er sich und zog sich ein paar Schritte zurück, daß er aus meiner Reichweite kam, und sagte:

›Das Blut fließt.‹ Sein Hemd und seine Hose waren bereits vom Blut befleckt. Der Master zog sein Taschentuch hervor und putzte sein Gesicht, seine Augen. Dann sagte er:
›Ihr zwei habt euch gegen mich verbündet.‹
›Nein, Master. Ich allein!‹ sagte ich. Mein Bruder Kutabi stand ziemlich weit von uns, und was der Master sagte, erschien eher unsinnig.
›Du!‹ sagte ich. ›Wenn du es mir zurückgeben willst, da stehe ich, komm!‹ Ich paßte auf, daß ich bereit bin, wenn er wieder angreifen würde. Er sagte:
›Nein. Mein Blut ist geflossen. Wir gehen vors Gericht!‹ So gingen wir alle in die Kanzlei des Regierungsbeamten in Kokopo. Als der Master seinen Jeep bestieg, sagte ich ihm:
›Master, nimm doch uns zwei auch mit!‹
›Nein. Dort ist der Weg, ihr zwei könnt zu Fuß gehen!‹ Er gab Gas und fuhr ab. So sind wir, ich und Kutabi, den Weg entlang zu Fuß gegangen. Er kam lange vor uns an und hatte sich mit dem Beamten bereits besprochen, als wir eingetroffen waren. Er hatte ihm den Vorfall aus seiner Sicht dargelegt, und der Beamte hatte bereits beschlossen, daß wir, jeder von uns zwei, ein halbes Pfund Buße zahlen müssen. Es war die erste Unbotmäßigkeit, sonst hätten sie die Buße viel höher angesetzt. Wir traten in die Kanzlei hinein.
›Habt ihr zwei den Master hier verwundet?‹ fragte der Beamte. Ich sagte zu meinem jüngeren Bruder, er solle nichts sagen. Ich ... Ich machte einen Schritt vorwärts, stellte mich vor den Beamten und sagte:
›Jawohl, Master! Aber warum? Wir sind noch nicht einen ganzen Monat hier, wir, die Gruppe vom Sepik; wir sind erst vor kurzem angekommen. Du weißt genau, seit wann wir hier sind. Wir haben den ersten Monatslohn noch nicht bekommen. Wir sind *niuboi* und noch nicht richtig eingearbeitet‹, sagte ich dem Beamten. ›Warum tut uns dieser Master schikanieren? Warum weist er immer unsere Säcke zurück? Jeden Tag! Bis jetzt ist noch kein Tag vergangen, an dem er uns nicht zurückgeschickt hätte, um

nachzufüllen. So streng kann er mit erfahrenen Arbeitern sein, die schon lange auf den Plantagen arbeiten, aber nicht mit uns, mit den neuen, die noch nicht Bescheid wissen und noch nicht gewöhnt sind. Nicht zwei und nicht drei Monate arbeiten wir hier! Noch ist der erste Monat nicht vergangen! Wir sind noch immer dabei, die Arbeit zu erlernen. Wir sind eine neue Gruppe – warum schikaniert er uns? Dieser Master ist nicht der oberste Master, der uns, den Boys-Arbeitern Lohn gibt! Er ist nur ein Master-Arbeiter, warum ist er so hart mit uns und weist immer unsere Säcke zurück?‹

›Stimmt es?‹ fragte ihn der Beamte und er begann auf *Inglis* zu erklären. Da sagte der Beamte: ›Nein, nicht im *tok Inglis.* Sage es nur im *tok Pisin,* damit auch diese zwei verstehen können. Ich will es auf *Pisin* hören, was du zu sagen hast!‹ Der Beamte sprach ganz streng zu ihm, war nicht mehr auf seiner Seite. Der Master mußte sich also im Melanesischen Pidgin ausdrücken.

›Nein, ich habe die Säcke der neuen Boys nicht zurückgewiesen. Nur die Säcke derjenigen, die bereits lange bei uns sind.‹ So sprach der Vorarbeiter und der Beamte wendete sich zu mir und schaute mich an.

›Er lügt. Er lügt! Ich würde doch wegen mir unbekannten Männern nicht mit dem Master streiten. Wenn Männer von anderen Dörfern und anderen Regionen in Schwierigkeiten geraten, geht es mich nichts an. Da würde ich kein Wort gegen den Master sagen. Nein, er hat die Säcke von zwei Männern zurückgewiesen, die zu meiner *lain boi* gehören. Er hat zwei vom Sepik in die Pflanzung zurückgeschickt, damit sie ihre Säcke mit Kopra nachfüllen. Und dabei war es schon so spät, daß es kaum mehr Sonne gegeben hat. Es war sicher halbsechs‹, sagte ich dem Beamten. ›Kann man so spät noch mit dem Zusammenlesen der Nüsse beginnen? Gibt es noch Zeit, sie zu schälen, aufzumachen, und das Kernfleisch herauszuschaben? Um halbsechs?‹ fragte ich den Beamten. ›Nein! Es war um vier Uhr!‹ sagte der Vorarbeiter. Ich antwortete:

›Schaut doch, wie spät ist es jetzt, und rechnet aus, wie lange man von der Pflanzung hierher nach Kokopo braucht – mit dem Jeep oder zu Fuß.‹ Der Beamte schaute auf seine Uhr und sagte zunächst nichts. Auch der Vorarbeiter sagte nichts mehr.
›Was soll das! Wer hat das schon gesehen, die Boys so spät zur Arbeit zu schicken? Bestimmst du etwa, wie es hier auf den Plantagen zugehen soll?‹ sagte der Beamte. ›Bestimmst du etwa? Hast du sie vom Dorf geholt und hergebracht? Hast du sie nach Wulabio zugeteilt? Wieso weißt du nicht, wie lange sie bereits bei dir auf der Pflanzung sind? Kannst du Monate nicht zählen?‹ So fragte der Beamte und der Vorarbeiter wußte nichts mehr zu sagen. Er hatte auf der ganzen Linie verloren. Gut.
Der Beamte fragte: ›Hat die neue Gruppe vom Sepik einen *bosboi*?‹
›Nein‹, antwortete der Master.
›Wer ist der einheimische *bosboi* auf der Pflanzung?‹
›Einer vom Maprik-Gebiet.‹
Der Beamte beschloß nun: ›Einer von euch soll *bosboi* werden und für die Gruppe vom Sepik Sorge tragen‹, sagte er zu mir. ›Ihr könnt dann alle Probleme in eurer eigenen Sprache mit dem *bosboi* besprechen und die ganze Arbeit organisieren‹, sagte er zu mir. ›Gut. Morgen komme ich vorbei und werde einen Mann bestimmen, der den *bosboi*-Rohrstock übernimmt. Wir suchen einen vom Sepik aus, der gut reden kann und überhaupt etwas von der Sache versteht. Morgen werde ich hingehen, um mir die Lage anzuschauen und mit dem obersten Master, der euch zahlt, zu sprechen. So, morgen komme ich vorbei‹, sagte der Beamte. Und zu dem Master-Vorarbeiter sagte er: ›Du fährst jetzt mit deinem Jeep zurück, packst alle deine Sachen und siehst zu, daß du hier verschwindest! Verstanden? Es kommt nicht in Frage, daß du weiter auf Wulabio bleibst!‹ Er schmiß ihn raus. ›Du dauerst mich, sonst würde ich dich gleich des Landes verweisen. Nächstes Mal schicke ich dich zurück nach Australien!‹

Der Wind des Weinens

Am Anfang des Nordsommers beginnt ein mächtiger Ostwind zu wehen. Es ist der Südost-Passat, der von den Weiten des Pazifischen Ozeans gegen die melanesischen Inseln treibt, dem zentralen Massiv Neuguineas entlang an seinem nordöstlichen Abhang sich schmiegt und so den Eingang in das Sepik-Bassin findet. Die Iatmul nennen ihn Woliragwa und fassen ihn als eine weibliche Gestalt auf: sie war die erste Tote der mythischen Entwicklung, von ihrem eigenen Vater getötet.
Das übermannshohe Gras, das überall an Sepikufern wächst, blüht zu dieser Zeit in reichen weißen Rispen. Die beschwerliche Überschwemmung ist gerade zurückgewichen, der feste Boden erscheint wieder, die Menschen werden Rituale veranstalten. Die zwei Europäer, die so lange hier im Dorf lebten, werden bald abfahren. Alle wissen, daß sie bereits Plätze im Flugzeug reserviert haben, das sie in ihr Land zurückbringen wird. Amuyaragwa ließ ausrichten, daß sie mit Florence sprechen will. Ich sehe, wie sie über die grüne Wiese zum Haus von Amuya geht.
Amuyaragwa: »Die Grashalme neigen sich in die Windrichtung, Woliragwa bläst und die blühenden Wipfel bewegen sich in Wellen. Ein plötzlicher Windstoß peitscht ein ganzes Grasfeld nieder, das sich dann wieder aufrichtet, während der Wind anderswo zuschlägt. Wenn Woliragwa kommt, beginnen die Sepikufer zu tanzen, die langen Halme wippen hin und her, ein schöner Anblick! Wirklich, ein schöner Anblick!
Mit Woliragwa kommen die Toten: Erwachsene, Kinder, Männer und Frauen, die gestorben sind, kehren mit dem Wind zurück. Wenn Woliragwa weht, denken wir an die Verstorbenen. Kinder, deren Eltern bereits gestorben sind, Frauen, die ihre Männer verloren haben, alle denken an ihre Toten und weinen. Woliragwa weht, sie weinen und denken: ›Wo sind unsere Lieben? Wo sind unsere Gefährten?‹ Wir können sie nicht sehen, wir wissen nicht, wo sie sind, was sie machen und wie ihre Tanzfeste sind.

Darum gehen unsere Augen zugrunde: je mehr wir weinen, um so schwieriger wird es, den Fisch im See zu erblicken und mit dem Speer zu treffen. Wir beweinen die Toten. Wenn Woliragwa weht, sind die Toten wieder da.
›Oh, als mein Bruder, meine Schwester starb, war es so und so!‹
›Mein totes Kind wäre jetzt so und so alt.‹ Die Mutter sieht seine Gleichaltrigen, die vor dem Haus spielen, denkt an ihr Kind und sie möchte weinen. Die Woliragwa weht. Darum gehen unsere Augen zugrunde. Unsere Augen werden schwach, wir unterscheiden nicht mehr so klar, was wir sehen, weil wir all diese Verstorbenen beweinen. Wenn Woliragwa weht, denken wir an unsere Toten und klagen. Dieser Wind schneidet uns tief ins Herz. Ein Mann, der zur Zeit, als dieser Wind mit dem Gras spielt, in den Garten geht, besinnt sich seiner toten Frau und kann nicht anders als weinen. Er sorgt für die gemeinsamen Kinder, doch die Mutter ist tot. Er geht zum Dorf hinaus, schreitet durch die Landschaft, und als er am Sepik in seinem Garten ankommt, sieht er die unendlichen Wellen der weißen Rispen vom Wind bewegt.
›Oh, meine Frau war so und so! So und so hat sie ihre Arbeit im Haushalt verrichtet, so und so war sie mit den Kindern. Wir haben zusammen gelebt.‹ Er erinnert sich und weint. Ebenso eine Witwe. Wenn sie Woliragwa spürt, denkt sie an ihren Mann.
›Mein Mann war so und so, baute mein Haus, schnitzte mein Kanu. Wir haben zusammen gelebt.‹ Sie erinnert sich und weint. So ist es, wenn Woliragwa weht.
In der heutigen Zeit ist es eigentlich nicht mehr ganz so. Neue Menschen sind gekommen, die Deutschen, die Australier, und wer auch immer, und wir weinen nicht mehr so viel wie vorher. Ich bin eine alte Frau, ich gehöre noch zu der alten Zeit. Wenn du mich sehen würdest, wenn Woliragwa kommt, wie ich weine und nicht aufhören kann, hm, würdest mich bald blöd finden und über mich lachen. Es nimmt uns stark, Männer und Frauen, die noch

zurückgeblieben sind; der Wind bläst uns ins Gesicht und unser Gefühl bricht. Wir können uns nicht wohl fühlen, wenn wir auch sonst gut beisammen sind, und wir weinen, bis wir blind werden. Das Augenwasser fließt auf unsere Backen und die Augenhöhlen werden leer. Schau sie nur an, diese Gesichter mit Tränen benetzt! Sie beweinen ihre toten Gefährten. Es vergeht kein Jahr, ohne daß einige im Dorf sterben würden. Einer nach dem anderen sterben wir dahin und lassen den Jüngeren das Weinen zurück.

Wenn jemand stirbt, dann versammeln wir uns, die Frauen, im Totenhaus. Nachdem man den Toten bestattet hat, versammeln wir uns zahlreich im Haus und bemalen unsere Körper weiß. Die Nacht nach seinem Hinscheiden bleiben wir wach; mit dem ersten Hahnschrei, noch vor der Morgendämmerung, bevor die anderen Frauen aufstehen und zum See fischen gehen, machen wir weiße Erde mit Wasser an und bemalen unsere Körper. Wie die Sonne aufgeht und Landschaft beleuchtet, die Fischerinnen sind bereits unterwegs zum See, bemalen wir unsere Gesichter. Wir bleiben im dunklen Hausinneren, singen und klagen, werfen die Köpfe nach hinten und weinen. Nun seid ihr, neue Menschen, hier und die Trauerklage ist nicht mehr, was sie war. Neue Menschen sind gekommen, neue Gesichter, neue Augen – sie sagen:

›Ah! Laßt es sein! Warum sollte man klagen! Seid nicht traurig, weint nicht. Den Verstorbenen geht es nicht schlecht, sie sind beim Gottvater selbst!‹ So reden sie, diese neuen Menschen, und man beweint die Toten nicht mehr so wie früher.

Oh, früher haben wir anders getrauert! Man trug lange Schnüre in den Ohren, legte Halsringe aus Rotang um. Wir stellten diese Sachen während der Seklusion im Totenhaus her, sie sind Zeichen der Trauer. Siehst du diesen Ring da? Den hat Karamembet gemacht, als sie im Totenhaus von Mbarangu war und du sie photographiert hast. Die Männer legten aus dünnen Rotangstreifen geflochtene Bänder an, die Frauen mehrere einfache Rotangringe. So war es, als ich jung war. Sie legten diese Ringe um ihren Hals und rasierten ihren Schädel. Diese Versammlung im Totenhaus war eine starke Sache. Jetzt seid aber ihr da, und man sagt uns, das sei nichts. Die Jungen hören auf euch, man versammelt sich immer seltenener im Totenhaus. Die Trauerschnüre, die wir uns in die Ohrenlöcher banden, hingen bis zur Schulter, manchmal bis zum Gurt herunter; vorne bis auf den Bauch, hinten, auf den Seiten, bis zu den Hüften. Solange sie in der Seklusion waren, zogen sie die Schnüre hoch und banden sie über dem Kopf zusammen; dann, als sie herauskamen, ließen sie sie frei hängen.«

»Schon bist du dort!
Schon bist du dort!
Bist du dort, bist du dort!
Dein Gesicht wendest du
nicht mehr zurück, aaa-haa!
Schon bist du dort!
Schon bist du dort, haaa-ah!«

Anhang

GESCHICHTENVERZEICHNIS

Zuerst wird der Erzähler aufgeführt, dahinter in der Klammer das Datum der Erzählung und die Nummer der Aufnahmeeinheit, bzw. der kultischen Lieder. Darauf folgt ein Stichwort und eine knappe Inhaltsangabe.

1 *Masoabwan* (6. Oktober 1973, No. 343): Norim – Männer im Bambus, die ohne Frauen leben und Tanzfeste veranstalten; die Frauen aus der Umgebung, die ohne Männer leben, machen sie zu ihren Ehemännern. S. 16 ff.

2 *Amuyaragwa* (November 1972, No. 16): Morondawa – Ehefrau, die regelmäßig Nahrungsmittel bei den Geistern holt, bis sie von ihrem Ehemann, dessen Fragen sie nicht beantwortet, getötet wird. S. 25 ff.

3 *Amuyaragwa* und *Nagwan* (29. Dezember 1972, No. 62): Kapmakwatembe – Ahnfrau, die ihre Tochter mit Nahrungsmitteln versorgt; als der Ehemann in Erfahrung bringt, woher die Nahrungsmittel kommen, entzieht sich die Ahnfrau für immer. S. 31 ff.

4 *Masoabwan* (3. November 1972, No. 17): Entstehung der Menschen und der Erde – der ursprüngliche Inzest und Brudermord. S. 46 ff.

5 *Sukundingei* (15. Oktober 1972, No. 66): Geschichte des Dorfes Palimbei – das Verhältnis zu seinen Tochterdörfern. S. 62 ff.

6 *Mbarangawi* (17. November 1972, No. 22): Einrichtung des bilateralen Tauschverhältnisses – zwischen Palimbei und Marap, zwischen Fluß- und Waldbewohnern; seine Mißachtung durch die Tochterdörfer. S. 76 ff.

7 *Mbarangawi, Ndumoi, Masoabwan, Nagwan* (18. November 1972, No. 24): Streit um den Bach Pangan – vom australischen Regierungsbeamten zugunsten von Palimbei entschieden. S. 80 ff.

8 *Mbarangawi* (30. Januar 1974, No. 560): Mengenwan – Gründer von Palimbei, wird von Leek, der Ahnfrau von Sotmeri, geheiratet; sie hilft ihm, das Dorf Sotmeri zu überwinden. S. 86 ff.

9 *Mbarangawi* (1. Januar 1974, No. 500): Adlerbrüder – stellen auf Bitten der Mutter ihre Menschenfresserei im eigenen Dorf ein; der jüngere Bruder, der noch im Schlepptau des älteren war, tötet endlich einen Menschen ohne Hilfe des Bruders und bringt den erjagten Kopf seiner Mutter. S. 114 ff.

10 *Masoabwan* (15. November 1972, No. 18); Kopfjagdritual (I) – Behandlung des erjagten Kopfes; Überfall auf das Dorf Korogo, Rückkehr der erfolgreichen Kopfjäger, das Fest in Palimbei und die Austreibung des Totengeistes vom Kopfjagdopfer; (1. März 1973, No. 137) Kopfjagdritual (II) – Vorbereitungen auf einen Überfall: der Zauberer fliegt in das feindliche Dorf und handelt dort die Anzahl der Opfer aus; Kopfjagd als Prestige; Armee und Polizei als importierte Formen der Gewalt; eine Episode aus den Kämpfen gegen Korogo: die Ermordung von Morokumban und seiner Frau. S. 129 ff.

11 *Masoabwan* (15. November 1972, No. 18): Totenfest – Modellierung des Gesichtes auf den Totenschädel, Frauengesang im Totenhaus, Bestattung des modellierten Kopfes; Totenfest als Prestige; kultischer Gesang und Flötenmusik; geschmückte Puppe, die den modellierten Schädel trägt. S. 153 ff.

12 *Mbarangawi* (25. Dezember 1973, No. 488; Lieder 4, 7, 2, 13): Eber Suikumban – Installierung des Kopfjägers und sein Tod. S. 168 ff.

13 *Mbarangawi* (26. Dezember 1973, No. 489; 6. Exkurs): Mendatkumban (I) – besucht seine Schwester, die in einem Dorf verheiratet ist, wo die Menschen des Nachts zerfallen; er ißt vom Menschenfleisch, wird von den Dorfbewohnern geprügelt, bis er sich erbricht, dann zur Wiedergutmachung beschenkt. S. 178 ff.

14 *Mbarangawi* (26. Dezember 1973, No. 489; Lieder 50, 49): Mädchenstimme – die tote Tochter erscheint dem Vater als Flötenmelodie. S. 183 ff.

15 *Mbarangawi* (26. Dezember 1973, No. 489; 7. Exkurs): Ende der Unsterblichkeit – Vater tötet versehentlich seine eigene Tochter, und da er seine Frau für schuldig hält, tötet er auch diese; dann bahnt er den Weg ins Totenland. S. 186 ff.

16 *Mbarangawi* (14. Januar 1974, No. 529): Mendatkumban (II) – erlangt in dem Dorf, wo seine Schwester verheiratet ist, die Fähigkeit, die tierische Gestalt anzunehmen; sein Neffe bemächtigt sich aus Neugier dieses Zaubers und wird zum Schwein, kann sich aber nicht mehr zurückverwandeln und wird von seinem Onkel getötet. S. 191 ff.

17 *Mbarangawi* (26. Dezember 1973, No. 489; Lied 42 und 5. Exkurs): Schwägerschaftsverhältnis zwischen zwei Klans – und das besondere Verhältnis zwischen dem Onkel mütterlicherseits und dem Neffen schwesterlicherseits; rituelle Tötung des Gefangenen, den dieser Onkel seinem Neffen besorgt. S. 197 ff.

18 *Mbarangawi* (14. Januar 1974, No. 529): Kindstötung und Rache der Mutter – ein Junge, der seine kleine Nichte schwesterlicherseits hüten muß, wird der Aufgabe überdrüssig und tötet das Kind; seine Schwester, die Mutter des Kindes, verfolgt ihn, sein älterer Bruder tötet sie aber, um seinen jüngeren Bruder zu retten; Rache des schwesterlichen Totenkopfes. Ursprung der Kokospalme. S. 201 ff.

19 *Mbarangawi* (31. Januar 1974, No. 564): Marisui – erfindet den Speer und die Schweinejagd; nachdem der Bruder seiner Frau eine der Speerspitzen entwendet, hält Marisui seine Frau für verantwortlich und tötet sie. S. 210 ff.

20 *Mbarangawi* (5. Februar 1974, Nr. 580): Plantagenarbeit – das Verhältnis zwischen den schwarzen Arbeitern und einem weißen Vorarbeiter. S. 228 ff.

21 *Amuyaragwa* (28. Mai 1973, No. 194): Woliragwa – der Ostwind, als eine weibliche Gestalt gedacht, beginnt am Ende der Hochwasserzeit zu wehen; mit ihm kommen die Seelen der Toten zurück – die Zeit der Trauer bricht an. S. 238 ff.

ZITIERTE LITERATUR

Rösicke, A: Mitteilungen über ethnographische Ergebnisse der Kaiserin Augusta-Fluß-Expedition. In: Zeitschrift für Ethnologie 1914. S. 507–522.

Bateson, Gregory: Naven. A survey of the problems suggested by a composite picture of the culture of a New Guinea tribe, drwan from three points of view. Stanford 1936.

Townsend, G. W. L.: District officer. From untamed New Guinea to lake success, 1921–46. Sydney 1968.

ZU DEN BILDERN

Dieses Buch kam aufgrund der Anregung zustande, die vom Verlag Eugen Diederichs, im besonderen von Claudia Henn-Schmölders ausging. Sowohl die Gesamtkomposition als auch die Textgestalt im Kleinen entwickelte ich in enger Zusammenarbeit mit ihr; ihre sorgfältige und verständnisvolle Kritik half mir, Lösungen für Probleme zu finden, und ihre professionelle Zuversicht machte mir Mut, wenn ich verzagte.
Die Liebe zu meinen Palimbei-Freunden, weiß und schwarz, brauche ich nicht hervorzuheben. Das Buch selbst, dessen bin ich sicher, spricht eine klare Sprache.

Milan Stanek, Basel, den 10. Juli 1982

MÄRCHEN AUS PAPUA-NEUGUINEA
Herausgegeben von Ulla Schild
272 Seiten, Halbleinen

»Wer in Papua-Neuguinea reisen will, muß es per Flugzeug tun. Die Cessna oder Fokker Friendship gleitet zwischen den Bergen hindurch, knapp über den Baumriesen hinweg, hier ein Bach, dort ein paar Süßkartoffelfelder, ein winziges Dorf, fünf oder sechs Hütten vielleicht, oder nur ein einziges Langhaus, leicht gewunden wie eine dicke Raupe, dann wieder Hänge, Berge, Urwald, nie angetastet, kein Baum geschlagen. Die Landepiste: ein Stück gerodeter Urwald, vielleicht ein paar Lochbleche. Wer Kontakt haben will mit der Umwelt, muß für eine solche Piste sorgen, denn Straßen gibt es kaum, nur ein paar um die Hauptstadt Port Moresby herum und den Highland Highway von Lae nach Mount Hagen. Berge und Sümpfe, weit verzweigte Flußdeltas, mannshohes Kunaigras und Mangroven erschweren das Fortkommen. Kein Wunder, daß die Bewohner recht isoliert leben und rund sechshundert Sprachen sprechen, die sich auf eine Bevölkerung von ungefähr drei Millionen verteilen. Die meisten von ihnen wohnen im Nordteil der Hauptinsel, dem ehemaligen Neuguinea. Im südlichen Teil, dem ehemaligen Papua, und auf den Inseln lebt nur ungefähr ein Viertel der Gesamtbevölkerung. Noch immer gibt es weiße Flecken auf der Landkarte. Und doch kann die Isolierung der einzelnen Menschengruppen in der Vergangenheit nicht so groß gewesen sein, denn eine Betrachtung der Verbreitung von Mythen und Märchen ergibt ein anderes Bild. So sind die Geschichten von den Brüdern Manub und Kilibob nur zwei Episoden aus einem Mythenkreis, der sich über weite Gebiete Nordostneuguineas erstreckt. Und von dem tapferen Knaben – es können auch einmal zwei Brüder oder Vettern sein – hat das Folklore-Archiv des Instituts für Papua-Neuguinea-Studien alleine mehrere hundert Varianten aus allen Teilen des Landes notiert, jene nicht mitgerechnet, die andere Sammler aufgeschrieben haben. Natürlich gibt es bei einem Land von der Geographie Papua-Neuguineas die verschiedenartigsten Kulturen. Seit September 1975 unabhängig, besteht das Staatsgebilde aus der östlichen Hälfte der Insel Neuguinea – der westliche Teil, Irian Jaya, wird von Indonesien verwaltet – dem Bismarck-Archipel mit der bedeutendsten Gruppe der Admiralitätsinseln, Neu-Irland, Neu-Britannien, die Insel Bougainville und im Süden die Trobriand- oder Kiriwina-Inseln, die D'Entrecasteau-Inseln, die Woodlark-Insel und das Louisiaden-Archipel. Offizielle Landessprache ist Englisch. Im Parlament sind außerdem noch Pidgin und Motu zugelassen. Pidgin ist die lingua franca des ehemaligen Neuguinea, dringt aber heute auch in den Süden vor. Es ist eine Sprache mit hauptsächlich aus dem Englischen herrührenden Vokabular auf melanesischer grammatischer Grundlage. Als Behelfsmittel für die Händler an der Küste erfunden, ist Pidgin heute doch eine ausgereifte Sprache und literaturfähig geworden, wie die in Pidgin aufgenommenen Erzählungen des Bandes zeigen. (...)

Papua-Neuguineas Kulturen sind schriftlos, d. h. aber nicht literaturlos. So wie es keine sprachlosen Völker gibt, so gibt es auch keine literaturlosen, Literatur verstanden als, wie auch immer geordnete und gebundene, bestimmten ästhetischen Prinzipien gehorchende Sprache. Jede Gesellschaft mag einer anderen Gattung den Vorzug geben, die eine pflegt den Preisgesang, die andere die Fabel, wieder andere das Spottgedicht. In Papua-Neuguinea gilt die Rhetorik als große Kunst.

In der Redekunst erweist sich erst der wahre Mann. Keiner kann *bik man,* ein bedeutender Mann, werden, der nicht die Kunst der Rede beherrschte. Sie erst führt die komplizierten Verhandlungen um den Brautpreis zu einem glücklichen Ende und macht die ernsten Verhandlungen zudem zu einem geistvollen Vergnügen. Der Redner erhebt sich, tritt in den Kreis und beginnt mit sanfter Stimme den Gegner zu loben, dann kommt plötzlich die Wendung mit einem *tasol,* aber, und nun kommen die Gegenargumente mit Vehemenz, Schlag auf Schlag, wohlgeordnet und geschickt vorgebracht. Bei den Iatmul legt ein Redner im Versammlungshaus jedesmal, wenn er einen neuen Punkt beginnt, einen Grashalm einer bestimmten Sorte auf einen eigens dafür bereitgestellten Hocker, auf dem dann am Schluß der Rede das ganze Bündel seiner Argumentation ausliegt. Ähnliche Gliederungen werden auch von den Tiang auf der Insel Djaul berichtet. Dort gliedert der Erzähler seine Geschichte durch das Wörtchen *mot,* das immer dann eingefügt wird, wenn eine bestimmte Handlung beendet ist. Die Kunst der Rhetorik hat auch nicht vor dem Parlament haltgemacht. Es ist ein Vergnügen, Pidgin sprechenden Abgeordneten zuzuhören. Auch hier beginnt der Redner sanft mit Zustimmung für den Vorredner, dann kommt das berühmte *tasol,* und nun folgen die Gegenargumente Schlag auf Schlag. Ist die Salve abgeschossen, schließt der Redner kurz und bündig »em tasol«, das wär's, und setzt sich wieder.

Die Vorliebe für die Rede erklärt vielleicht auch die Häufigkeit der direkten Rede in den Erzählungen. Sie dient dabei häufig nicht nur, wie in europäischen Märchen, der Verlebendigung, sondern trägt oft die Handlung weiter. Dabei wird manchmal nur durch das Wort »tok« auf die direkte Rede hingewiesen, also ungefähr »Rede«. Die einheimischen Zuhörer haben offenbar keine Schwierigkeiten auszumachen, wer da gerade spricht.

Geschichten erzählen darf in Papua-Neuguinea jeder, der Geschichten erzählen kann, Frauen, Männer und Kinder. Gemäß der geringen sozialen Stratifikation der Gesellschaft gibt es auch nicht den Beruf des Erzählers. Einige Geschichten sind natürlich nur den Initiierten vorbehalten, solchen, die in die Geheimnisse des Klans eingeweiht wurden. Das sind die Mythen, Erzählungen, die für wahr gehalten werden, Schöpfungsmythen, Klanmythen usw.

Daneben gibt es noch Geschichten, die einfach nur der Unterhaltung dienen. Im Pidgin ist einfach jede Erzählung eine *stori,* eine Geschichte. Aber wie die Tiang ihr Erzählgut zu unterscheiden wissen in *kuskusa,* wahre Geschichten, und *pini,* solche, die nur der Unterhaltung dienen, ist anzunehmen, daß es auch andere Stämme tun. Leider gibt es bis heute kaum Untersuchungen der melanesischen Literatur, und so ist eine säuberliche Trennung der einzelnen Erzähltypen nicht vorzunehmen.«

(Aus dem Nachwort)

EUGEN DIEDERICHS VERLAG

Leo Frobenius
SCHWARZE SONNE AFRIKA
Mythen, Märchen und Magie
Herausgegeben von Ulf Diederichs.
384 Seiten mit 40 Abb.

Dem Völkerkundler Leo Frobenius ist es als erstem gelungen, Afrika zum Sprechen zu bringen. Er entdeckte die Kultur der Handels- und Waldkönigreiche, den Götterglauben der Yoruba, den Mutterkult der Nupe, den magischen Glauben der Kassaiden im Kongo-Becken, Leben und Riten der Sahel-Völker. Er ließ sich die alten Überlieferungen erzählen: Göttersagen, Heldengeschichten, die Weisheit des Alltags – eine wunderbar menschliche Welt, voller Phantasie und Vitalität. »Die bisher großartigsten Sammlungen afrikanischer Oralliteratur« *(Janheinz Jahn)*.

»Diese Auswahl aus den Schriften des Ethnologen und Afrikaforschers Leo Frobenius ist ein faszinierendes Lesebuch, dem der Verlag in Druck, Illustration und Kommentierung eine vorbildliche Ausstattung hat zuteil werden lassen. Einen besseren Zugang zur uralten, vielschichtigen Kultur West- und Mittelafrikas kann man sich nicht wünschen.« *(Der Bund, Bern)*

EUGEN DIEDERICHS VERLAG

Mythen der Indianer

ÜBER DEN RAND DES TIEFEN CANYON
Lehren indianischer Schamanen. Hrsg. von Dennis und Barbara Tedlock. DG 17. 240 Seiten mit 12 Abb. und Frontispiz
Religiöse Erfahrungen der Indianer: der Peyote-Weg, die Salz-Pilgerschaft der Papago-Indianer, die Weltsicht der Teton-Sioux, das Universum der Hopi – und was dem Schamanen der Iglulik-Eskimos während seiner Reise auf den Grund des Meeres widerfährt. Das Buch handelt von Dingen, die nur für den Weißen Mann geheimnisvoll und übersinnlich erscheinen.

POPOL VUH
Das Buch des Rates. Mythos und Geschichte der Maya. Aus dem Quiché übertragen und erläutert von Wolfgang Cordan. DG 18. 232 Seiten mit 21 Abb. und 1 Karte
Eine der wichtigsten Quellen der frühen Maya-Kultur. »Der uralte Werdens-Mythos der Quiché-Maya und ihrer geheimnisvollen Wanderung, die sich real und irreal zugleich abgespielt hat, ist in Cordans Übertragung zu einem Stück großartiger, modern anmutender Dichtung geworden« (FAZ)

BASIL JOHNSTON · UND MANITU ERSCHUF DIE WELT
Mythen und Visionen der Ojibwa. DG 24. 192 S. mit 12. Abb.
Ein Ojibwa erzählt die Mythen und Visionen seines Volkes, wie sie ihm von den Stammesältesten überliefert wurden. Es ist das »ökologische Bewußtsein« der Indianer, ihre Achtung vor Tier und Pflanze und dem Gleichgewicht der Natur, von dem wir Zivilisationsgeschädigte heute lernen können.

FRANK WATERS · DAS BUCH DER HOPI
Nach den Berichten der Stammesältesten aufgezeichnet von Kacha Hónaw (Weißer Bär). 380 Seiten mit 91 Abb. und 2 Karten
»Die Mythen und Legenden, die Mysterienspiele und die Geschichte dieses legendären Indianerstammes sind hier aufgezeichnet. Seine kollektive Mythologie als Schatz vor Ritualen und Bräuchen ist die Speise geblieben, welche die Letzten heute noch nährt. Castanedas Leser finden sich in vertrauter Spähre.« (St. Galler Tagblatt)

Eugen Diederichs Verlag